新时代版

上下五千年

总 主 编　张海鹏

执行主编　王育济　于化民

④

三国两晋南北朝

少年儿童出版社

重庆奉节白帝城

出版工作委员会

主　任
冯　杰

副主任
洪星范 林　斌

编辑组成员
孙浩伟 马淑艳 曹　燕 王浩浩 王奔惑

美术总监
赵晓音

整体设计
施喆菁

技术编辑
吴铁伟 许　辉 陈钦春

责任校对
石玲凤 沈丽蓉 陶立新 黄亚承 黄　岚

特约编审
沈　岩

出版工作组

《新时代版上下五千年·三国两晋南北朝》
责任编辑 孙浩伟 王浩浩
美术编辑 施喆菁 陈艳萍
装帧设计 施喆菁
插图绘制 石　沛
排　　版 上海商务数码图像技术有限公司

序 言

中国是世界文明古国之一，有五千多年的发展史。中华文明是世界上唯一不曾中断的文明史，有着自己独特的文明特质。“上下五千年”代指整个中国历史。作为中国人，应该了解自己民族的历史，树立起文化自信、民族自尊。

“四十年阅读魅力，五千年璀璨文明。”《上下五千年》是我国第一部贯通中华五千年文明的少儿历史通俗读物，由林汉达先生开创了“以故事讲历史”的形式，自从二十世纪七八十年代问世以来，一直受到读者的热烈欢迎，在海内外产生了广泛而深远的影响，由此成为少年儿童出版社的经典品牌图书。从第一版到现在，《上下五千年》已经完成了几次重大的内容更新与增补，给几代读者留下了美好的阅读记忆。

党的十八大以来，中国进入社会主义的新时代，学习和把握上下五千年的中华历史，重构对中华文明的尊重与思考，发扬中华优秀传统文化的特质，建立更深沉、更持久的文化自信，已经成为中国文化发展的一个崭新标识。在这样一种宏大的社会背景中，少年儿童出版社认真总结了过去四十余年的出版经验，对《上下五千年》从内容到形式进行了全面改造，推出了符合新时代需求的全新版本。

这次推出的《上下五千年》（新时代版），以“弘扬正气，积极向上；当代意识，现实观照；以事带史，小中见大；故事性强，文辞优美；言之有物，力避空泛”为宗旨，对全书的规模、版块、内容、艺术表现和包装等，重新进行了整体设计。从中国上下五千年的历史长河中，精选数百个条目，按照习近平总书记“讲好中国故事”的要求，以图文并茂的形式把中国历史呈现给小读者。

在近三年的编纂过程中，二十余位史学界权威专家教授组成了编委会，七十余位中青年史学家组成作者团队，大家本着严谨求实的态度，在新时代史学观念的指引下，重新拟定条目、遴选素材，充分吸收新的研究成果，不仅按照时间顺序勾勒出中国历史发展的主线，还增加了许多专题史内容，生动展现出中华民族一路走来的曲折历程和创造的灿烂文化。作者们撰写各篇目时，延续了林汉达先生开创的“以故事讲历史”的形式，在保证专业性的同时，也注重故事性、可读性，并且搭配了许多插图、历史照片、小贴士、名人名言等，以期更符合当代小读者的阅读习惯、审美趣味和认知能力。

少年儿童是祖国的未来，是中华民族的希望。为少年儿童服务，就是为祖国的未来服务。现在这一代少年儿童，在中华人民共和国成立百年，即中华民族伟大复兴完成的时候，他们当成长为国家的栋梁之材。帮助他们了解中华民族五千年文明发展史，就是帮助他们系好人生的第一粒纽扣，不仅能让更多小读者从历史中看到华夏文明的璀璨、民族精神的可贵，还能激发他们的民族自豪感和为中华民族伟大复兴事业献身的爱国主义热情。少年儿童出版社及时推出了符合时代需求的《上下五千年》全新版本，相信可以在普及国民历史教育，尤其是在普及少年儿童的历史教育、构筑国家文化战略的根基方面，发挥应有的作用。

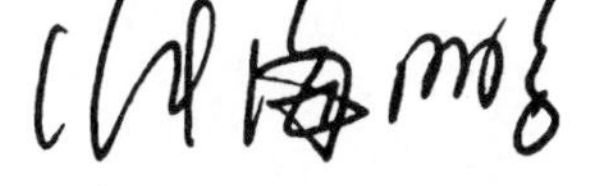

目　录

巨　浪　淘　沙

融 合 新 生

三国博山炉

巨浪淘沙

《上下五千年·三国两晋南北朝》是丛书的第四册，分为《巨浪淘沙》《融合新生》两个篇章。其中《巨浪淘沙》讲述的主要是三国（220—280）和西晋（266—316）的故事。

黄巾起义拉开了东汉灭亡、群雄并起的时代序幕。此后风云变幻、大浪淘沙，曹操、刘备、孙权脱颖而出，形成魏、蜀、吴三国鼎立的格局。官渡之战、赤壁之战、夷陵之战……一场场惊心动魄的大战，留下了一长串传颂古今、家喻户晓的英雄美名。

司马氏建立的西晋王朝结束了三国的分裂局面，中原得以短暂统一。然而，司马氏内部的“八王之乱”为害十多年，导致诸多政治势力乘机而起。最终，西晋王朝被内迁的匈奴人所灭。长期动乱引发了北方人口的大批南迁，对江南地区的经济文化产生了深远影响。

马钧“巧思绝世”的织绫机、翻车、指南车，名医华佗、木牛流马的传奇，以及刘徽的《九章算术注》和裴秀的“制图六体”，显示了动荡时期科学技术的顽强发展。以“清谈”为主要表现形式的魏晋玄学，在思想史上别开生面。三曹、建安七子，以及陈寿的《三国志》，在文学和史学领域均有着公认的地位。

黄巾起义

这是一场爆发于东汉末年的全国性大规模农民起义，起义领导人是张角，因起义军头扎黄巾，史称黄巾起义。虽然起义以失败告终，但对东汉王朝的统治产生了巨大冲击。为平息叛乱，各地拥兵自重，割据混战，最终导致三国鼎立局面的形成。

张角创立太平道

东汉中后期，外戚和宦官交替专权，导致政治腐败。当权者卖官鬻（yù）爵，横征暴敛，徭役军役繁重。加之土地兼并严重，大量农民失去土地，四处流亡，民不聊生，社会矛盾激化。自汉安帝到汉灵帝的几十年时间里，全国各地爆发了近百次农民起义，并最终形成了全国性的大规模农民起义——黄巾起义。

黄巾起义的领导人名叫张角，是巨鹿（今属河北邢台平乡）人。他因得到道士干吉等人所传的《太平清领书》（即《太平经》），就以宗教救世为己任，于熹平年间（172—178）创立了太平道，并与两个弟弟张宝、张梁一起开始传教活动。

东汉末年铜马

太平道以《太平经》为主要经典，奉“中黄太一”为至尊天神，以阴阳五行、符箓咒语为根本教法，张角自称“大贤良师”，持九节杖，以符水、咒语结合自身的医术为民治病，并以此为掩护，宣传教义，培养弟子，发展教徒。十几年的时间，太平道的教徒达到了几十万人，遍及青、徐、幽、冀、荆、扬、兖（yǎn）、豫八州，张角坐镇冀州（今河北南部一带）。太平道教徒主要是穷苦百姓，也不乏豪强、官员。张角将教徒按照地区分为三十六方，大方万余人，小方六七千人，每方设立名为“渠帅”的首领，都归张角统一指挥，为大规模的起义做准备。张角选定于甲子年甲子日，即中平元年（184年）三月初五在全国统一举行起义，推翻腐朽的东汉王朝。

为了给起义制造舆论，张角根据战国以来流行的“五德终始说”，提出了“苍天已死，黄天当立，岁在甲子，天下大吉”的口号。“苍天”指东汉，据说东汉官员和军队的服装以苍青色为主；“黄天”指的就是太平道，因为根据五德终始说的五行相生观念，东汉为火德，火生土，而土为黄色，所以太平道的信徒们都头绑黄巾为记号。“苍天已死，黄天当立”，是说东汉王朝要灭亡了，而太平道将会取而代之。张角一方面派人用石灰在东汉京都洛阳和各州郡官府的墙上写上“甲子”二字作为标记，另一方面派渠帅马元义到荆州、扬州召数万人到邺城（今河北临漳）集中，准备起义。马元义还多次前往京都，约定宦官封谞（xū）、徐奉等人为内应，准备在三月初五里应外合，一道起义。

上下五千年

黄巾起义席卷全国

正当起义准备工作有条不紊地进行时，意想不到的事情发生了。张角派往京都做信使的弟子唐周突然叛变，向朝廷上书告发张角要发动起义，并供出了在京都的内应马元义。马元义被抓起来处死了，同时被杀的太平道教徒多达千余人。朝廷还派兵前往冀州追捕张角等人。

由于事出突然，张角被迫传令各方，于二月提前起义。于是三十六方、几十万太平道教徒同举义旗，一场席卷全国的农民大起义爆发了。由于起义军头裹黄巾，被称为黄巾军。张角自称“天公将军”，其二弟张宝、三弟张梁分别自称“地公将军”“人公将军”。起义开始后，各地群众纷纷响应，或入伍为信徒，或送粮送衣，黄巾军发展很快。他们攻城夺邑，焚烧官府，杀贪官污吏，扫荡豪强地主的坞堡，势如破竹。一个月内，全国有七个州、二十八个郡战事不断，陆续有州郡失守，吏士逃亡，朝野震动。

东汉政府慌忙调集各地精兵，以何进为大将军，统率左右羽林军，屯兵洛阳，镇守京都；又在京都各关口严密设防；并下诏命各州郡训练士兵、整点武器、招募义军，进剿黄巾军。卢植被派往北方战线，与张角的主力周旋；皇甫嵩、朱儁（jùn）各领一军，讨伐颍川的黄巾军。各地豪强地主也纷纷起兵，配合镇压，其中著名的有袁绍、袁术、公孙瓒、曹操、孙坚、刘备等。黄巾军各自为战，全力反击，主力在巨鹿、颍川、南阳等地接连取得重大战果。张角率领冀州黄巾军攻下广宗，击败了卢植的军队；南阳黄巾军攻克郡城，杀了太守褚贡，颍川黄巾军击败朱儁，围困皇甫嵩军。黄巾军一路高歌猛进，官军士气低落。

但由于黄巾军的主体是农民，组织纪律性差，战斗力不强，尤其缺乏有战略头脑的军事领袖和有军事指挥才能的将领。起义后，黄巾军分散在

五德终始说

五德终始说是战国时期阴阳家邹衍主张的历史观念，对后世影响很深。“五德”指木、火、土、金、水这五行所代表的五种德性，“终始”指“五德”周而复始地循环运转。邹衍认为，王朝的更替，就是根据五德终始的顺序来循环的。

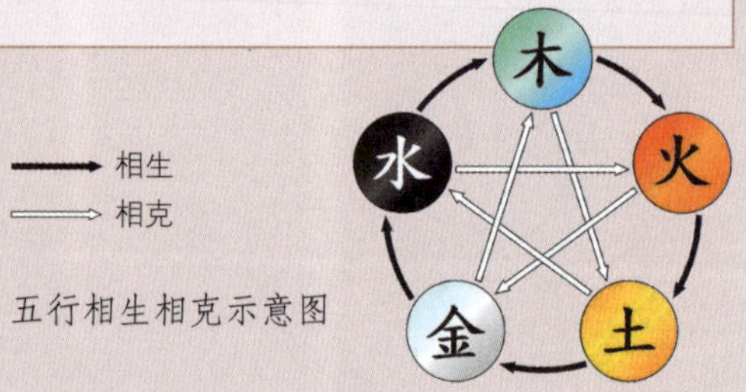

五行相生相克示意图

元代话本中描绘黄巾起义的插图

多地，各自为战，缺乏相互支援配合，甚至固守一城一池，或久围坚城，与官军拼消耗。而且由于起义计划被叛徒出卖，不得不提前仓促发动，这使得各地起义军之间的相互配合就更加困难。起义爆发后，镇压黄巾军的不仅有规模庞大的官军，还有各地豪强的大小武装。那些镇压黄巾起义的东汉将领，都是能征善战的悍将。因此，黄巾军虽然一开始气势很猛，但很快就在战场上全面陷于被动。不久，张角病死，黄巾军主力连败于官府、豪强的联合镇压，张梁、张宝等主要黄巾军将领也先后败亡。这场经过了十几年的秘密准备、席卷全国的黄巾大起义，仅历经九个多月就被镇压了。

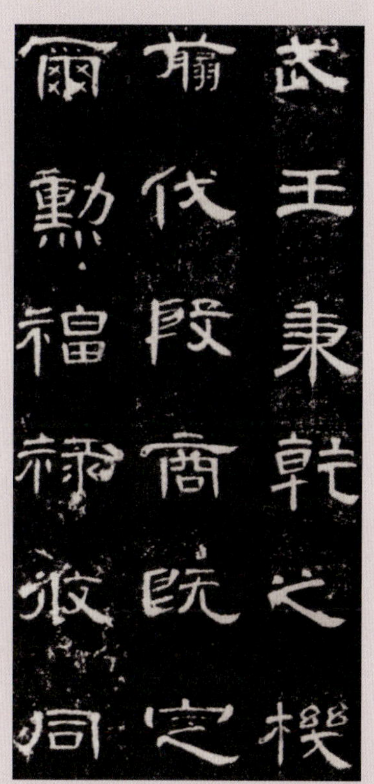

《曹全碑》拓本（局部）

《曹全碑》记载了东汉末年曹全镇压黄巾起义的事件，是汉代碑刻隶书中的精品。

群雄割据局面形成

黄巾起义对东汉末年的政局产生了深远的影响。黄巾军的主力虽被镇压，但余部仍在各地坚持斗争。中平五年，黄巾军余部再度发动起义。此后，黄巾军余部此起彼伏，势力大的有二三万人，小的也有六七千人。而由褚燕率领的黑山军，甚至号称百万人。黄巾军和在其影响下的各族人民的起义军，持续活动了二十多年，严重动摇了东汉政权的统治基础。

为了有效镇压起义，汉灵帝接受太常刘焉的建议，将部分刺史改为州牧。刺史是古代监察官职，原本地位在郡守之下。改为州牧之后，大多由宗室或重臣担任，他们拥有地方军政之权，地位在郡守之上。这样一来，朝廷就可以依靠州牧的力量，更有效地进剿黄巾军残部。但是，后来各州牧拥兵自重，不听朝廷号令，形成了诸侯割据、军阀混战的局面。

经过黄巾起义的打击，腐朽的东汉王朝已经名存实亡。而在长期的武装割据争霸混战中，曹操、刘备和孙权三股割据势力逐渐脱颖而出，其中刘备、曹操的起家更是与镇压黄巾起义有很大关系。因此，从某种意义上说，正是黄巾起义拉开了三国时代的序幕。（张友臣）

汉末三国剔犀云纹圆盒

汉末群雄

在镇压黄巾起义的过程中，各地地主武装乘机扩张，强占地盘，到建安元年（196年）形成许多股割据势力。

袁绍占据冀、青、并三州，曹操占据兖、豫二州，韩遂、马腾占据凉州，公孙瓒占据幽州，公孙度占据辽东，陶谦、刘备、吕布先后占据徐州，袁术占据扬州的淮南部分，刘表占据荆州，刘璋占据益州，孙策占据扬州的江东部分，士燮占据交州。此外，张鲁以道教的组织形式占据汉中地区。其中，势力最强的是袁绍和曹操。

刘备涿郡起兵

奠定三国鼎立局面的三大主导人物中，刘备是最富戏剧色彩的一位。他出身破落的宗室家庭，白手起家，借镇压黄巾起义的机会发迹。他与好兄弟关羽、张飞组建起队伍，之后从涿郡（治今河北涿州）起步，辗转多地，逐渐发展起自己的势力。

涿郡的破落户

东汉末年，涿郡涿县有一户刘姓人家，家中母子二人以编织草席、贩卖草鞋为生，日子过得很清苦，这就是后来的蜀汉皇帝刘备的家。虽然当时刘备的家境已经没落，但他的出身却不一般，是西汉开国皇帝汉高祖刘邦的直系后代。汉景帝第九子、中山靖王刘胜的儿子刘贞，就是刘备的嫡系祖先。刘贞曾被封为涿县陆城亭侯，因为在宗庙祭祀时所献的祭金不合规格，被汉武帝削去了爵位，于是便在涿县安家。刘备的祖父刘雄被举荐为孝廉，曾做过东郡范县的县令。刘备的父亲刘弘早亡，所以刘备小小年纪便与母亲相依为命。

刘备家里庭院东南角的篱笆墙边有一棵桑树，五丈多高，枝叶繁茂，远远望去好像权贵乘坐的马车上用羽毛做的车盖。来往的人都觉得这棵树非同一般，

刘备画像

刘备（161—223），字玄德，涿郡涿县（今河北涿州）人。东汉末年起兵参与镇压黄巾起义，后来采纳诸葛亮的隆中对策，力量逐渐壮大。章武元年（221年）称帝，定都成都，国号“汉”，史称“蜀汉昭烈帝”。此图出自唐代画家阎立本《古帝王图》。

内蒙古和林格尔汉墓壁画《举孝廉图》

还有人预言这户人家将来一定会出贵人。刘备从小就有大志向，他和小伙伴们在这棵桑树下玩耍的时候，常常指着树说：“我将来一定会乘坐这样的羽盖车。”刘备的叔父听到后，训斥道：“你不要胡言乱语，这会招来灭门之祸的！”

刘备十五岁时听从母亲的安排，拜大儒卢植为师，与同一个家族的兄弟刘德然、辽西令支人公孙瓒成了同学。卢植曾经做过九江太守，也是刘备的同乡。虽然拜了这样一位好老师，但刘备对读书并不感兴趣，反而爱好走狗跑马，喜欢音乐和好看的衣服。这样的少年刘备，似乎不会有什么大出息，然而时势造英雄，东汉末年的乱世改变了他的人生轨迹。

孝廉

这是汉代选拔官员的一种科目。孝廉是孝顺父母、办事廉正的意思，孝廉科就是举荐孝子、廉吏。元光元年（前134年），汉武帝下诏，令各郡、国每年举荐孝者、廉者各一人，通称“举孝廉”。被举荐者多为州郡属吏或通晓儒经的儒生，原本没有官职的授以官职，原本当小官的升为大官。

结交豪杰，三英会聚

据史书记载，刘备身高七尺五寸（约1.8米），胳膊长，手大，两手能下垂到膝盖之下，双眼还能看见自己的耳朵。他平时沉默寡言，喜怒不形于

三义宫

位于河北涿州东南松林店镇楼桑庙村，为纪念三国时期刘备、关羽、张飞桃园结义的传说而建，是省级文物保护单位。

色，但待人恭敬谦卑，并且喜欢结交朋友。当地豪侠之士尤其是年轻人都争着依附他，甘心为其所用。

关羽画像

关羽（约160—220），三国蜀汉大将。字云长，河东解县（今山西运城西南）人。东汉末年跟随刘备起兵，曾被曹操所俘，后仍归刘备。他战功赫赫，声势一度威震华夏。后人认为关羽忠义双全，尊他为“武圣”“关公”“关帝”。

刘德然的父亲刘元起觉得刘备不是等闲之辈，资助他财物，就像对自己的儿子一样大方。公孙瓒比刘备年长，也很看重刘备，将刘备当成好兄弟。在涿郡一带贩卖马匹的商人张世平、苏双等见到刘备，也认为刘备是个奇才，馈赠他大笔钱财，刘备用这些钱财结交了众多豪杰。

中平元年（184年），黄巾起义爆发，各州郡纷纷组织“义兵”镇压。年轻的刘备意识到这是一个难得的机会，便趁机网罗人才，组建自己的队伍。一个来自河东解县的勇士，名叫关羽，因犯了罪逃离家乡，当时正好流落在涿郡。关羽早就听说刘备喜欢结交豪杰，得到刘备组建义军的消息后，他立即拉上自己在涿郡结交的小兄弟张飞赶来入伙。关羽、张飞加入后，很快成为刘备最得力的助手与知交，随刘备辗转各地。三人情同兄弟，经常同床而卧。刘备出席各种场合时，关羽和张飞始终不辞辛劳，随时守护在刘备身旁。

年画里的张飞形象

张飞（？—221），三国蜀汉大将。字益德，涿郡人。东汉末年跟随刘备起兵，勇猛善战，为蜀汉立下汗马功劳，与关羽同称“万人敌”。《三国演义》中，怒鞭督邮的故事被安排在了张飞身上。

怒鞭督邮，辗转多地

自涿郡起兵后，刘备便带领自己的队伍跟随校尉邹靖征讨黄巾军，屡立战功。黄巾起义被镇压后，刘备因功被委任为安喜县（治今河北定州东南）县尉，负责军事、治安工作。

破落户刘备终于当上了官，但这官还没当多久，汉灵帝就下诏各州郡，要求精减那些因军功被委任的县级官吏。刘备预感到自己可能在淘汰名单中，心急如焚。负责宣布此项命令的督邮来到安喜县后，刘备立刻赶去求见，但督邮称病不见。刘备

勿以恶小而为之，勿以善小而不为。惟贤惟德，能服于人。

——［三国］刘备

颐和园长廊彩画《桃园三结义》

“桃园三结义”是小说《三国演义》里的著名故事，说的是东汉末年刘备、关羽和张飞三人意气相投，为了共同干一番大事业，他们在张飞庄后桃花盛开的桃园里举酒结义，对天盟誓。按照年纪排行，刘备是大哥，关羽是二哥，张飞是三弟。其实这是一个虚构的故事，史书中并无记载。据专家考证，这个故事是从宋元时期开始流传的。

知道自己的官位肯定保不住了，也非常痛恨督邮轻视自己，就召集手下亲信冲进督邮住的驿馆，将督邮五花大绑，狠狠打了他二百杖。出了这口恶气之后，刘备解下自己的官印绶带，系住督邮的脖子，把他捆在拴马的柱子上，弃官而去。

此后，刘备四处投靠，辗转多地担任官职。大将军何进派人招募兵马，刘备应召加入。路上遇到黄巾军余部，刘备力战有功，被授予县官之职。后来，刘备所在的县城被黄巾军攻破，他去投奔当时做了中郎将的老同学公孙瓒，被推荐担任了别部司马，负责协助青州刺史田楷抵御袁绍，因战功被委任为平原县（治今山东平原西南）代理县令，后又兼任平原国相。

当时战乱不已，百姓颠沛流离，刘备外御贼寇，励精图治，礼贤下士，仁爱百姓，乐善好施，平易近人，深得官民爱戴。有个叫刘平的人一向轻视刘备，在刘备的管辖下感到非常耻辱，于是找了个刺客去杀刘备。刺客不忍心下手，将这件事告诉刘备之后便离开了。由此可见，刘备在平原这个地方可谓人心所向，他也正是在这里逐渐发展起了自己的势力。

自从起兵以来，刘备因为军力不足，常吃败仗，只能投靠其他军阀。在公孙瓒之后，刘备还依附过陶谦、曹操、袁绍、刘表等人，直到三顾茅庐请出诸葛亮，他的帝业之路才算是走上了正轨。（张友臣）

东汉别部司马印章

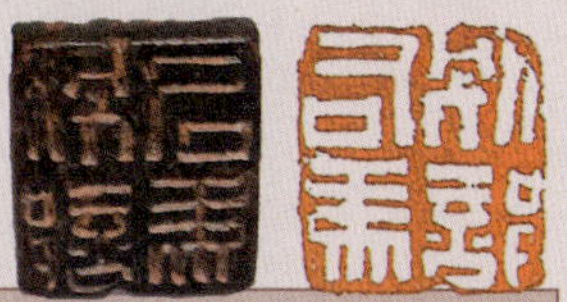

督邮

督邮，官名，督邮书掾（yuàn）、督邮曹掾的简称。始置于西汉中期，是汉代各郡的重要属吏。每郡分若干部，每部设一督邮。督邮位轻权重，代表太守督察县乡属吏，宣达政令，兼管司法等。魏、晋时督邮地位逐渐不如前代，后来设置渐少。隋初废郡，督邮亦废。

董卓之乱

黄巾起义沉重打击了腐朽的东汉政权，但起义被镇压后，外戚、宦官依旧争斗不休。外戚何进为了铲除宦官，召董卓进京，结果引狼入室，造成了历时三年的董卓之乱。此后，东汉王朝更加衰败，诸侯割据、军阀混战日渐加剧。

应召入京

中平六年（189年）四月，汉灵帝刘宏驾崩，年仅十三岁的少帝刘辩继位。何太后垂帘听政，她的哥哥何进是大将军，势力很强。眼看朝政大权被外戚把持，宦官集团“十常侍”很不服气，他们为了夺权，与外戚展开了激烈斗争。何进与司隶校尉袁绍谋划诛杀宦官张让等人，遭到何太后的反对。但何进还是召了一个人进京诛杀宦官，并想要借此胁迫何太后。

《十侍乱政》

此图出自明刊本《帝鉴图说》，描绘了十常侍专权的情形。

这个人名叫董卓，原本是凉州豪强。他在镇压羌人叛乱和黄巾起义的过程中，建立起了一支以关西汉人和羌胡人为主体的军队。这支军队具有较强的战斗力，而且只听命于董卓。黄巾起义被镇压之后，董卓看到东汉政府腐朽无能，逐渐骄横跋扈，不服从调遣，东汉朝廷便试图解除他的兵权。汉灵帝曾征他到朝廷做官，位列九卿，但董卓不愿放弃兵权，拒不上任。汉灵帝病重时，诏命董卓为并州牧，将兵权交给皇甫嵩。董卓再次找借口拒绝，驻兵河东。

言归正传，接到何进的传令后，野心勃勃的董卓觉得这是一个侵占中原的好机会，立即引军入京。但何进的计划遭到泄露，还没等董卓赶到，何进就被宦官所杀。袁绍等人又大杀宦官，

十常侍

十常侍指东汉灵帝时操纵政权的12个宦官：张让、赵忠、夏恽、郭胜、孙璋、毕岚、栗嵩、段珪、高望、张恭、韩悝、宋典。他们都任职中常侍（皇帝左右侍从），祸乱朝政，卖官鬻爵，导致国家治理每况愈下，盗贼蜂起。

清代年画《王司徒巧使连环计》

在小说《三国演义》中，司徒王允的家伎（古代高门大户蓄养在家里用以娱乐消遣的歌姬）貂蝉长得非常漂亮，为了诛杀董卓，她被王允认为义女。董卓、吕布都是好色之徒，王允便打算利用貂蝉来离间这两人。他先是将貂蝉许配给吕布做妻子，后来又将她献给董卓，貂蝉在两人之间假意逢迎，逐渐激化了董卓和吕布的矛盾。王允趁机游说吕布，终于使吕布下定决心杀死董卓。

最终外戚与宦官两败俱伤，京城乱作一团。就在这时，董卓率军进入了洛阳。

废帝虐民

董卓在混乱中找到汉少帝刘辩和陈留王刘协，护送他们回到皇宫，又收揽了大将军何进和执金吾丁原的部众，控制了洛阳城所有的军队。接着，董卓废黜了少帝刘辩，立年仅九岁的陈留王刘协为帝，即汉献帝，他自己则升任相国。这时的董卓权倾朝野，成为汉室的实际控制人，他上朝时不必对皇帝报自己的名字，还可以佩剑穿鞋上殿，可以说是嚣张跋扈，不可一世。

董卓性格残忍，好用刑法立威，在洛阳实行恐怖统治。他纵容士兵奸淫掳掠，搜刮财物，以致人心惶惶，激起全国上下各阶层的痛恨。初平元年（190年）正月，函谷关以东的各州郡全都起兵，推举勃海太守袁绍为盟主，组成关东联军，讨伐董卓。董卓见关东联军声势浩大，打算把京都由洛阳迁到长安（今陕西西安西北）躲避。大臣们都不愿意迁都，但没有人敢反对。二月，董卓强令汉献帝及群臣迁都长安，自己

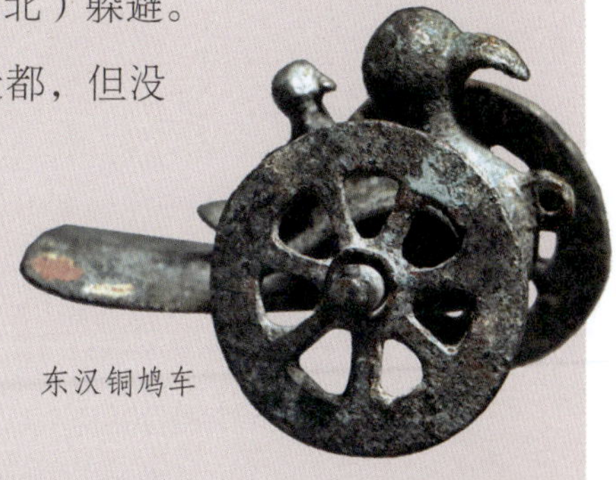
东汉铜鸠车

颐和园长廊彩画《三英战吕布》

小说《三国演义》中，曹操联合十八路诸侯讨伐董卓，上将吕布接连打败众将，刘备、关羽、张飞在虎牢关与吕布大战。此事在正史中无记载。

留镇洛阳对抗关东联军，并驱赶洛阳城内外数百万民众西迁。西迁路上死伤无数，积尸满路。随后，董卓纵火焚烧洛阳一带的宫庙、官府、民宅，发掘帝王和公卿的陵墓，搜刮珍宝、财物，还遣将四处掳掠。东汉王朝近二百年的京都洛阳，连同那些光辉灿烂的物质、文化财富，毁灭殆尽。

身败名裂

董卓到了长安之后，专横跋扈的作为丝毫没有收敛。他自己做了太师，又大肆封赏，宗族内外都入朝为官。公卿大臣拜见董卓都要跪拜，而董卓不需要回礼，朝廷各部门处理政务也都必须到董卓的太师府请示汇报。

董卓残忍嗜杀的习性变本加厉。大臣讲话稍不合他意，即遭诛戮；被俘虏的关东士兵和被捕获的关西人民，更是遭到惨不忍睹的折磨与屠杀；部下将领言语稍有差错，就会被当场处死。董卓治下人人自危，渐渐地，他陷入了众叛亲离的境地，就连备受他器重的司徒王允也无法忍受。王允想要刺杀董卓，并说服了董卓的义子吕布做内应。董卓本来十分宠信吕布，让他做自己的随从侍卫。但是董卓脾气暴烈易怒，曾经为了一件小事拔出手戟掷向吕布，吕布因此怨恨董卓。而且吕布与董卓的一个侍女私通，也担心被董卓发现，便答应王允刺杀董卓。

> 董卓狼戾贼忍，暴虐不仁，自书契已来，殆未之有也。
>
> ——［晋］陈寿

初平三年四月的一天清晨，董卓乘车前往皇宫，参加汉献帝病愈的庆祝会，吕布随从护卫。吕布事先让十余人冒充卫士，埋伏在宫门附近。董卓一进门，那些埋伏的人就持长戟冲出，刺向董卓。董卓朝服内穿着铁铠甲，没有伤到要害，只伤了手臂，跌到车下。情急之下，董卓大喊："吕布何在？"吕布拿出准备好的诏书，喊道："我奉诏讨贼！"直到此时，董卓才发现吕布背叛了自己，于是大骂吕布："庸狗竟敢这么做！"话音刚落，吕布就手持长矛将董卓刺死，并让士兵砍下了他的头颅。

董卓的死讯传出，士兵们高呼万岁，百姓在路上载歌载舞，很多人把珠宝换成酒肉来庆祝，长安城街市挤得水泄不通。董卓的尸体被拖到闹市示众，肥胖的身体被点了天灯，一连烧了好几天，他的家族老幼也全部被杀。北宋大文学家苏轼在《郿坞》一诗中写道："毕竟英雄谁得似，脐脂自照不须灯。"挖苦董卓与一般的英雄结局大不一样，非但不能善终，死后还被用来点灯，对这个残暴的历史人物进行了辛辣的讽刺。

董卓之乱给当时的国家和社会稳定带来了巨大破坏，开启了东汉末年群雄割据、军阀混战的局面，加速了东汉政权的灭亡。（张友臣）

董卓铸"小钱"

董卓之乱不仅造成了东汉政治上的动荡，还有经济上的崩溃。他为了大肆敛财，开始下令铸造"小钱"，这种钱的重量、大小比通行的五铢钱差得多，购买力却相似。从民间搜刮来的五铢钱，熔掉一个，可以铸成三四个小钱，于是造成物价飞涨。一些百姓索性不用货币，以物易物。直到30多年后，稳定的五铢钱才在曹魏得到了恢复。

董卓画像

董卓（？—192），东汉陇西临洮（今甘肃岷县）人，字仲颖。东汉末年受何进所召，率兵入洛阳。在外戚与宦官两败俱伤的情况下，他利用手中军队独霸汉廷，废立皇帝，权倾一时，后来受到关东联军讨伐，终被王允、吕布所杀。

函谷关

战国时，秦国建函谷关，号称天险，故址在今河南灵宝东北王垛村，与雁门关、仙霞关、剑门关并称中国四大古关口。传说老子在此地创作了《道德经》。秦、汉、唐等定都今陕西的王朝，称函谷关或潼关以东地区为"关东"。图为现代新修的函谷关历史文化旅游区。

曹操挟天子以令诸侯

董卓之乱后，群雄割据、军阀混战愈演愈烈，东汉王朝风雨飘摇。在镇压黄巾起义和讨伐董卓的过程中，乱世枭雄曹操大大发展了自己的势力，并将汉献帝牢牢地置于自己的掌握之中。他挟天子以令诸侯，最终平定北方，虎视天下，为魏国取代东汉王朝奠定了坚实的基础。

犀利的政治眼光

董卓被杀之后，王允对董卓余党展开了清算，董卓部将李傕（jué）、郭汜率兵攻入长安，杀死了王允。后来，李傕、郭汜又发生矛盾，相攻数月，原本繁华的长安城几乎变成一片废墟。汉献帝借机离开长安，东归旧都洛阳，这为曹操“挟天子以令诸侯”创造了机会。

曹操是沛国谯县人，从小聪明好学，才能卓绝，当时的人认为他能拨乱反正、安定天下。他的养祖父曹腾是很有名望的宦官，父亲曹嵩是曹腾的养子，官至太尉。曹操二十岁步入仕途，镇压过黄巾起义，担任过统领禁军的典军校尉，还组建军队参与过讨伐董卓的关东联军。后来，他被兖州地方官吏推举为兖州牧，带兵大败青州（治今山东淄博临淄区北）黄巾军，收编降兵三十多万。曹操将其中的精锐组建为“青州兵”，后来这支部队在不少战役中立下了汗马功劳。

曹操画像

曹操（155—220），三国时政治家、军事家、诗人。字孟德，小名阿瞒，沛国谯县（今安徽亳州）人。曾被封为“魏王”，后被曹丕追尊为“武帝”。曹操精通兵法，擅长诗文，有《蒿里行》《观沧海》《龟虽寿》等名篇。

虽然东汉皇帝已经有名无实，不被各路豪强放在眼里，但曹操清醒地认识到，汉天子毕竟是国家最高权力的象征，统治全国数百年的汉室朝廷也依然具有强大的号召力，只要控制皇帝，就能取得政治上的巨大优势。之前谋士毛玠曾向曹操提议：“应该拥戴天子来号令那些不肯臣服的人，鼓励耕植，储备军用物资，这样一来，就可以成就霸王之业。”他毫不犹豫地采纳了。当时汉献帝已经西迁到长安，曹操立即派使者去了长安，向朝廷表示忠诚。虽然这次没能顺利联系上汉献帝，但曹操没有放弃，继续等待机会。

迎天子，迁都城

兴平二年（195年）七月，汉献帝在杨奉、董承等人的护卫下离开长安东迁，经过一年的艰难跋涉，历尽千辛万苦，终于回到了洛阳。曹操得知后，觉得自己的机会来了。当时他已经巩固了兖州，占领了许县（治今河南许昌东），如果能把汉献帝接过来，就可以用皇帝的名义发号施令了。

此时的洛阳城残破不堪，食物匮乏，汉献帝

和百官连吃饭和睡觉都没有着落，活像一帮乞丐。谋士荀彧（yù）建议曹操尊奉天子，顺应民意。曹操接受了，他致信护驾的将领杨奉，表示自己粮食充足，愿意提供帮助。虽然遭到董承等人的阻拦，但曹操仍坚持不间断地向汉献帝进献食品和财物。

董承等人对曹操怀有戒心，不让他入京护驾。然而，这些护送汉献帝东返洛阳的将领各怀心思，相互之间矛盾重重，曹操利用他们内斗的机会率兵进入洛阳，向汉献帝进贡。汉献帝封曹操为录尚书事、司隶校尉，参与朝政。

建安元年（196年）九月，曹操将汉献帝及朝廷百官迁到自己的根据地许县，以许县作为都城，将汉献帝牢牢地控制在自己手中。同时，曹操全力营建汉室宗庙社稷，并继续向汉献帝进献财物。曹操的努力果然得到了回报，汉献帝任命他为大将军，封武平侯，比所有文臣武将的地位都要高。此外，曹操还获得了董昭、钟繇（yáo）等一批原汉室臣僚的支持，并赢得了大批士人的归心。“许都新建，贤士大夫四方来集”，许县成了实际上的政治中心，曹操也成了皇帝的“代言人”。

子（指曹操）治世之能臣，乱世之奸雄。

——［汉］许劭

从此，曹操借天子的名义号令四方，势力发展很快，这让北方势力最强的军阀袁绍很是眼红。监军沮（jū）授曾劝袁绍将东归洛阳途中的汉献帝迎到邺城，以天子的名义号令天下，讨伐异己，

河南许昌曹魏古城

东汉末年，曹操挟汉献帝以许县为都城，称“许都”。三国魏黄初二年（221 年），许县更名为许昌。

袁绍不以为然。如今看到迎汉献帝迁都许县的曹操获得巨大收益，袁绍非常后悔，向曹操提出把汉献帝迁到鄄（juàn）城，因为鄄城离袁绍的势力范围比较近，迁过来的话方便控制。曹操识破了袁绍的心思，不仅一口回绝，还以汉献帝的名义下诏责备袁绍。不过曹操也忌惮袁绍的势力，便把大将军的职位让给了袁绍，自己做了司空，兼任车骑将军。

天下英雄，唯有你我

东汉朝廷逐渐被曹操控制，汉献帝成了名副其实的傀儡。曹操在朝廷重要职位安插信任的人，诛除那些支持汉献帝、危害自己的势力。

> **屯 田**
>
> 古代政府利用士兵和农民垦种荒地，取得军队给养和税粮，这种措施以及被开垦的荒地都叫“屯田”。
>
> 东汉建安元年（196年），曹操开始实行屯田制，组织军队和流亡的民众从事农业生产，既安置了流民，又筹集了军粮。这为后世开创了一种大规模的寓兵于农、兵农合一的先例。

当时刘备占据徐州（治今山东郯城），但被吕布打败，迫不得已投靠了曹操。曹操看重刘备，举荐他做了左将军，并以厚礼相待，出则同车，坐则同席。董承找到刘备，说自己接到了汉献帝藏在衣带中的秘密诏书，要诛杀曹操，但刘备没有行动。

后来，曹操在和刘备一起吃饭时说了句话：“现在天下英雄只有你和我，袁绍那些人是算不上数的。”刘备吓了一跳，手里的筷子和勺子都掉在了地上。既然曹操已经把自己当成唯一的对手，那不如先下手为强——刘备想到这里，便和董承等人秘密谋划了一番。不料事情败露，曹操诛杀董承等人并诛其三族。刘备恰好在外带兵打仗，躲过一劫。后世称此事为“衣带诏事件”。幸免于难的刘备投靠袁绍，袁绍借此事发难，声称奉衣带诏讨伐曹操，由此引发了中国历史上一场著名战役——官渡之战。

曹操终其一生都没有放弃“挟天子以令诸侯”的策略，汉献帝成年后一直想要反抗，却始终无能为力。政治上大权在握还不够，曹操为了提升自身的经济、军事实力，实行屯田政策，解决了军粮问题，为日后打败群雄、统一北方奠定了坚实的物质基础。（张友臣）

《屯田许下，兴农富国》浮雕

[宋] 佚名《文姬归汉图》(局部)

汉末女诗人蔡琰(yǎn)是中国历史上著名的才女，字文姬，人们习惯称她为蔡文姬。乱世中，她身陷南匈奴12年，与左贤王生了两个儿子。曹操与她的父亲蔡邕(yōng)交情颇深，念在蔡邕无后，派使者用金璧将她赎归，这件事成为后世众多诗人、画家的创作素材。此图为原《文姬归汉图》册页中仅存的一页，是南宋人物画中的优秀之作。

官渡之战

为了争夺北方霸权，袁绍率兵十余万南下攻打曹操，两军在官渡（今河南中牟东北）对峙。后来，曹军奇袭袁绍乌巢（今河南延津）粮仓，并一举歼灭袁军主力。这是曹操统一北方的关键一战，也是中国历史上以少胜多、以弱胜强的著名战例之一。

战争大幕拉开

东汉末年，群雄并起，互相兼并，战乱不断。在北方的连年混战中，袁绍、曹操两大集团逐步壮大起来。袁绍占据了黄河以北的广大地区，拥有数十万兵马，兵多粮足，实力强大；曹操抢占了黄河以南地区，虽然只有几万兵马，但他把汉献帝迎到了许都，“挟天子以令诸侯”。他俩都将对方视为前进路上的主要障碍，矛盾愈演愈烈，决战一触即发。

建安四年（199年）六月，袁绍挑选精兵十余万，战马上万匹，准备南下攻打许都。曹军将领们听到这个消息，都心生恐惧，觉得无法抵挡。但曹操认为，袁绍志大才疏，外强中干，刻薄寡恩，兵多而指挥不当，将骄而政令不一，根本不足为惧，刚好可以吞并他来壮大自己，于是毅然决定北上迎击。

袁绍画像

袁绍（？—202），字本初，东汉末年军阀，汝南汝阳（今河南商水西北）人。出身“四世三公”的名门，早年任中军校尉、司隶校尉等职，曾指挥诛杀宦官。初平元年（190年）被推举为讨伐董卓的联军首领，后来占据冀、青、幽、并四州，兵多地广。官渡之战中败于曹操，两年后病逝。

为争取战略上的主动，曹操根据敌强我弱的情况，采取集中兵力、扼守要隘、重点设防、以逸待劳、后发制人的策略。八月，曹操率军渡过黄河，抢占了冀州军事重镇黎阳（治今河南浚县东），并派人打下了青州的一些地盘。九月，曹操回到许都，分派军队到官渡设防，严阵以待。

曹军初战告捷

建安五年正月，衣带诏事件败露，刘备被曹操打得丢了徐州，妻子儿女、大将关羽都被俘虏。当曹、刘作战正酣之时，袁绍的谋士建议趁机偷袭曹军后方，但袁绍没有采纳，曹操得以从容击败刘备，随后回军官渡。狼狈落败的刘备没有办法，只得投奔袁绍。二月，袁绍率领步兵十万、骑兵万余，浩浩荡荡进军黎阳，同时派大将颜良南渡黄河，围攻白马（治今河南滑县城关镇东）。

曹操采纳了谋士荀攸的声东击西之策，先派一支人马到黄河渡口延津，佯装渡河抄袁军后路，吸引袁军分兵西向救援，袁绍果然发兵阻截。此时曹操迅速东进，突袭白马。袁军被打得措手不及，身在曹营的关羽将颜良斩于阵前，白马之围遂解。

清代年画《挂印封金》

解白马之围后，关羽被封为汉寿亭侯，曹操对他重加赏赐。然而关羽忠义，他退回赏赐，留下一封书信告辞，重归刘备。《三国演义》中说，关羽离开时还将汉寿亭侯的官印悬挂在堂上，因此有了“挂印封金”的故事。

曹操救出白马军民，沿黄河西撤。袁绍命令大将文丑立即率领五六千骑兵渡河追赶。曹军当时只有五百多名骑兵，形势十分危急。眼看追兵越来越近，曹操灵机一动，命令将士们解下马鞍，放开战马，把武器、粮草等散乱地丢弃在袁军的必经之路上，自己埋伏起来。袁军追兵赶到，看见曹军丢弃的物资，纷纷下马抢夺。曹操见此情形，下令伏兵突然杀出，袁军仓促应战，溃不成军，文丑也被斩杀。

曹军初战得胜后，主动退守到官渡。袁军初战失利，士气受挫，但兵力、财力仍然占据绝对优势。袁绍的监军沮授建议袁绍借助兵多粮广的优势，以持久缓进的战术来消耗曹军，但袁绍不听，仍想依靠兵力优势一举歼灭曹军。于是，他

谋士郭嘉

郭嘉字奉孝，颍川阳翟（今河南禹州）人。他先是在袁绍手下做事，后来认为袁绍难成大事，转投曹操麾下，成为重要谋士。官渡之战前，曹操对战胜袁绍信心不足，郭嘉从人品、能力等各方面分析，认为袁绍有十个失败的原因，而曹操有十个胜利的理由。这番“十胜十败”的论述令曹操信心大增，对官渡之战影响极大。

曹操统一北方的过程中，郭嘉出谋划策，多有贡献。后来，他在随曹操征伐乌桓时身染重病，英年早逝。曹操败于赤壁时，曾叹息着追思郭嘉：“郭奉孝在，不使孤至此。”（如果郭嘉还在，我不会落到这步田地。）

曹操作战场景还原

曹操比于袁绍，则名微而众寡，然操遂能克绍，以弱为强者，非惟天时，抑亦人谋也。

——［三国］诸葛亮

率领大军直逼官渡，依托沙丘修筑营垒，东西绵延数十里。

陷入相持，许攸献计

官渡离许都只有不到二百里，一旦官渡失守，曹操的大本营许都将陷入极其危险的境地。所以，曹操也修建营垒，竭尽全力驻守官渡阵地。双方再次交战，曹军失利，便退回营垒，坚守不出。

袁绍见曹军死守营垒，便命令士兵堆土山、筑高台，居高临下用弓箭攻击曹军。曹军都用盾牌护着头，非常恐慌。曹操下令让人制造出一种抛石装置，发射石头摧毁了袁军的高台，吃了亏的袁军把这装置称为"霹雳车"。袁军一计不成，又生一计，他们趁着夜色偷偷挖掘地道，企图偷袭曹营。曹军发现后就挖壕沟切断地道，粉碎了袁军的计策。就这样你来我往，两军对峙了几个月。

曹军前方兵乏粮缺，后方也不稳固，处境十分困难。曹操几乎失去了坚守的信心，一度想要退守许都，但被谋士荀彧劝阻了。于是曹操下定决心继续坚持，一方面加强防守，另一方面积极寻求和捕捉战机。一转眼到了十月，袁绍派大将淳于琼押运一万多车军粮，囤积在离袁军大营四十里的乌巢。

早在交战之初，袁绍的谋士许攸就建议趁曹军主力尽出、许都防备空虚之际，派兵偷袭许都。袁绍不听，许攸愤愤不平。正在这时，许攸的家人犯法被捕，许攸知道后大怒，索性去投奔曹操。

曹操本来就认识许攸，听说他来投奔，非常高兴，赤脚出迎，拍手笑着说："你这一来，我就有获胜的希望了。"许攸问："你军中的粮草还有多少？"曹操回答说："可以支撑一年。"许攸说："哪有这么多？说实话！"曹操又说："可以支撑半年。"许攸不高兴地说："难道你不想打败袁绍吗？为什么不跟我说实话？"曹操忙堆着笑脸说："我刚才是跟你开玩

官渡寺

坐落于河南中牟官渡古战场遗址内，传说是袁绍屯兵处。

《三国演义》中描绘火烧乌巢的插图

笑呢，其实军中的粮草只能维持一个月了，该怎么办呢？”许攸气定神闲地说：“现在袁军有一万多车粮草囤积在乌巢，防备不严。你只要派轻兵连夜急袭乌巢，烧其粮草，不出三天，袁军一定溃败！”

奇袭乌巢，奠定胜局

曹操的手下都怀疑许攸是诈降，只有荀攸和贾诩支持偷袭乌巢。曹操权衡之后，决心一试，他让曹洪留守营垒，自己亲率精锐步骑五千，打着袁军旗号，悄悄离开官渡，连夜走小路急袭乌巢。镇守乌巢的淳于琼摆开阵势与曹军交战，见曹军凶猛，便退守营垒。曹军猛烈进攻营垒，但一时之间难以攻破。

袁绍得知消息，立即派骑兵前去增援乌巢，但他将主力都派去攻打曹营，还自以为是地对长子袁谭说：“趁曹操攻打淳于琼，我们正好可以攻破曹营，让曹操无家可归！”曹操正着急久攻乌巢不下，突然有人跑来报告：“袁绍的援兵快到了，我们要分兵抵挡。”曹操知道乌巢不破，这场战争自己必败无疑，大怒道：“等袁军到了背后，再告诉我！”于是曹军个个奋死拼杀，把淳于琼和他统领的袁军全杀了，又放了把火，袁绍的粮草被焚烧一空。

正奉命攻打曹军大营的袁军大将张郃、高览，听说乌巢被攻破，粮草被烧，淳于琼也被杀，就投降了曹操。袁军军心动摇，四下溃散。曹军趁机进攻，大获全胜。袁军被歼灭七万余人，袁绍带着八百骑兵狼狈渡河，向北逃走。

官渡之战以曹操的全面胜利告终，让曹操实力大增。袁绍战败后一蹶不振，后来忧郁而死，他的几个儿子争权夺利，互相攻伐，曹操趁机彻底消灭了袁氏集团。建安十二年，曹操又征服了乌桓（古族名，东胡的一支），战乱多年的北方终于实现了统一。（张友臣）

东汉执戟武士铜俑

五子良将

曹操在东汉末年的诸侯混战中能够脱颖而出，离不开身边将领们的支持。《三国志》中将五名曹魏将领列为一传，评价说：“时之良将，五子为先。”这五人是张辽、乐进、于禁、张郃、徐晃，他们都很擅长指挥骑兵部队机动作战，备受曹操的信任和器重。曹操每次出兵，都轮流让他们做先锋和殿后的部队。五子良将跟随曹操南征北战，出生入死，为曹魏的前期开拓做出了卓越贡献。

孙氏称霸江东

曹操与袁绍在北方打得不可开交的时候，一股强大的势力正在南方崛起，那就是由孙坚开创，孙策、孙权继承并发展的孙氏集团。父子三人前赴后继，不懈努力，最终一统江东，成就霸业。

东吴陶院落

孙坚艰苦创业

与刘备一样，孙坚也是在贫贱之中发迹的。他既没有刘备帝王之后那样的显赫身世，也没有曹操父辈和祖辈那样政治上的强大后台，虽然号称是著名军事家孙武的后代，但他的父亲只是一个孝敬父母、喜欢行善的瓜农。孙坚十七岁时跟父亲坐船遇到海盗，其他人都吓得不敢动弹，只有他勇敢上前，用计吓跑了海盗，从此名声大振，在县里做官。

中平元年（184年），黄巾起义爆发，孙坚作为佐军司马，随中郎将朱儁镇压起义军。他作战勇敢，常将生死置之度外。一次，他单骑追敌，受伤堕马，幸亏战马跑回军营找人救他，才捡回一条命。因为屡立战功，孙坚被封为乌程侯。

董卓作乱时，孙坚被封为破虏将军，参与讨伐董卓，数次大胜。董卓对他另眼相看，派人前来拉拢，但被他严词拒绝。初平二年（191年），孙坚受袁术委派，攻打刘表，在追击刘表部将黄祖时，中暗箭身亡，时年三十六岁。孙坚虽然英年早逝，但为孙策、孙权兄弟日后崛起积累了人脉与人气。

传国玉玺

相传，秦始皇登基后命工匠雕琢传国玉玺，刻上丞相李斯所书“受命于天，既寿永昌（做皇帝是接受了上天任命，必将永久昌盛）”八个篆字，以此作为天命所归的象征。秦王子婴投降刘邦时，献上此玺。传国玉玺既没能保佑秦朝统治万世相继，也没能保住汉家江山，虽然并不灵验，但历代帝王都以得到它作为“受命于天”的象征。据说孙坚曾在洛阳一口井里捞出此玺，他死后，此玺落入袁术手中。后来，传国玉玺又经历了各种动乱年代，彻底下落不明。

“受命于天，既寿永昌”八篆字想象图

孙策收取江东

孙策是孙坚的长子，他相貌英俊，言谈幽默，性格豁达开朗，少年时就以结交名士而闻名。舒县人周瑜慕名专程去拜访他，两个同龄的有志少年一见如故，结成生死之交。孙策还受周瑜之邀，携母亲、弟弟移居舒县，并在那里结交了很多社会上流人物，江、淮一带的名士都去投奔他。

孙坚死时，孙策刚刚十六岁。他为父亲守孝结束后，去找袁术讨要父亲的旧部，准备为父报仇，建功立业。袁术虽然非常欣赏这位少年英雄，却不想将孙坚旧部给他，孙策只能先去投奔舅舅——时任丹杨太守吴景。后来，虽然袁术将孙坚旧部中的一千多人交给孙策统领，但他对孙策怀有戒心，不加重用。而且袁术为人反复无常，言而无信，让孙策很是失望。孙坚的老部下劝说孙策离开袁术，趁机收取江东，孙策深以为然。

童子对棍图漆盘

出土于安徽马鞍山东吴朱然墓，直径14厘米。

这时，扬州刺史刘繇跑来侵占吴景的地盘，孙策借机以协助舅舅为名，请求袁术让自己带兵到江东讨伐刘繇。正好袁术也想借孙策之手除掉刘繇，便同意了。孙策带着一千多人马向南挺进，沿途招兵买马，扩充势力。到达历阳（治今安徽和县）与吴景会师时，他的部众已经发展到五六千人，好友周瑜也率军前来响应。孙策从历阳渡江，打败刘繇，势如破竹，威震江东。他军纪严明，从善如流，广招人才，深受百姓拥护，短短十几天就收揽了两万多名士兵、一千多匹战马。很快，孙策占据了吴、会稽等五郡，自任会稽太守，在江东站稳了脚跟。

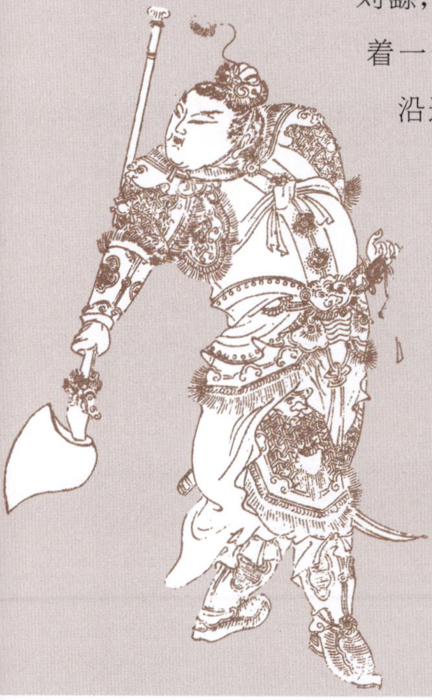

孙策画像

孙策（175—200），东汉末年吴郡富春（今浙江杭州富阳区）人，字伯符。先是依附于袁术，后来渡江占据江东，礼贤下士，善于用人，为日后孙吴势力发展奠定了良好的基础。黄龙元年（229年），孙权登基称帝后，追谥孙策为长沙桓王。

（孙策）独战东南地，人称小霸王。运筹如虎踞，决策似鹰扬。

——《三国演义》

建安二年（197年），孙策奉命讨伐僭越称帝的袁术，被任命为明汉将军，继承了父亲的乌程侯爵位。第二年，朝廷又任命他为讨逆将军，封为吴侯。建安五年初，孙策已经完全占据了江东。这时，曹操与袁绍正在官渡相持，孙策暗中秘密整顿军队，准备袭击许都，迎奉汉献帝，但意外突然发生了，他打猎时被刺客一箭射中面颊，身受重伤。

因为伤势越发严重，孙策知道自己将不久于人世，就叫来长史张昭等人，嘱咐他们要好好辅佐孙权。接着又叫来弟弟孙权，交给他象征权力的印信，叮嘱道："率军决战，与天下英雄争锋，你不如我；但选拔任用贤能，让他们尽心保住江

东，我不如你。”这番话成了孙策的遗言，当晚他就告别了人世，年仅二十五岁。

孙权苦心经营

孙权为人开朗仁义，英明果断，崇尚侠义，交往贤能，十五岁就担任了阳羡县长，在江东官员中很有声望。他常跟随在哥哥孙策左右，参与事务决策，展现出的才能令孙策都自叹不如。孙策宴请宾客时，常回头看着孙权说：“这些人以后都会是你的手下。”

孙策去世时，孙权只有十八岁，因为悲痛而哭泣不止。张昭对孙权说：“现在难道是哭的时候？”他让孙权换掉丧服，披上统帅战袍，亲自扶孙权上马，列兵而出，巡察军营。孙权擦去泪水，担起重任。当时镇守外地的周瑜也赶回来为孙策奔丧，与张昭一起辅佐孙权，还举荐了鲁肃。

孙权初掌江东，局势很不稳定。当时各郡还没有完全归顺，地方士民仍存异心。孙策一死，人心涣散，不少人叛逃，庐江太守李术更是公开反叛。宗室内部有人企图夺权，一些重臣遭到杀害，数万山越（古族名，分布在今苏、浙、皖、赣、闽、粤等省部分山区越人的通称）人也伺机作乱。但张昭、周瑜等人坚信孙权能成大事，全心全意地辅佐他。

孙权画像

孙权（182—252），三国时吴国的建立者，字仲谋，吴郡富春（今浙江杭州富阳区）人。曾与刘备联合，在赤壁大败曹操。后在夷陵之战中，大败刘备。黄龙元年（229年）称帝，国号“吴”，因此被称为“吴大帝”。此图出自唐代画家阎立本《古帝王图》。

东吴红陶佛像

孙权周密谋划之后，率军平定了叛乱的李术，将其擒杀，收编三万多人，又平定山越，很快稳定了江南局势，树立起了威望，许多人才被招至麾下，江东呈现出一片兴旺景象。由孙策开创的称霸江东的基业，在孙权手里得到了巩固和发展。（张友臣）

> **南乡子·登京口北固亭有怀**
>
> ［宋］辛弃疾
>
> 何处望神州？满眼风光北固楼。千古兴亡多少事？悠悠。不尽长江滚滚流。
>
> 年少万兜鍪，坐断东南战未休。天下英雄谁敌手？曹刘。生子当如孙仲谋。

诸葛亮隆中对策

刘备征战多年，一直苦于没有出色的谋士。他三顾茅庐请诸葛亮出山，诸葛亮提出了一个伟大的战略构想，规划了一套完整的内政、外交政策和军事路线，描绘出一幅鼎足而立、三分天下的政治蓝图。这一构想深深地打动了刘备。

刘备求贤若渴

曹操在官渡之战中取胜后，亲自率军讨伐刘备。刘备自知不敌，只好逃到荆州，投奔刘表。刘表以上宾之礼款待刘备，并给他补充兵力，让他驻扎在新野。刘备终于得到了喘息的机会，暂时安定下来。

因为实力有限，刘备在诸侯争霸中屡屡失败，被迫四处投靠。但他是一个胸怀大志、性格坚毅的人，从来没有放弃过理想，也不甘心寄人篱下。有了新野这个落脚之地后，刘备开始积极联络、结交豪杰，四处寻访、招揽能辅佐自己建功立业的贤才。

有位隐居在襄阳的名士叫司马徽，号称“水镜先生”，有知人鉴人的才能。刘备前去拜访，向他请教天下大势。司马徽一听，笑着说：“像我这样见识浅陋的读书人，懂得什么天下大势啊！能认清时代潮流、洞悉天下大势的，都是俊杰。”刘备问：“当

清代年画《徐庶走马荐诸葛》

诸葛亮画像

诸葛亮（181—234），三国蜀汉政治家、军事家。字孔明，琅邪阳都（今山东沂南南）人。成为刘备的谋士之后，协助刘备在赤壁之战中取胜，并占领荆州、益州，助刘备称帝，建蜀汉，任丞相。刘备死后，继续辅佐刘禅，五次北伐，壮志未酬。

今天下，谁能称得上是俊杰呢？”司马徽回答说：“隐居在襄阳一带的俊杰有卧龙和凤雏。”刘备正急需人才，赶紧追问道：“卧龙、凤雏是谁？”司马徽说：“卧龙名叫诸葛亮，字孔明；凤雏名叫庞统，字士元。”刘备把这两个名字牢牢记在了心里。

当时荆州许多名士前来归附刘备，其中有个叫徐庶的，很受刘备器重。经过一段时间的相处，徐庶觉得刘备确实是能成就大事的人，准备将自己的知交好友诸葛亮推荐给他。一天，徐庶对刘备说：“我有个朋友复姓诸葛，字孔明，人称‘卧龙’，您愿意见见他吗？”刘备一听，徐庶跟司马徽都推荐诸葛亮，那他一定是个难得的人才，立即说：“好啊，您把他请过来吧。”徐庶说：“您可以见这个人，但不可以委屈他上门来见您。您应该屈尊亲自去拜访他。”

河南南阳武侯祠

这是为纪念诸葛亮躬耕南阳而兴建的大型祠堂群，始建于魏晋时期，后多有整修。1996年被列入全国重点文物保护单位。

三顾茅庐显诚意

能得到两位名士的推崇，诸葛亮究竟何许人也？原来，他不是荆州本地人，而是出身于琅邪（yá）的名门望族，不过，到他这一辈已经算是家道中落了。诸葛亮三岁丧母，八岁丧父，由叔父诸葛玄照料。后来，诸葛玄去荆州投奔刘表，带上了诸葛亮。过了两年，叔父也去世了，年仅十六岁的诸葛亮移居隆中（今湖北襄阳西），搭了个简陋的茅屋定居下来，一面务农，一面读书。

诸葛亮学问渊博，见识丰富，喜欢吟诵《梁甫吟》，常常把自己比作管仲、乐毅，这两人是春秋战国时期的贤相和名将，诸葛亮当时年纪轻轻，默默无闻，所以许多人都认为他在吹牛。只有真正

木牛流马模型

据《三国志》记载，诸葛亮发明了连弩和木牛流马。木牛流马是一种运输工具，早已失传。图为今人根据推理制作的模型。

名士庞德公

庞德公是东汉末年襄阳的名士，也是庞统的叔父。荆州刺史刘表几次请他出山，都被拒绝。刘表问他既然不愿出来做官，能留给子孙什么，他说：“世人追慕名利，只会留给子孙危险，而我留给子孙的是安居乐业。只是遗留下来的东西不同，并非没有留下东西。”刘表只能叹息着离去。

当时诸葛亮也住在襄阳，他十分尊敬庞德公，每次造访，都拜于床下。后来诸葛亮逐渐得到庞德公的注意和重视，得了“卧龙”的美名。

了解他的朋友，比如司马徽、徐庶，才知道他确实有管仲、乐毅那样的才干。当时天下混乱不堪，诸葛亮认为刘表不是能成就大事的人，因此他不想出世，安于在隆中隐居，过着恬淡的生活。

孔明择妇

荆州名士黄承彦听说诸葛亮想要结婚，就去找诸葛亮，对他说："听说你要选妻子，我家中有一丑女，虽然头发黄、皮肤黑，但是她的才华足可与你相配。"于是诸葛亮便答应了这门亲事，迎娶黄承彦之女为妻。诸葛亮娶了丑妻的事情遭到当时人的嘲笑，并因此流传一句谚语："莫作孔明择妇，正得阿承丑女。"由此可见，诸葛亮是个看重内在的人。

刘备听到司马徽、徐庶这样的名士都推崇诸葛亮，早就按捺不住了，他也不觉得诸葛亮架子大，赶紧亲自前往隆中拜访，生怕被别人抢了先。但可能是好事多磨，刘备前两次去都扑了个空，第三次再去，诸葛亮终于被刘备的诚意感动，在自己的茅屋里接待了他。很多年后，诸葛亮在《出师表》中提到刘备"三顾臣于草庐之中"，感激刘备的知遇之恩，由此产生了"三顾茅庐"的典故。

隆中对策细分析

与诸葛亮相见后，刘备便屏退随从，对诸葛亮说："现今汉朝皇室大厦将倾，政治衰败，奸

臣窃取了权力，皇上蒙受灾难。我不自量力，想为天下伸张大义，重振汉室，但自己的见识实在是肤浅，智慧谋略也不够，所以屡屡失败，弄到今天这个局面。不过我仍然没有放弃自己的志向，也没有失去信心，先生您看我该怎么做才能成功呢？”

诸葛亮时年二十六岁，虽然他已在隆中隐居多年，但时刻关注着天下大势。见刘备诚心请教，诸葛亮便开始详细分析当时形势，说：“董卓祸乱朝纲，诸侯名义上组成联军讨伐董卓，实际上却纷纷拥兵自重，割据州郡，这才使得天下大乱。目前曹操顺应天时，挟天子以令诸侯，实力最强；江东孙权占据地利，只能和他联合，以此为援手。这两大势力，您都很难与他们争夺。”

听了这话，刘备不免有点泄气。诸葛亮看出了他的心思，微微一笑说：“虽然如此，但您并非没有建功立业的机会。我们现在所处的荆州，位置得天独厚，是兵家必争之地。而益州（治今四川广汉北）地势险要，各方面条件都很优越，当年汉高祖就是凭借这片‘天府之土’成就了帝业。但是，占据这两州的诸侯却暗弱无能。如果能以

《君臣鱼水》

此图出自清代彩绘本《帝鉴图说》，描绘了刘备三顾茅庐的故事。《三国志》中，刘备评价诸葛亮说：“孤之有孔明，犹鱼之有水也。”

荆、益为根基，广揽贤才，内修政治，外联孙权，等待天下形势发生变化，伺机而动，您的霸业就可以成功，汉朝的天下也可以复兴了。”

刘备琢磨着诸葛亮的这番“隆中对策”，感觉前途瞬间光明了起来。他打心眼儿里钦佩这个年轻人，激动得拍手叫绝，连声说：“太好了！真是太好了！我一定照您的想法干！请您出山帮助我吧！”诸葛亮感受到了刘备的热情与诚恳，就答应了。

有了诸葛亮的辅佐，刘备的事业终于开始走上正轨，他和诸葛亮的君臣情谊与日俱增。关羽、张飞对此颇为不满，觉得刘备跟他们疏远了。刘备向他们解释说：“我得到孔明，就像鱼儿有了水一样，请你们不要再抱怨了。”后来，关羽、张飞慢慢了解到诸葛亮的能力，对他刮目相看，大家的关系也就变得融洽了。（张友臣）

诸葛亮隆中躬耕田遗址

赤壁之战

建安十三年（208年），曹操率二十余万大军南下，孙权和刘备联军约五万人在赤壁（今湖北武汉西南赤矶山，一说今湖北赤壁西北）相拒。孙刘联军利用曹军远来疲惫、不习水战等弱点，巧用火攻击败曹操水师，随后水陆并进，大破曹兵，创造了以弱胜强的传奇。战后，曹、孙、刘三方鼎立的局面基本形成。

鲁肃提议联刘抗曹

曹操统一北方后，立即开始了向南用兵的准备。他在政治上改革官职，自任丞相，进一步巩固自己的地位和权力；在军事上，一方面开始操练水军，另一方面派遣将领们在许都以南驻兵备战。同时，他还迫使西北军阀马腾及其家眷内迁，以减轻西北方向的威胁。

周瑜画像

周瑜（175—210），三国吴名将。字公瑾，庐江舒县（今安徽庐江西南）人。协助孙策奠定了割据江东的基础，孙策死后，与张昭一起辅佐孙权。赤壁之战中，用火攻大破曹军。精通音乐，时称“曲有误，周郎顾”。

《三国演义》中描绘的孙权（左）与鲁肃（右）

建安十三年七月，曹操怀着统一全国的雄心壮志，率领二十余万大军南下，进攻荆州的刘表和江东的孙权。八月，刘表病死，二儿子刘琮继任荆州牧。

孙权自从得知曹军南下的消息，就头疼不已。他明白江东与荆州辅车相依，唇亡齿寒，如果曹操占据了荆州，江东就会直接暴露在曹军面前，到时独木难支，父兄打下的基业可能葬送在自己手里。这时，鲁肃前来拜见孙权，建议孙权去争夺荆州这块宝地，由此打下帝王之业的基础。他进一步分析荆州局势：刘表刚死，他的两个儿子一向不和，军中将领也分成两派；刘备是天下枭雄，因为跟曹操不和才依附于刘表，而刘表嫉妒刘备的才能，没有加以重用。

于是，鲁肃向孙权提出建议：“如果刘备和刘表的儿子们同心协力，我们就和他们建立友好盟约；如果他们离心离德，我们再另做打算。您可以派我去荆州吊唁，劝刘备团结刘表旧将，同心一意对付曹操。如果此事顺利办成，天下可以安定。如果现在不赶紧去，恐怕会被曹操抢先。”孙权觉得鲁肃说得很有道理，立刻派他前去荆州。

> **榻上对策**
>
> 早在诸葛亮隆中对策七年前，鲁肃与孙权第一次见面时，孙权就邀请鲁肃合榻对饮，向鲁肃请教如何建立齐桓公、晋文公那样的功业。鲁肃劝孙权鼎足江东，观察天下纷争，趁北方多事之机尽力占有长江以南地区，依据长江天险坚守，然后称帝建号，夺取天下。这番对话后来被称为“榻上对策”。

东吴青瓷毛笔

刘备败走长坂

曹操得知刘表死了，故意放慢行军速度，以此威慑，想要不战而得荆州。他接受谋士荀彧的意见，抄捷径轻装疾进，九月就到达了新野。刘琮迫于威势，率荆州军民投降。刘备原本在樊城加紧练兵，听说刘琮投降，自知势单力薄，不是曹军对手，立即弃城南逃，去往江陵，并派关羽带领水军经由汉水到江陵会合。

江陵是军事重镇，又屯有大量粮草、兵器，曹操不想让刘备占有这个好地方，便亲自率领五千精锐骑兵追赶，一天一夜急追三百多里，终于在长坂（今湖北当阳东北）追上了刘备。刘备被打得大败，只与诸葛亮、张飞、赵云等数十人骑马逃走。张飞率二十名骑兵断后，他拆去桥梁，据守河岸，手握长矛，怒目而视，在曹军阵前大喝道：“我是张翼德，有谁敢来决一死战！”曹军没

天津杨柳青年画《当阳长坂坡》

长坂桥头杀气生，横枪立马眼圆睁。
一声好似轰雷震，独退曹家百万兵。
——《三国演义》

有一个人敢逼近，刘备这才得以顺利逃脱。江陵由此落入曹操之手。

奉命去荆州吊唁的鲁肃走到半路，得知刘琮已经献出荆州，投降曹操。他当机立断去找刘备，经过一番跋涉，终于在长坂与刘备相遇。鲁肃向刘备转述了孙权的意图，并详细介绍了江东的实力，劝刘备与孙权联合，共同抵抗曹操。刘备听了非常高兴，改变路线往东走，向东吴靠近。路上恰好遇到关羽的船队，刘表的大儿子刘琦也带了一万多人前来接应。到达夏口之后，刘备派诸葛亮随鲁肃去柴桑（治今江西九江西南）会见孙权。

孙刘联盟形成

孙权明白，只有和刘备联合才能对抗曹操，但又觉得即使联合也不是曹军的对手，所以一直拿不定主意。诸葛亮见到孙权，察觉到他的犹豫，劝说道："如今曹操已经占领荆州，正在顺江东下，事情到了万分危急的关头，您是准备投降还是准备抵抗呢？刘豫州（刘备曾任豫州牧，故得此名号）

［清］钱杜《赤壁夜游图》

北宋文豪苏轼曾两次游览黄州附近的赤壁（在今湖北黄冈西北江滨，又名"赤鼻矶"，并非赤壁之战处），创作了前、后《赤壁赋》和《念奴娇·赤壁怀古》一词，均成千古绝唱。苏轼游赤壁的故事，也成为后世书画和工艺品中常见的题材。

东吴铭文弩机

出土于湖北赤壁，上刻“上大将军吕侯都尉陈文和弩一张”，为研究赤壁之战提供了实物资料。

草船借箭

三国时期《魏略》记载，孙权有一次和曹操打仗，乘船去前线调查敌情，多疑的曹操不敢轻易出击，便下令射箭，孙权的船因为中箭太多而倾斜。于是，孙权调转船身，让另一侧受箭，以此保持平衡，并安全返回。

元代《三国志平话》中，故事主角成了周瑜。明代小说《三国演义》将这个故事安排在赤壁之战中，主角成了诸葛亮，周瑜则变成了企图陷害诸葛亮的小人。

东吴青瓷熊灯

虽然在长坂坡战败了，但他身为汉室后裔，是决不会向曹操投降的！目前刘豫州还有大约两万兵力，曹操兵力虽多，但他们长途跋涉，疲惫不堪，而且不熟悉水战。只要我们同心协力，一定能打胜仗。”

听了诸葛亮这番话，孙权顿时有了对抗曹操的底气，准备调兵遣将。但当他把曹操的请战书拿出来，东吴将领们一看曹操自称有水陆大军八十万，纷纷劝他投降，孙权非常生气。鲁肃私下对孙权说：“如今其他人都可以投降曹操，唯独将军您不能。我们投降，或许还能当个州郡长官，而将军您投降，曹操将如何安置您呢？”孙权叹息道：“这些人太让我失望了，只有你的想法与我不谋而合。”鲁肃见孙权难违众意，便建议他召回在外领兵的周瑜，共同商量。

周瑜坚决反对投降，他说，曹操名为汉朝丞相，实则是窃国奸贼，认为孙权应当为朝廷除害。他有条不紊地分析了曹军的劣势，指出曹操在北边的大后方并不稳固，仍有后患；曹军习惯陆战，现在只能弃长取短，进行水战；再加上曹军在南方水土不服，必然生病。周瑜又说：“虽然曹军号称八十万，其实是虚张声势，总数不过十五六万，真正有战斗力的只有七八万，没什么可怕的！只要给我五万精兵，一定能战胜曹军！”

周瑜的话给孙权吃了颗定心丸。但五万人马一时难以集结，孙权就把已经准备好的三万人马交给周瑜，让他领兵与刘备会合，共同迎击曹军。

赤壁之战遗址

周瑜赤壁布火阵

孙刘联军和曹军在赤壁相遇，曹军占据长江北岸，孙刘联军占据长江南岸，双方隔江对峙。曹军不擅长水战，曹操令人用铁环把战船首尾相连，以稳定船身。这时，周瑜的部将黄盖提议：“敌众我寡，打持久战拼消耗对我们非常不利，所以要速战速决。现在曹军把战船连在一起，我们正好可以用火攻来对付他们。”周瑜觉得这是个妙计，同意了。为了迷惑曹操，黄盖先派人送信过去，谎称打算投降。

到了与曹操约好投降的日子，黄盖带着几十艘大船，满载浇上油的柴草，外面裹上帷幕，上边插起旌旗，又将几艘轻快小船系在大船后面，驶向曹营。曹军官兵完全没有戒心，都在船上伸着脖子看，指指点点地说：“这是黄盖投降来了！”黄盖逼近曹营后，立即命令点燃柴草，着火的战船飞驶，冲向曹操水军的战船。当时风势猛烈，助长了火

势，曹军战船都连在一起，瞬间陷入一片火海。火势蔓延到曹军陆地上的营寨，浓烟烈火，遮天蔽日，被烧死、淹死的曹军人马不计其数。

周瑜、刘备等率军水陆并进，奋勇冲杀，曹军望风而溃。曹操知道已经无法挽回败局，只能带着残兵败将，从华容道（今湖北潜江西南）狼狈撤退。回到江陵时，曹军已经有一大半死于战场、瘟疫和饥饿。曹操害怕赤壁失利会导致后方不稳，便派人留守江陵，自己立即返回许都。

赤壁之战使曹操失去了在短时间内统一全国的可能性，而孙、刘双方瓜分了荆州的大部分地盘，发展了各自的势力。此后，三国鼎立的格局逐渐形成。（张友臣）

遥想公瑾当年，小乔初嫁了，雄姿英发。羽扇纶巾，谈笑间，樯橹灰飞烟灭。

——［宋］苏轼

名医华佗

华佗是东汉末年的著名医学家，他医术高超，尤其擅长外科，被后人称为“外科鼻祖”。他是世界医学史上第一个应用中药麻醉后进行腹腔手术的医生，还模仿动物形态创编了强身健体的五禽戏。可惜的是，这位名医因为不从曹操征召而入狱，最后死在狱中。

华佗画像

医术高超，妙手回春

建安十三年（208年），在曹操准备起兵南征荆州刘表和江东孙权的前夕，他的爱子曹冲突然患重病去世，年仅十二岁。曹操悲痛万分地说：“唉，我真后悔杀了华佗，否则他就能救活我的儿子了。”

曹操所说的华佗是中国历史上的名医之一，他精通外科、内科、妇科、儿科、针灸等各科，并会开各种药方，妙手回春，药到病除，广受世人尊敬。《后汉书》《三国志》等史书中记载了不少华佗治病的案例。

华佗诊病，善于辨证施治，对症下药。有一次，同在官府工作的两人都头痛发热，便结伴去找华佗治病。华佗诊治后，给一人开了泻药，给另一人开的却是发汗药。有人提出疑问：“为什么病症相同，用药却不一样？”华佗回答说：“表面上看病症完全相同，但病的起因完全不同，一个是外受风寒，喝药发汗就会痊愈；而另一个病根在体内，必须服泻药泻下来才行。”两人按方服药后，病果然很快就好了。

有一个姓李的将军，他的妻子病得厉害，求华佗诊治。华佗诊脉后说：“这是怀孕时伤到了胎儿，但胎儿还在肚子里。”李将军说：“当初确实伤到了胎儿，不过胎儿已经流产了。”华佗说：“根据脉象，胎儿还在。”李将军不信。华佗告辞后，李将军的妻子稍稍好转，但过了一百多天又复发了。华佗再次被请来诊治，他把脉后说：“脉象与上次一样，就是腹中有胎儿。这应该是双胞胎，第一个胎儿流产，孕妇出了很多血，第二个胎儿没有下来。”华佗开方子让李将军的妻子服了汤药，又给她扎了一针，她痛得死去活来，却不见胎儿出来。华佗说：“这个胎儿死去的时间太久，无法自己出来，得找人帮忙。”于是华佗让人来助产，果然取出一个早已死亡的男胎，李将军的妻子很快恢复了健康。

曹冲称象

曹冲自小聪慧，有神童之称。据说他曾用浮力原理称出了一头大象的重量：先把大象牵到船上，记录水面到达船舷的位置；然后把大象牵上岸，往船上陆续放入石块，直到船下沉至与刚才记录的位置齐平，然后分批称出船上石头的总重量，即为大象的重量。

曹冲称象场景复原

刮骨疗毒

小说《三国演义》第七十五回中，关羽身中毒箭，华佗用刀刮除深入骨头的毒液，达到了彻底治疗的目的。左图为日本画家歌川国芳根据这一故事创作的浮世绘。

有个两岁的小男孩得了病，腹泻前常常啼哭，一天比一天消瘦。华佗诊治后说："母亲怀他的时候被寒气侵袭，孩子也受了影响，所以脾胃虚寒，身体虚弱。"华佗开了一种丸药，小男孩吃了十天，病就好了。

麻沸散与五禽戏

华佗特别擅长外科手术，在这方面做出了卓越贡献。为了减轻病人手术中的痛苦，他广泛收集有麻醉作用的药物，经过多年探索，终于研制出一种能全身麻醉的药物，称为麻沸散。施行外科手术时，只要让患者将麻沸散服下，患者就会像醉死一样失去知觉，然后剖开患者的腹腔，割除病灶。病如果在肠子上，就把肠子切开，用水清洗，接着缝合腹腔，涂上药膏，四五天伤口见好，一个月左右就能康复。

有个病人肚子痛得厉害，经过十多天，胡须和眉毛全脱落了。华佗诊断后说："这是脾脏腐烂了，得赶快开腹治疗。"病人服了麻沸散，被麻醉后，华佗用刀子迅速切开病人腹部，将脾脏腐烂的部分切除，缝好创口，涂上消炎生肌的药膏，又开了一些口服的药。病人休养了一段时间，最终康复了。

华佗使用麻沸散进行麻醉，比美国牙科医生莫顿在1846年用乙醚麻醉要早1600多年。遗憾的是，麻沸散的处方并没有流传下来。现存流传的两个方子，据专家考证，都不是华佗的原始处方。

华佗不仅善于治病，还认真思考过如何更好地预防疾病。他曾经对弟子吴普说："人的身体需要活动，但不应过于疲劳。活动可以使血脉流通，促进消化，让人不会生病。就像门轴，要经常转

安徽亳州华佗纪念馆

大不敬

“大不敬”是中国封建时代的十种重罪之一，指蔑视帝王尊严或侵犯其人身安全的言行。早在汉代，“不敬”“大不敬”就被列为重罪。魏晋法律也都将其作为打击的重点，《北齐律》将“不敬”列入“重罪十条”。隋代《开皇律》将“重罪十条”略加修改，称为“十恶”，即谋反、谋大逆、谋叛、恶逆、不道、大不敬、不孝、不睦、不义、内乱。直到明、清时期，“十恶”均为重罪。大赦天下时，犯下“十恶”之罪的人不能被赦免，因此有了“十恶不赦”的说法。

清代《五禽舞功法图说》中描绘的五禽戏动作

动才不容易烂掉。”他还把自己编创的一套健身术传给了吴普，这套健身术模仿虎、鹿、熊、猿、鸟五种动物的动作和姿态，所以叫“五禽戏”。做一套五禽戏会让人全身出汗，食欲大增，可以达到增强体质、预防疾病的效果。吴普坚持练五禽戏，九十多岁时还耳聪目明，牙齿坚固，身体健壮。

得罪曹操被害

华佗的医术无疑是非常好的，但他认为自己是个读书人，志向是出将入相，所以从小就努力学习，精通好几种儒家经书。离开家乡谯县到徐州游学时，他不断寻找机会充实提高自己，因为当医生地位低，他又对自己以行医为职业感到懊悔。

曹操患有头风病，每次发作都痛得厉害，听说华佗这个谯县老乡医术高明，就请他来为自己诊治。华佗给曹操针灸，症状立即好转。后来曹操担任丞相，每天处理国家大事，工作压力越来越大，头风病也越来越严重，就让华佗专门为自己诊治。华佗说：“这种病不是短时间能治好的，要长期接受治疗，才可以延长寿命。”

华佗离开家乡比较久了，就对曹操说：“我刚收到家信，想回家看看，顺便拿几个药方。”曹操痛快地答应了。华佗回家以后，借口妻子有病，一直不肯回去。曹操三番五次写信，还派郡县的官吏去催促，华佗仍然不肯回去。曹操大怒，派人前去调查，还吩咐说：“如果华佗的妻子确实有病，就赐给他四十斛（hú，容量单位）小豆，并给他延长假期；如果华佗故意撒谎欺骗，就把他抓回来。”结果可想而知，华佗被抓，押送到许都监狱，经过审讯，供认了罪状。

按照汉朝的法律，戏弄、欺骗朝廷是“大不敬”，该当死罪。荀彧为华佗求情，说他医术高明，关系到许多人的性命，应当赦免死罪。曹操正在气头上，说：“这样的鼠辈，杀了他，天下就再没有别人了吗？”于是将华佗拷问至死。

华佗临死前拿出一卷医书给狱吏，说：“这书可以救人。”但狱吏不敢接受，华佗也不勉强，索性把书烧了。华佗死后，曹操仍受头风病折磨，但他嘴硬地说：“华佗这小子想借给我治病来抬高自己，就算我不杀他，他也不会给我去除病根的。”直到爱子曹冲病危，曹操才悔恨说自己不该杀华佗。虽然华佗没能留下医书著作，但他治病救人的故事一直广为流传。后来，人们就用“华佗再世”来称赞医者医术高明。（张友臣）

曹魏白玉杯

出土于河南洛阳曹魏正始八年（247年）墓，现藏于洛阳博物馆。高11.5厘米，口径5.2厘米，通体光素无纹，玉质温润洁白，虽无任何装饰，但给人美自天成之感。经专家考证，这件白玉杯应为墓主人生前饮酒的实用器。

孙刘争夺荆州

赤壁之战后，荆州被曹操、孙权、刘备三家瓜分。孙刘联盟因为荆州地盘的分配问题产生了一系列摩擦，矛盾不断激化，甚至兵戎相见。建安二十四年（219年），孙权的大将吕蒙白衣渡江，乘虚偷袭，刘备的大将关羽败走麦城，大意失荆州。

联盟危机，湘水划界

曹操在赤壁之战中败北后，命曹仁屯兵于江陵，抵挡吴将周瑜。曹仁作战非常勇猛，周瑜花了差不多一年的时间，才好不容易打下了南郡。此时，刘备已经占据了荆州南部的长沙、零陵、桂阳、武陵四郡，但他还是觉得地盘不够大，便亲自跑去向孙权“借”南郡。

如何处理此事，江东内部出现极大分歧。周瑜等将领认为刘备是个枭雄，将来会成为隐患，劝孙权不要答应，并扣押刘备；而鲁肃则从全局考虑，劝孙权把南郡借给刘备，让刘备管理荆州，这样等于给曹操树立一个强敌，缓解江东的压力。孙权再三权衡，最终把南郡“借”给了刘备，巩固了孙刘联盟。曹操听到这个消息时，惊得笔都掉到了地上。

刘备得到荆州大部分土地，势力发展很快。没过多久，他率军入川，留关羽统兵驻守荆州。鲁肃在周瑜死后统领东吴军队，虽然与关羽在荆州一直有摩擦，但他还是采取了友好、忍让的态度。建安

荆州古城今景

十九年，刘备得到益州，实现了诸葛亮隆中对策中“跨有荆、益”的立国战略目标。这下孙权坐不住了，心想：当初如果不是我帮忙，刘备早就完了，如今他已经占据益州，应该把荆州的土地还给我。第二年，孙权派人向刘备索要长沙、零陵、桂阳三郡，刘备托词拒绝。孙权派遣官吏到三郡上任，宣示主权及决心，却被关羽尽数驱逐。孙权盛怒之下派吕蒙武力夺取，刘备派关羽迎战。

双方剑拔弩张，正准备大打出手的时候，突然传来曹操攻取汉中的消息。刘备担心益州有失，为了避免两线作战，他主动妥协，与孙权讲和。双方商定以湘水为界，东边的江夏、长沙、桂阳三郡归孙权，西边的南郡、武陵、零陵三郡归刘备。两家暂时罢兵，但孙刘联盟已经无可挽回地走向分裂。

湖北荆州关帝庙

皮影戏里的鲁肃和关羽

单刀会

建安二十年，孙权、刘备为争夺荆州，剑拔弩张。鲁肃为了维护孙刘联盟，邀请关羽当面商谈，并提出各自将兵马布置在百步之外，将军们只带单刀赴会。部下怕出变故，劝鲁肃不要轻蹈险地。鲁肃毫无畏惧，毅然赴会。小说《三国演义》中，鲁肃单刀赴会的壮举被移花接木到了关羽的身上。

关羽水淹七军

建安二十二年冬，鲁肃病逝，吕蒙接替鲁肃为都督，镇守陆口。吕蒙初到任，对关羽主动示好，但暗中一直积极备战，准备伺机夺回荆州。建安二十四年，刘备从曹操手中夺回了汉中，自立为汉中王。随后，关羽率大军北上攻打曹仁镇守的樊城（在今湖北襄阳樊城区）。在荆州后方，他也安排了人留守，不给吕蒙可乘之机。

襄阳、樊城隔汉水南北相对，是曹军阻挡孙刘联军北上的战略要地。曹操听说关羽来攻樊城，非常重视，派大将于禁率领七路人马前往支援。主将曹仁安排于禁、庞德将七军驻扎在樊城以北低洼平坦的地方，不巧碰上连绵十余日的大雨，汉水暴涨，平地水深五六丈。七军均被水淹，只能跑到高处避水。关羽趁机率水军乘战船发动猛攻，于禁被逼投降，庞德顽强抵抗，力尽被擒，不屈而死。关羽乘胜围攻樊城，樊城守军仅数千人，城墙因水淹多处崩塌，曹仁本考虑弃城逃走，但最终还是以必死的决心，率将士奋勇抵御。关羽军攻势虽猛，一时之间却难以将樊城攻下。

受战局影响，原本依附曹操的一些人叛变投降，各地纷纷起兵响应关羽。关羽声势威震华夏，兵锋直指许都，逼得曹操动了迁都的念头，又被司马懿等人劝止。曹操冷静下来之后，决定联络孙权，劝他从背后攻击关羽，这样樊城之围可解。孙权本来就因为争夺荆州对刘备不满，便答应了曹操。

吕蒙白衣渡江

关羽知道孙刘联盟靠不住，一直防备着孙权偷袭。吕蒙见关羽防备严密，便上书给孙权说："我时常生病，您可以让我带一部分士兵回建业（今江苏南京），谎称治病休养。关羽知道后，肯定会放松警惕，调兵开赴襄阳、樊城。到那时，我军就可乘船逆流而上，袭取南郡，擒获关羽。"孙权采纳了吕蒙的主意，吕蒙依计而行，并推荐陆逊接替自己的工作。

消息传到樊城，关羽听说吕蒙病重，而且接任的陆逊是个书生，心里暗暗高兴。陆逊到任后，马上写信给关羽，表达仰慕之情。关羽看了信，果然中计，放心地把原先留守的兵力陆续调往樊城前线，打算趁曹军援兵未到、大水完全退去之前攻下樊城。

关羽统领的兵马越来越多，粮草供应出现困难。为解燃眉之急，他擅自取走了孙权军队的粮食。孙权忍无可忍，决心将荆州之事做个了结，便任命吕蒙为统帅，率军袭击关羽后方。

吕蒙将战船都伪装成商船，让将士们

[明]商喜《关羽擒将图》

此图所绘为关羽在樊城之战中擒获庞德的场景。图中关羽形象威严，气宇轩昂；庞德咬牙切齿，毫无畏惧。

穿上白色衣服，扮作商人埋伏在船中，昼夜兼程，到达关羽设置在长江边的瞭望所，把哨兵全给抓了。因此，出兵在外的关羽没有得到任何消息。

吕蒙大军神不知鬼不觉地占领了长江北岸，诱降了与关羽有矛盾的守将，顺利进据江陵。江陵城中有关羽及其部下的许多家属，吕蒙没有对他们耀武扬威，反而厚加抚慰，同时严令士兵不得骚扰百姓，不得强取百姓的东西。有个士兵虽然与吕蒙是同乡，但因为拿了百姓的一个斗笠，还是被吕蒙含泪斩首。于是全军震动，谁也不敢违反军令，城内秩序迅速恢复。

关羽败走麦城

曹操在联络孙权的同时，又命人率军援救曹仁。关羽腹背受敌，眼见攻破樊城无望，又惊悉江陵失守，急忙撤围而去。回军途中，关羽多次派使者到江陵打探情况，吕蒙热情接待使者，让他们自由探望城中的将士家属。使者回去后，如实说明情况，正在回撤途中的将士们得知家人平安无事，受到的优抚还超过了平时，全都没有了斗志，多数半途而逃。

此时孙权已经到了江陵，他派陆逊攻占夷陵（治今湖北宜昌东南）、秭归，切断了关羽逃往益州的退路。关羽不得已，向西退到麦城（在今湖北当阳东南），但很快又陷入重围。陆逊乘胜西进，夺取了宜都。关羽看到麦城东、西、南三面全是敌人，而援兵又迟迟不到，于是决定突围。

吕蒙料到关羽必然会走麦城北面的小道，事先派兵埋伏。孙权派使者到麦城劝关羽投降，关羽让孙权退兵十里，然后在南门相见，吕蒙果然奉命退兵十里。关羽与儿子关平带领十几个骑兵，偷偷出麦城北门向西逃走，结果被擒获，最终父子俩被杀。荆州原属于刘备的地盘，从此完全落到了孙权手里。（张友臣）

吕蒙画像

刮目相看

吕蒙年少时就开始征战，很少读书。一次，孙权对吕蒙说："你现在身居要职，要多读书，增长见识。"吕蒙推辞说："军中事务太多了，没有时间。"孙权说："我的事务也很多，但还是经常读书，感觉读书非常有好处。"

于是吕蒙开始读书，不管多忙都坚持，读了很多书。后来，学识丰富的鲁肃与吕蒙论事，吕蒙的见解十分高明。鲁肃赞赏说："你已经不再是原来那个吴下阿蒙了！"吕蒙说："士别三日，应当刮目相看。"

夷陵之战

刘备为报夺荆州、杀关羽之仇，亲自率领大军攻吴。吴王孙权派陆逊率军应战，两军相持在夷陵附近。陆逊利用蜀军劳师远征、求胜心切、企求速战的弱点，采取避其锋芒、诱敌深入、坚守疲敌、后发制人的积极防御战略，巧用火攻，连破蜀军四十余营，取得了胜利。

刘备起兵伐吴

建安二十五年（220年）正月，曹操逝世，其子曹丕继承了魏王封号与丞相大权。同年十月，他逼迫汉献帝禅让退位，自己称帝，国号为魏，改元黄初，定都洛阳，后世称其为魏文帝。

曹丕画像

曹丕（187—226），曹操的二儿子，三国时魏国的建立者。字子桓，沛国谯县（今安徽亳州）人。代汉称帝后，实行一系列措施巩固统治。曾三次出兵攻吴，都因为条件不成熟，无功而返。爱好文学，诗歌和文学批评的成就最为突出。此图出自唐代画家阎立本《古帝王图》。

为了延续汉家天下，刘备于章武元年（221年）四月在成都称帝，建立蜀汉政权。称帝后仅三个月，他就准备起兵攻打东吴，誓要报关羽被杀之仇，夺回荆州。

刘备先让张飞率兵万人，从阆中前来会合。张飞平日里喜欢滥用刑罚，随意鞭打将士，关羽死后，他急于报仇，脾气更加暴烈。有两个部将不堪忍受，在张飞率兵出发前将他杀死，投奔了孙权。伐吴之役尚未成行，蜀汉又损失一员大将，刘备怒火更盛，他拒绝了东吴的求和，亲率八万大军，从长江南岸杀气腾腾攻向东吴。蜀军先头部队击败吴军，占领秭归，一路势如破竹。

三国镂空龙虎纹投壶

为了避免两线作战，孙权接受了魏国封号，在武昌（治今湖北鄂州）称吴王。他采纳大臣阚（kàn）泽的建议，任命陆逊为大都督，统率各部共五万人马开赴前线，迎击蜀军。

陆逊诱敌深入

面对来势汹汹的蜀军，吴军众将主张给予迎头痛击。但陆逊认为，蜀军大举东下，求胜心切，士气正盛，而且占据长江上游天险，难以很快攻下。即便攻下，也无法取得决定性胜利；万一攻不下来，反而会损失惨重。因此，应该暂时避其锋芒，利用蜀军沿长江三峡崇山峻岭地带行军、兵力难以展开、容易疲劳等弱点，伺机破敌。

陆逊力排众议，果断实施战略退却，退出长达数百里、兵力难以展开的崇山峻岭地带，一直后撤到夷道、猇（xiāo）亭一线，扼守要地，转入防御，阻挡蜀军继续东进，准备伺机决战。吴军的一些将领对孙权重用陆逊本就有些不服气，现在又见他主动退却，都以为他畏惧蜀军，心里非常不满。其中有些老资格的将领不听指挥，陆逊手握剑柄，严肃地对他们说："我虽是一介书生，但既然吴王任命我做主帅，就是认为我能胜

陆逊画像

任。大家必须服从指挥，各司其职，不得违抗军令！"

章武二年正月，蜀汉水军进入夷陵地区，屯兵长江两岸。二月，刘备亲率主力从秭归进抵猇亭。这时，蜀军已深入吴境数百里。由于吴军严防死守，蜀军东进的势头一时被遏止，只好在巫峡、建平至夷陵一线数百里设立了几十个营寨，驻扎下来。

刘备派数千人去平地上扎营，每天到阵前百般辱骂挑衅，想要以此引诱吴军出战，另外在山谷中埋伏八千人马，企图伺机围歼吴军。吴军将士忍受不了蜀军羞辱，全都请求出战，陆逊却不为所动，对大家说："这里面肯定有诈，耐心等等再说。"刘备见诱敌之计无效，只好让埋伏的兵马撤出来。

两军从正月一直相持到了六月。陆逊长期

三国青釉鳄鱼

九品中正制

延康元年（220年），曹丕在篡汉前夕采纳吏部尚书陈群的建议，推选各郡有声望的人出任中正，将当地士人按才能评为九等（九品），政府按等选用，这种选官制度被称为"九品中正制"，也叫"九品官人法"。九品中正制创立之初，评议人物的标准是家世、道德、才能三者并重。后来，家世越来越重要，甚至成为唯一标准，于是到西晋时形成了"上品无寒门，下品无势族"的局面。

坚守不战，完全打乱了刘备的计划。蜀军久攻不下，将士逐渐松懈，斗志开始涣散，战场上的主动权也慢慢失去。当时江南暑气逼人，酷热难耐，蜀军将士不胜其苦。为了防止中暑，刘备让水军下船，和陆军一起到溪边、林中等凉爽的地方扎营，屯兵休整，准备等到入秋天气转凉后再发动进攻。

《三国演义》中描绘火烧连营的插图

志行万里者，不中道而辍足。

——[三国]陆逊

火烧连营，大举反攻

这时，陆逊认为战略反攻的时机已经成熟，上书孙权说："眼下蜀军已经被迫舍舟登陆，处处结营，其部署不会再有什么变化了，正是反攻的大好时机。"孙权当即同意。于是，陆逊宣布将对蜀军发起反攻。

将领们议论说："攻击蜀军的最好时机应该是他们刚进入吴国的时候，如今蜀军深入吴国五六百里，很多要害关隘都被他们控制坚守，现在发起攻击，必然对我们不利。"

陆逊说："刘备见多识广，非常狡猾，开始时来势凶猛，难以抵挡。现在长时间为我军所阻，将士疲劳，士气低落，正是反攻的最好时机。"他先派人进攻蜀军的一个营地，结果失利了。将领们都说："这是白白让士兵去送死。"

然而，陆逊却从这次试探性进攻中找到了破敌之法——蜀军营寨都围有木栅栏，周围又全是树林，非常适宜火攻。于是，他命令吴军士卒各持一把茅草，乘夜突袭蜀军营寨，顺风放火。霎时间，蜀军的营寨烧成了巨大的火龙，长江两岸被照得亮如白昼。

眼见对手溃不成军，陆逊乘势全面反攻，连续攻破蜀军四十多座营寨，并出动水军，截断长江两岸蜀军的联系。蜀将要么阵亡，要么投降。蜀军争相逃跑，车船和各种军用物资丧失殆尽。

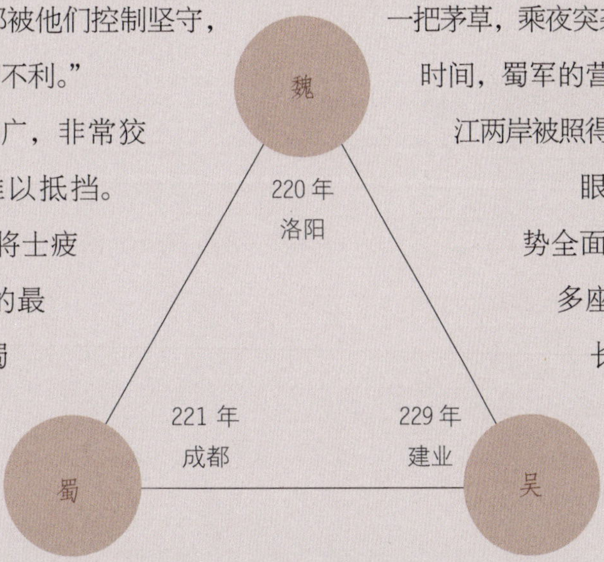

三国鼎立示意图

蜀汉战略调整

刘备去世后，诸葛亮总结失败的教训，他考虑到蜀汉已经失去荆州，又在夷陵之战中损失惨重，于是放弃了当年“隆中对策”中“跨有荆、益”的目标，承认东吴对荆州的占有，后来在孙权称帝时还派出使臣前去祝贺，以此换来了蜀、吴再次结盟，共抗曹魏。这时，诸葛亮终于可以腾出手来，去解决困扰蜀汉已久的南中叛乱。

东吴青釉褐彩羽人纹双系壶

刘备逃往马鞍山（今湖北宜昌西北），命残余蜀军环山据险自卫。陆逊集中兵力，四面围攻，蜀军土崩瓦解，死者数以万计。士兵的尸体顺水漂流，拥塞江面而下，场面极度惨烈。刘备乘夜逃走，将军傅彤（róng）率部殿后，战至最后一人。吴军让傅彤投降，傅彤骂道：“吴狗！哪有投降的汉家将军？”最终奋战而死。吴将孙桓率部提前截在刘备逃跑的路上，差点擒获刘备。刘备翻越山险，才得以摆脱，逃入白帝城。

夷陵之战以东吴的胜利而告终，蜀军几乎全军覆没。刘备羞愧愤恨，仰天长叹道：“想不到我竟会被陆逊挫败侮辱，这难道不是天意吗？！”他忧愤交加，一病不起。病危之际，刘备将丞相诸葛亮从成都召到白帝城，命他辅佐刘禅。刘备对诸葛亮说：“你的才能十倍于曹丕，定能治国安邦、成就大事。如果我儿子可辅佐，你就辅佐他；如果他不行，你可以自己当皇帝。”诸葛亮哭着回答：“我一定竭尽全力，忠心辅佐，直到死为止！”刘备又对刘禅说：“你要将丞相当作父亲一样！”刘备对诸葛亮的信任，由此可见一斑。东吴这边，之前曾经质疑陆逊的将领们都认可他调度有方，从此心服口服。

第二年，遭受夷陵惨败打击的刘备因病重去世，刘禅即位，史称蜀汉后主。吴军虽然在此战中获胜，但孙权也明白唇亡齿寒的道理。所以，后来在诸葛亮的推动下，蜀、吴再次结成同盟。黄龙元年（229年），孙权称帝，吴国建立。至此，三国鼎立的局面正式形成。（张友臣）

白帝城大门

白帝城在今重庆奉节东白帝山上，东汉初年由公孙述割据西蜀时所筑，因公孙述自号“白帝”而得名。城居高山，地势险要，三国时为蜀汉防吴重镇。现为全国重点文物保护单位。

猇亭古战场与长江大桥夜景

猇亭位于今湖北宜昌东南，是古今兵家必争之地。猇亭之名始于西汉，“猇”为虎吼之声，“亭”为古代行政区划，十里一亭。三国时期吴、蜀两国争夺荆州，决战于此，所以此战也被称为猇亭之战。

曹植才高八斗

曹植是三国时期曹魏著名文学家，与父亲曹操、哥哥曹丕都是建安文学的代表人物，合称“三曹”。曹植的文学成就在“三曹”中最为突出，是建安文学的集大成者。南朝宋文学家谢灵运说“天下才有一石，曹子建独占八斗”，因此曹植得到了“才高八斗”的美名。曹植在政治上也很有抱负与才能，但一生没有得到施展的机会，因此抑郁而终。

才华横溢，备受重视

曹操生前虽然没有称帝，却对魏国的建立有着奠基之功。经历了东汉末年腥风血雨的他，并不只是一介武夫，还是个才华出众的文学家。曹操在创作的诗歌中感怀时事、表述理想，呈现出慷慨悲凉的基调，这也是建安文学的共同基调。

曹丕和曹植受到父亲的影响，都擅长文学创作。曹丕写了许多诗歌，在文学批评方面更是成就斐然，他撰写的《典论·论文》是中国文学批评史上第一篇文学专论，将文学的地位提到“经国之大业，不朽之盛事”的高度，认为人的寿命有尽头，而文章却能流传千古。曹丕的这些论断，对后世文学理论产生了很深的影响。

父子三人中文学成就最高的，当属曹植。曹植，字子建，从小就聪明非凡，博闻强记，才思敏捷，十多岁能诵读《诗经》《论语》及几十万字的先秦两汉辞赋，擅长写文章。曹操有一次看到曹植的文章，怀疑不是曹植自己写的，就问他：“你这是请人代笔的吧？”曹植回答说：“我出口成章，下笔成文，哪里需要请人代笔？父王要是不相信，可以当场面试。”当时铜雀台刚建成，曹操

曹操所作诗歌名句

白骨露于野，千里无鸡鸣。生民百遗一，念之断人肠。
——《蒿里行》
老骥伏枥，志在千里；烈士暮年，壮心不已。
——《步出夏门行·龟虽寿》
山不厌高，海不厌深。周公吐哺，天下归心。
——《短歌行》

[日]月冈芳年《南屏山升月》
这是日本浮世绘《月百姿》系列中的一幅，描绘的是曹操在南屏山横槊赋诗的场景。

带着儿子们登台，让他们都以铜雀台为题写一篇赋。曹植略加思索，拿起笔来一挥而就，写出了文采斐然的《登台赋》，令曹操十分惊奇。每次曹操故意出一些难题，曹植总能应声回答，因此曹操对他非常宠爱。

建安十六年（211年），曹植被封为平原侯，三年后改封为临菑（zī）侯。当时曹操东征孙权，让曹植留守邺城，告诫他说："当年我担任顿丘县令的时候是二十三岁，如今你也是二十三岁，怎么能不发奋努力呢！"曹植才华出众，又有一批得力助手，因此曹操对他寄予厚望，好几次想要立他为魏王太子。但曹丕毕竟是长子，立曹植为魏王太子不合规矩。而且曹丕很有心计，各种粉饰自己，宫里人都为他说话，所以曹操就立了曹丕为魏王太子。

行为放任，兄弟不睦

曹植虽然才能卓绝，但做事任性，不拘小节，常常我行我素，饮酒放纵，做了几件非常出格的事，让曹操大失所望。

有一次，曹植违背法令，在只有帝王举行典礼才能行走的道路上乘车奔驰，擅自打开宫门出宫。曹操大怒，将守卫宫门和掌管王室车马的官员处死，加重了对诸侯的法规禁令，对曹植的宠爱也渐渐减少。建安二十四年，曹仁被关羽围困在樊城，曹操原本想派曹植带兵去救援，召曹植前来并有话要告诫他。结果当时曹植喝得酩酊大醉，不能接受任命，曹操只能紧急改派于禁前去。从此，曹操彻底寒了心，不再信任和重用曹植。

曹操逝世后，曹丕继承了丞相、魏王之位，不久又称帝。因为当年的魏王太子之争，曹丕一直忌恨曹植，如今曹丕做了皇帝，曹植的日子越发不好过，成了处处受限制和打击的对象。

《世说新语》中记载了"七步成诗"的故事，千百年来广为流传。据说曹丕为了加害曹植，故意出难题，让他在七步之内作一首诗，如果作不出来就要被处死。曹植百感交集，想到兄弟二人本是一母同胞，如今曹丕却容不下自己，不禁悲从中来。他低头稍加思索，走一步，念一句，悲愤地吟道："煮豆持作羹，漉菽（shū）以为汁。萁在釜下然（即燃），豆在釜中泣。本自同根生，相煎何太急？"

这首诗的意思是：煮豆子来做豆羹，过滤豆子做成汁。豆秸在锅下燃烧，豆子在锅里哭泣。豆秸和豆子本是从同一条根上生长出来的，为什么要相互煎熬逼迫得那么狠呢？

曹丕听了，感到很惭愧，暂时放过了曹植。但他还是看曹植不顺眼，仍然找各种理由挑刺。

七步诗的不同版本

曹植七步成诗的故事不见于正史，也不见于《曹子建集》（又名《陈思王集》《曹子建文集》），而是最早见于南朝宋刘义庆编撰的小说集《世说新语》。后来流传过程中出现了四句的简化版本，见于小说《三国演义》："煮豆燃豆萁，豆在釜中泣。本是同根生，相煎何太急？"因为《三国演义》比《世说新语》流传更广，所以人们更熟悉的是四句版本的七步诗。

组玉佩

出土于山东东阿曹植墓。曹植墓为全国重点文物保护单位。

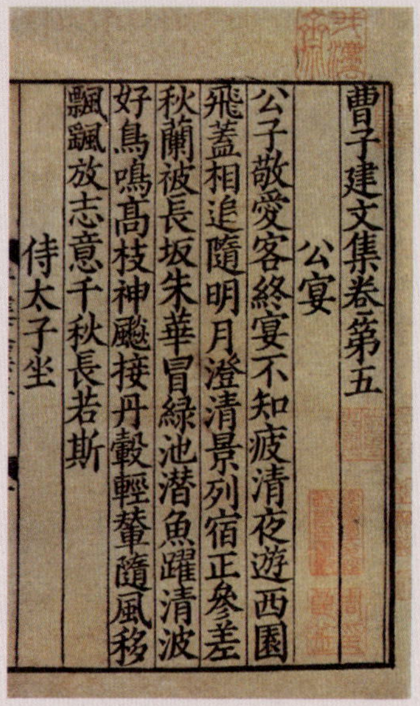

《曹子建文集》书影

曹植生前曾自编过作品选集，他死后，魏明帝下诏编辑其文集，但这两种文集都已亡佚。此书影出自刻于南宋的《曹子建文集》十卷本，是今天我们所能见到的曹集最早传本，其中收录较完整的诗歌有八十余首，赋四十余篇，散文近百篇。

黄初二年（221年），负责监督诸侯的官员迎合曹丕的旨意，上奏说："曹植喝醉酒后傲慢无礼，劫持要挟皇帝的使者。"曹丕原本想借此狠狠整治曹植，但碍于太后求情，就把曹植贬为安乡侯，同年又改封鄄城侯。

怀才不遇，洛神悲歌

曹植是个很有政治抱负的人，就像他在《与杨德祖书》中所写："吾虽德薄，位为蕃侯，犹庶几勠力上国，流惠下民，建永世之业，留金石之功，岂徒以翰墨为勋绩，辞赋为君子哉！"意思是说，他的理想是尽力报效国家，造福百姓，建立流传后世、永不磨灭的功业，并不想仅以写文章为成就。但曹丕始终对他不放心，处处防范，严加限制。

黄初三年，曹丕将曹植的爵位由鄄城侯升为鄄城王，但仍然没有给予他施展政治抱负的机会。曹植心情之抑郁与苦闷，可想而知。这一年，曹植入朝京都洛阳之后，返回封地鄄城，途中经过洛水时，写下了广为后人传诵的辞赋名篇《洛神赋》。曹植以浪漫主义的手法，通过梦境，描摹了一位美丽多情的女神——洛神，把她作为美好理想的象征，又虚构了自己向洛神求爱的故事，寄托了对美好理想的热烈追求。最后通过恋爱失败的描写，表现出理想破灭的郁闷和苦涩。

曹植所作的赋如今留存四十多篇，在汉魏作者中数量排第一。除了极负盛名的《洛神赋》，《鹞雀赋》《蝙蝠赋》等也是非常出色的作品。同时，他在诗歌、散文等方面也取得了卓越的成就，数量、质量都堪称当时之冠。南朝梁文学批评家钟嵘用"骨气奇高，词采华茂"来评价曹植的诗歌风格，清代学者王士禛称曹植、李白、苏轼为汉魏以来两千年间仅有的三个"仙才"。

即便在文学上取得了如此高的成就，曹植心里想的还是要建功立业。曹丕病逝后，魏明帝曹叡（ruì）继位，壮心不已的曹植多次上书，希望得到施展才能的机会。但曹叡只是口头上给予嘉许，并没有给他机会。曹植满腔抱负无处施展，心灰意冷，只好潜心文学。太和六年（232年），曹植在忧郁中病逝，时年四十岁。当时他的封地在陈郡，死后谥号为"思"，后人因此称他为"陈王"或"陈思王"。（张友臣）

曹植所作诗歌名句

名编壮士籍，不得中顾私。捐躯赴国难，视死忽如归。
——《白马篇》

人生处一世，去若朝露晞。年在桑榆间，影响不能追。
——《赠白马王彪》

君子防未然，不处嫌疑间。瓜田不纳履，李下不正冠。
——《君子行》

《洛神赋图》中描绘的曹植（左二）

建安七子

“建安七子”是东汉建安年间（196—220）七位文学家的合称，他们是孔融、陈琳、王粲、徐幹、阮瑀（yǔ）、应玚、刘桢。他们曾一同居住在邺城，因此又被称为“邺中七子”。“建安七子”与“三曹”（曹操、曹丕和曹植）是建安时期文学创作的主力军，在中国文学史上占有相当重要的地位。

四岁能让梨的孔融

孔融在历史上赫赫有名。他是大圣人孔子的第二十代孙，小时候就聪明好学，才思敏捷。四岁时，他已能背诵许多诗赋，并且懂得礼节。一天，孔融和哥哥们在家吃梨。他挑了个最小的梨子，大人问他为什么。孔融说：“我年纪小，应该吃小的梨，大梨该给哥哥们。”家族里的人都因此认为他是奇童。后来，孔融让梨的故事被编入《三字经》，传遍了中国。

孔融长大后做了官，他刚正不阿，不畏权势。正因如此，他遭到了曹操的忌恨，最终招来杀身之祸。当时，孔融遭人陷害，被曹操下令处死。负责逮捕的使者到来后，孔融对使者说：“罪在我一人，可不可以不要牵连孩子们。”他的两个孩子，大的九岁，小的八岁，还在神色自若地玩游戏。听到父亲为他们开脱的话，两个孩子很淡然地说：“父亲啊，您难道看见过鸟巢倾覆了，里面还有鸟蛋不破的吗？”于是随孔融一起赴死。这就是成语“覆巢之下，焉有完卵”的由来。

孔融画像

孔融的作品纵横恣肆，文采风流，体现了他秉性刚直、不畏权势的品格。曹丕深爱孔融的文才，认为他的文学造诣可以和西汉大文学家扬雄、东汉史学大师班固媲美，并推崇孔融为建安七子之首。

文章治病的陈琳

东汉末年，陈琳担任大将军何进府中管理文书的官员。后来，何进死于宦官之手，董卓篡权，搞得天下大乱，陈琳因避难依附于袁绍。建安五年（200年），官渡之战爆发，陈琳奉袁绍之命，撰写声讨曹操的檄文。

陈琳很快写出一篇《为袁绍讨豫州文》（又名《讨曹操檄》），铺陈史事，历数曹操的罪状，呼吁天下人群起讨伐之。文章言辞慷慨激昂，洋洋洒洒，气势如虹，成为千古檄文的典范。袁绍失败以后，陈琳归附曹操。曹操没有因为陈琳曾写檄文骂过自己而心怀怨恨，反而深爱其才。对陈琳的作品，曹操有时竟不能增减一字。

据史书记载，曹操患有头风病，一天他病情发作，强忍头痛，躺在床上读陈琳刚呈上的檄文。陈琳的生花妙笔，让曹操读得入神，几乎忘记了头痛。他突然翻身而起，大声说：“这篇文章治好了我的病！”后来，人们就用“檄愈头风”的典故来称颂文章美妙，使人忘情。

除檄文外，陈琳还擅长写诗，最著名的诗作是《饮马长城窟行》。他的诗作语言质朴，感情深沉，风格苍劲悲凉。

檄文

檄文是我国古代一种重要的军事文体，所谓“传檄而千里可定”，意思是说，不用出兵，只用一纸文书就能降伏敌方。在古代战争中，檄文堪称抢占舆论先机、实施攻心、凝聚士气的利器，在政治、军事斗争中发挥了独特作用。

狮形石镇

石镇是压物之器，可以压帷帐或席角。此狮形石镇为汉魏时期陪葬用明器，出土于邺城遗址。

让蔡邕倒屣而迎的王粲

王粲年轻的时候就因为文才出众而蜚声远近，在文坛上留下了为人津津乐道的蔡邕倒屣迎王粲的故事。

初平元年（190年），董卓挟持汉献帝迁都长安。王粲也随同父亲西迁来到长安。当时他只有十三四岁，名士蔡邕一见到他，就觉得他是个奇才。蔡邕与王粲的祖父王畅齐名，均受到当时士大夫的敬重，家中经常宾客盈门。一天，王粲去拜访蔡邕，蔡邕一听说王粲来了，立刻丢下满屋子的宾客前去迎接，因为太着急，连鞋子都穿反了。当宾客们发现，让才学显著、德高望重的蔡邕倒屣而迎的，竟是一名年幼瘦弱、貌不惊人的少年，无不大吃一惊。蔡邕这才向大家介绍说：“这是王畅的孙子王粲，他的才华出众，我自叹不如！我家里的藏书全都应该送给他。”后来人们就用“倒屣相迎”来比喻热情迎接宾客。蔡邕与王粲两人相差四十多岁的忘年交情，也成为文坛佳话。

王粲擅长诗赋，被誉为“七子之冠冕”（冠冕即首位之意），又与曹植并称“曹王”。他的诗赋风格慷慨悲凉，语言刚健清新、质朴自然，对汉末豪强混战给人民造成的灾难有较深刻的揭露，既有艺术的审美价值，又有积极的社会意义。

《醉思乡王粲登楼》

此图出自明刻本《元曲选》。王粲在荆州时曾写《登楼赋》，这篇作品将写景与抒情紧密结合，被《文心雕龙》誉为“魏晋之赋首”。

淡泊名利的徐幹

徐幹小时候就是一名“学霸”，能背诵数十万字的文章。到了十四岁，他开始学习“五经”，整天坐在家中，把房门关上，一学起来就通宵达旦，甚至忘了吃饭。父亲担心他累坏身体，常常加以劝阻。由于勤学苦读，二十岁前的徐幹已经精通“五经”，博览史传，而且出口成章，落笔成文，成为一个文才出众的青年学者。长大后，徐幹清贞自守，闭门谢客，以读书为乐，不像其他世家子弟一样去争名逐利。有人请他去做官，他也不去。到了建安中期，当看到曹操平定了北方，中国有希望统一了，徐幹才应曹操的请求出来做官。过了五六年，他因为身体不好，辞官回家了。徐幹常年住在穷乡僻壤，即使穷得只能两天吃一顿饭，也坦然接受，不感到悲伤。他最擅长写情诗，作品凄怨缠绵，委婉动人。

精通音律的阮瑀

阮瑀年轻时曾拜蔡邕为师。因得名师指点，阮瑀的文章十分精练，闻名于时。相传曹操听闻阮瑀有才，召他做官，阮瑀不理会，后来曹操又多次派人召见，阮瑀干脆逃进深山。曹操命人放火烧山，阮瑀被逼出山，勉强应召。

阮瑀心高气傲，曹操想挫一挫他的锐气。在一次大宴宾客时，曹操把阮瑀安排在乐队中，想为难一下他。没想到阮瑀精通音律，当即抚弦而歌：“奕奕天门开，大魏应期运……”意思是，天门开了，世界要大变，这正是魏国兴起的时机啊。阮瑀的即兴演唱，一方面歌颂了曹操的丰功伟业，表明现在正是魏国昌隆的大好时机，另一方面也表达了自己愿意追随曹操的志向。曹操听后大为高兴，便重用阮瑀。除了精通音律，阮瑀还擅长撰写表、章、书、檄等多种文章，与陈琳齐名。他的诗作情感酸楚，悲切动人。曹操军中檄文多数由阮瑀和陈琳来写。

值得一提的是，阮瑀深厚的音乐修养还传承给了他的儿子阮籍和孙子阮咸，这两人位列“竹林七贤”，都妙于音律。

> **建安七子所作名句**
>
> 出门无所见，白骨蔽平原。路有饥妇人，抱子弃草间。
> ——王粲《七哀诗三首（其一）》
>
> 兽狂顾以求群兮，鸟相鸣而举翼。原野阒（qù）其无人兮，征夫行而未息。
> ——王粲《登楼赋》
>
> 客从远方来，遗我双鲤鱼。呼儿烹鲤鱼，中有尺素书。长跪读素书，书中竟何如？上言加餐食，下言长相忆。
> ——陈琳《饮马长城窟行》
>
> 驾出北郭门，马樊不肯驰。下车步踟蹰，仰折枯杨枝。
> ——阮瑀《驾出北郭门行》
>
> 亭亭山上松，瑟瑟谷中风。风声一何盛，松枝一何劲。
> ——刘桢《赠从弟三首（其二）》

世家才子应玚

应玚出身于汝南书香门第，祖父应奉、伯父应劭、父亲应珣都因才学闻名。应玚秉承家学，诗学文章都出类拔萃。但他生逢乱世，四处飘零，虽满腹才华，却壮志难酬。他的弟弟应璩（qú）也是一位文学家，兄弟俩并称“汝南才子”，作品合为《应德琏应休琏集》（应玚字德琏，应璩字休琏）。

应玚初来邺城时，曹丕、曹植都很敬重他，经常邀请他和其他文人一起宴游吟诗。曹操听闻了应玚的大名，给他授以官职。应玚流传至今的诗仅五首，多写流徙飘零之感，从总体上看，有建安诗歌的共同特色，但无明显个性。

建安风骨

建安七子的创作高峰期是东汉末年至曹丕登基称帝之前。在此期间，除孔融之外，他们聚在曹操父子周围，致力于创作，并彼此批评，促成了诗歌创作的繁荣。他们的作品描绘了当时的乱世图景，展现了建功立业的理想和积极进取的精神，也有关于人生短暂、壮志难酬的悲叹。其雄健深沉、慷慨悲凉的艺术风格，在文学史上被称为“建安风骨”或“魏晋风骨”，对后世文学产生了深远影响。

云纹瓦当

瓦当是中国古建筑檐头筒瓦前端的遮挡。此云纹瓦当为汉魏时期器物，上有各种卷云纹装饰图案。

不拘礼法的刘桢

刘桢五岁能读诗，八岁能背诵《论语》《诗经》，因记忆力超群，辩论应答敏捷，被称为神童。刘桢成年后受到曹操的重用，曹操对他的文才深为赏识。曹操的儿子曹丕、曹植也是诗人，他们也都喜爱刘桢的诗文，经常与刘桢在一起切磋诗艺。刘桢的五言诗尤为出色，在当时负有盛名，与曹植合称“曹刘”。

一天，曹丕宴请全国有名的文人。大家边饮边谈，酒酣之时，曹丕命夫人甄氏出来与众人见面，大家都匍匐在地上，不敢目视甄氏，唯独刘桢大大咧咧地抬头平视甄氏，毫不避讳。曹操听说后非常生气，要治刘桢不敬之罪，众人急忙求情，刘桢被免了死罪，罚作劳役。这场风波让刘桢大受打击，身体也一天不如一天，最终染疫而亡，年仅三十八岁。（袁碧荣）

邺城博物馆

位于河北临漳邺城遗址北侧。邺城先后为曹魏、后赵、冉魏、前燕、东魏、北齐六个政权的都城。邺城遗址为全国重点文物保护单位。

诸葛亮平定南中

刘备病逝之际，蜀汉国内人心不稳，南中地区益州郡汉族豪强雍闿（kǎi）发动叛乱，孟获、高定、朱褒等人起兵响应。为了稳定后方，诸葛亮亲率大军南下，运用“攻心为上”的策略，七擒七纵南中豪强孟获，使南中各族归心，为后世用兵治国者所称道。

南中叛乱

刘禅即位时只有十六岁，威望不足，虽有诸葛亮尽心辅佐，但蜀汉还是出现了人心浮动的状况，对南中地区的威慑力也急剧下降。南中地区包括今四川南部、云南和贵州一带，当时杂居着汉族和许多少数民族。

秦汉以来，南中地区民族矛盾一直十分尖锐，豪强地主和一些少数民族的上层分子经常利用民族矛盾发动叛乱，割据一方。东汉末年，南中地区分为益州、越嶲（xī）、牂（zāng）柯、永昌四郡和犍为属国。刘备占据益州后，将犍为属国改为朱提（shú shí）郡，还采取了一些安抚措施，曾一度稳定了南中地区。但他病逝以后，一些豪强趁机再兴叛乱。

刘禅画像

益州的汉族豪强雍闿杀死太守正昂，又把接任的太守张裔抓起来送到东吴，以换取孙权的支持。益州豪强孟获、牂柯太守朱褒、越嶲夷王高定等人群起响应。当时东吴与蜀汉的关系还没有修复，孙权便任命雍闿为永昌太守。

> **庲降都督**
>
> “庲（lái）降”是招徕、降服的意思。建安十九年（214年），刘备让邓方担任朱提郡太守、庲降都督，治所在南昌（治今云南镇雄境内），以此加强对南中地区的治理。
>
> 后来，庲降都督治所先后移至平夷（治今贵州毕节）、味县（治今云南曲靖西）。

蜀汉北有曹魏威胁、东有孙吴虎视、南有三郡叛乱，内外局势都不稳定，诸葛亮从实际出发，决定先设法安定内部。他大力整顿吏治，完善法制，制定奖励生产的政策，兴修水利，蓄积粮食，训练兵马。对于南中的叛乱，诸葛亮没有立即采取军事行动，而是进行招抚，但收效甚微。为了修复与东吴的关系，诸葛亮派邓芝去见孙权，经过一番恳谈，吴蜀两国重归于好，共抗曹魏，蜀国的外部压力得以减轻。

三路进军

如此经过两年，蜀汉内外形势趋于稳定，人民得以休养生息。建兴三年（225年），诸葛亮得知魏国攻打东吴失败，短期内将无力攻蜀，便立即补充兵力，积极整训备战，进军南中。

夫用兵之道，攻心为上，攻城为下，心战为上，兵战为下。

——［三国］马谡

临行前，参军马谡（sù）献策说："南中地区地势险要，人口又杂，光靠武力很难平定，即使今天镇压下去，明天又会再叛变。您以后想出师北伐，就必须解除这个后顾之忧。用兵之道，应该以攻心为上策，攻城为下策，希望您能让他们心服。"诸葛亮深表赞同，"攻心为上"也成了后来平定南中的指导策略。

按照诸葛亮的部署，蜀军兵分三路：马忠率东路军由僰（bó）道出发，向东南进攻牂柯的朱褒；中路由庲降都督李恢从驻地平夷沿小路南下益州，偷袭孟获后方；诸葛亮则亲率主力作为西路军，进军越巂，讨伐高定。

经过充分的战前准备，蜀军士气高昂。诸葛亮率领西路大军沿水路进入越巂，在卑水驻军，他想要等叛军集中，再一举歼灭。这时，叛军出现内讧，高定的部将把雍闿杀了。孟获率军顾虑不前，停止了向卑水地区的增援。诸葛亮看到失去了聚歼叛军的机会，便果断向高定的军队发起进攻，大获全胜，斩杀高定。孟获急忙率军向益州老巢撤退，诸葛亮立即率军展开追击。

率领中路军的李恢深入益州后，被数倍于蜀军的叛军包围，又得不到关于诸葛亮的消息，处境一度非常险恶。情急之下，李恢骗叛军说官军的粮草快没了，如果无法退军北还，就想和他们一起谋反。叛军信以为真，对李恢的围困慢慢松懈了。于是李恢趁叛军不备，突然反击，大破叛军，荡平了益州南部地区，切断了孟获军的退路。马忠的东路军也进展顺利，击败了朱褒的部队，平定了牂柯的叛乱。此时，蜀国的三路大军已经对孟获形成了进逼之势。

宜宾今景

秦汉时，边地少数民族聚居区设"道"，相当于县。僰人聚居之地被称为"僰道"，西汉时曾作为犍为郡治所。北宋政和四年（1114年）改名宜宾。

降伏孟获

五月，诸葛亮挥军渡过泸水，进入南中腹地的益州，终于追上了孟获的部队。诸葛亮听说孟获为人慷慨，作战勇敢，在当地各民族中很有威望和号召力，便决定“攻心为上”，要让孟获心服口服。

孟获与蜀军首次交战，便被活捉。他被押到蜀军大营，诸葛亮劝他归降。但孟获不愿意，诸葛亮也不勉强，而是带着他去观看蜀军的营寨和布阵，和和气气地问道：“你看我的军队怎么样？”孟获傲慢地说：“以前我不知虚实，所以败了。今天看了你们的军营，也不过如此。如果下次再打，我一定赢。”诸葛亮听了这话，居然真的把孟获给放了。

孟获回去以后重整旗鼓，再次率兵来战，结果又被抓住了。他还是不服，诸葛亮又放了他。就这样抓了放、放了抓，前前后后好多次。孟获最后一次被抓的时候，诸葛亮还要再放他，但他却坚决不肯走了。孟获心悦诚服地对诸葛亮说：“您的神通和威严简直像天神一样，我们绝不再反了！”大家耳熟能详的“七擒孟获”的故事，就是由此而来。之后，南中各族纷纷归服。就这样，“攻心为上”的战略最终取得了成功。

诸葛亮将南中重新划分为建宁、永昌、牂柯、越巂、云南、兴古、朱提七郡，官吏也主要由当地人担任，南中地区终于重新安定下来。诸葛亮还将先进的生产技术引入南中，教会了南中人民使用耕牛、纺纱织布、兴修水利，让他们过上了稳定安乐的生活。蜀汉获得了相对和平安稳的环境，因此“国以富饶”。（张友臣）

清代年画《银坑洞七擒孟获》

马谡失街亭

蜀建兴六年（228年），诸葛亮发动了第一次北伐曹魏的战争，一开始连战连胜，震惊魏国朝野。然而，在形势对蜀军非常有利的时候，先锋马谡自以为是，违反了诸葛亮的战略部署，导致军事重地街亭（今甘肃庄浪东南）失守。诸葛亮因此被迫退兵，第一次北伐失败。

准备北伐

诸葛亮平定南中之后，蜀汉内部局势逐渐稳定，于是他开始准备北伐曹魏。魏黄初七年（226年），魏文帝曹丕驾崩，二十三岁的太子曹叡即位，即魏明帝。此时魏国关中空虚，人心不稳，诸葛亮觉得机会来了，立即着手北伐前的最后部署。他一方面抓紧策反驻守新城的降魏蜀将孟达，以此来分散魏国兵力；一方面亲率十万大军进驻接近魏、蜀边界的汉中，屯兵沔阳，在那里等待进攻魏国的最佳时机。

亲贤臣，远小人，此先汉所以兴隆也；亲小人，远贤臣，此后汉所以倾颓也。

——［三国］诸葛亮《出师表》

离开成都之前，诸葛亮给刘禅上了一道奏章，恳切劝勉刘禅要亲近贤臣，疏远小人，并且表达了自己北定中原、兴复汉室的决心，这就是传诵千古的《出师表》。他还与众将领商量这次行动的进军路线，听取大家的意见。

大将魏延提议从子午道（从关中到汉中的南北通道）进军，他说："我听说驻守长安的夏侯楙（mào）是曹操的女婿，年龄小，胆子也小，没什么用兵谋略，请让我率领五千精锐部队，直接从褒中出发，沿秦岭东进，到子午道后折向北行，用不了十天就可以抵达长安。夏侯楙听说我突然兵临城下，一定会乘船逃走。长安有充足的粮食，可以供我的部队等到您从斜谷道率军来接应。如此，咸阳以西地区可以一举平定。"

但诸葛亮认为子午道太危险，不可控因素太多，不如选择道路比较平坦的祁山（今甘肃礼县东）一线出击，可以稳稳当当夺取陇山以西地区，有百分之百的把握取胜而不会有失，所以没有采纳魏延的计策。

兵出祁山

蜀建兴六年春，诸葛亮故布疑兵，让人传出要攻取郿县的消息，并且派大将赵云、邓芝率军进驻箕谷，装出进军郿县的样子，以吸引魏军。同时，他亲自率领大军，以马谡为先锋，趁魏军不备，突然从西路扑向祁山。

魏延画像

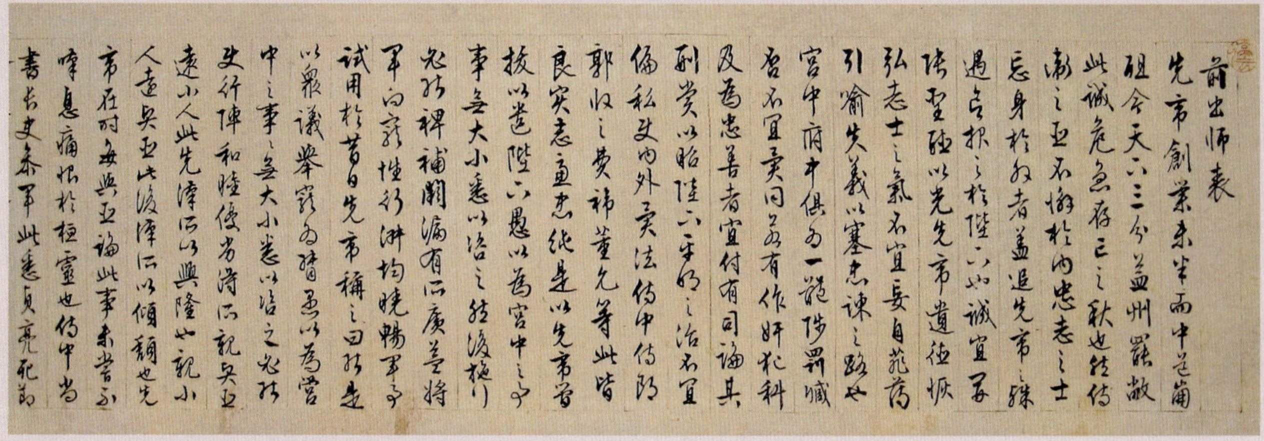

明代文征明书诸葛亮《出师表》（局部）

自从刘备死后，魏、蜀边境多年无战事，魏国也就放松了戒备。这次蜀军声东击西，突然进攻，魏军毫无防备，纷纷败退。加之蜀军经过诸葛亮的严格训练和平定南中战役的锻炼，阵容整齐，士气旺盛，作战经验丰富，因此连战连胜，祁山北面的天水、南安、安定三个郡（约今甘肃东南部、宁夏一部）背叛魏国，归顺蜀国。

魏国的文武百官听到蜀军北伐旗开得胜的消息，都很惊慌，不知如何是好。年轻的魏明帝倒是非常镇静，他说："诸葛亮本来应该凭借山险固守，现在竟然主动来进攻，这是贪心不足，不知进退，我们必定会一举打败他。"于是他命令大将军曹真督领诸军进驻郿县，迎击赵云；命令张郃监管军务，西进抵御诸葛亮。为了表示重视，魏明帝还亲自到长安去督战。

诸葛亮知道张郃是曹魏名将，此番率军前来，必定会攻打蜀军的咽喉之地街亭。他派马谡为先锋，率军镇守街亭，迎击魏军。

蜀汉兵器铁蒺藜

出师一表真名世

"表"是古代奏章的一种，是臣下对君王指陈时事、直言规劝或使之改正错误的一种文体，言辞往往恭敬、恳切。诸葛亮在第一次北伐前上书给刘禅的《出师表》，是这一文体中的千古名篇。南宋诗人陆游称赞说："出师一表真名世，千载谁堪伯仲间。"（《出师表》名垂青史，千百年来又有哪篇文章能与之相提并论呢？）

刘禅读了《出师表》，十分感动，下诏命诸葛亮全权负责北伐大业。诸葛亮先后五次北伐，但最终壮志未酬，在第五次北伐期间积劳成疾，病逝于五丈原（今陕西岐山南斜谷口西侧）。他"鞠躬尽瘁，死而后已"的精神，成为千古人臣的典范。

痛失街亭

其实，早在蜀军准备兵出祁山时，大家就建议让久经战场的老将魏延或者吴懿担任先锋，但诸葛亮力排众议，任命参军马谡为先锋，统领各军前行。马谡才气过人，熟读兵书，喜欢谈论军事谋略，诸葛亮很器重他。平定南中叛乱时，诸葛亮便是采纳马谡的建议，彻底收服了南中民心。但是刘备在世的时候并不看好马谡，曾对诸葛亮说："马谡这个人言过其实，不可委以重任。"诸葛亮并没有把这话放在心上。

马谡第一次担此重任，诸葛亮不太放心，便派王平担任副将，协助马谡镇守街亭，又让其他将领率军在附近接应。马谡和王平率军到了街亭，察看一番之后，马谡自信满满地认为，这一带地形险要，南边有座山，可以在山上扎营，一旦魏军来袭，蜀军居高临下，必定势如破竹。王平觉得不妥，他认为应该按照诸葛亮的战略部署，坚守街亭城池，稳扎营垒，在山上扎营比较危险。然而马谡非常自负，坚持在山上扎营，王平只能听从。

张郃率领魏军赶到街亭，侦察之后发现马谡放弃城池不守，把人马驻扎在南山上，大喜过望，马上吩咐将士们包围山头，扎牢营寨，把马谡的军队困在山上，并切断了水源。蜀军断了水，饥渴难忍，军心涣散。张郃看准时机，发起总攻。蜀军士兵一击即溃，四散逃跑，马谡自己也弃军而逃，街亭就这样丢了。

一片混乱中，王平保持了冷静，他让自己手下的一千名士兵稳守营盘，并拼命擂鼓，装出要进攻的样子。张郃见状，怀疑蜀军有埋伏，便不再追击。于是王平尽量集合蜀军散兵，整理好队伍，撤了回来。

挥泪斩马谡

蜀军失去了街亭这个重要据点，也就丧失了夺取陇右地区的最佳时机。而这时曹真在箕谷也击败了赵云的军队。诸葛亮为了避免遭到夹击，蒙受更大的损失，只能退兵。就这样，他的第一次北伐失败了。

诸葛亮回到汉中，了解到街亭失守是因为马谡不服从部署、不听劝谏，甚至临阵脱逃、弃兵不顾，便按照军法把马谡关进监狱，定了死罪。马谡对自己的错误感到悔恨不已，临刑前写信感谢诸葛亮，恳求他善待自己的儿子。

马谡死后，军中十万人为他落泪。诸葛亮也十分难过，亲自为马谡祭祀，对他的遗孤就像对待自己的孩子一样。后来有人问诸葛亮："天下还没统一就杀谋士，难道不可惜吗？"其实诸葛亮也很舍不得杀马谡，但他知道军令如山不可违，所以流着眼泪反驳说："孙武当时能制胜于天下，是因为他法纪严明。现在四海分裂，如果法纪不严，我们还讨什么贼（指曹魏）啊！"

诸葛亮认为王平在街亭之战中有功，把他提拔为参军。同时，诸葛亮还认为自己用人不当，在失街亭这件事上有不可推卸的责任，所以自请官降三级。刘禅无奈，只好下诏把诸葛亮降为右将军，仍旧行使丞相的权力。诸葛亮后来又进行了几次北伐，因为有功，刘禅下诏恢复了他的丞相职位。（张友臣）

翻车模型

翻车又叫龙骨水车，是一种灌溉机械，始于东汉，魏明帝时经过马钧改进，效率提高了很多，一直使用到现在。中国古代链传动的最早应用就是在翻车上，这是农业灌溉机械的一项重大改进。马钧还改进了织绫机，提高纺织生产效率四五倍，又制造指南车、轮转式发石机、"水转百戏"木偶等。因为他在传动机械方面造诣很深，当时人称"天下之名巧"。

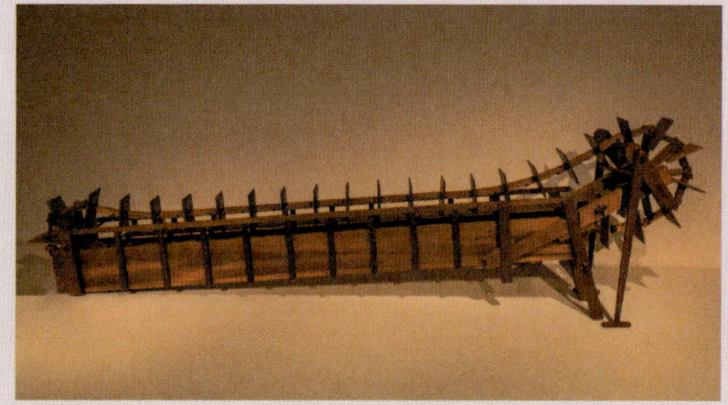

卫温首航夷洲

卫温是三国时期东吴将领，曾受东吴皇帝孙权的委派，与诸葛直一起，率领甲士万人，漂洋过海到达了夷洲（今台湾）。后来，他又带领数千名夷洲当地人返回了大陆。这是历史文献中中国大陆以国家和政府名义出航台湾并在台湾行使权力的最早记载。此后，台湾同大陆的联系逐渐密切。

孙权的决心

黄龙元年（229年），孙权在武昌称帝，国号吴，随后迁都建业，魏、蜀、吴三国鼎立的局面正式形成。这三个国家的实力有一些差距，魏国最强，吴、蜀两国中又以吴国稍强。虽然吴、蜀双方在刘备死后重归于好，恢复了联合抗魏的同盟关系，但无论是吴国皇帝孙权，还是蜀国丞相诸葛亮，都没有放弃吞并对方、一统天下的梦想。令孙权郁闷的是，魏、蜀两国完全阻断了吴国向北和向西发展的通道。为了开疆拓土和扩大兵源，孙权在登基的第二年就决定往东寻求发展，夷洲是他的目标之一。

这一决定遭到了包括重臣陆逊在内的不少大臣的反对。陆逊上书说："目前全国还没有完全平定，正需要集中全部力量，来完成这件大事。但这些年来战火连绵，民力大损，现在陛下您谋划出海，远道攻取夷洲，我反复考虑，看不出这有什么好处。前去路途遥远，海上风波难测，军民远离家乡，很容易因为水土不服生病，甚至染上瘟疫。而且那里的人还没有开化，非常野蛮，得到他们的力量也没什么帮助。江东现有人马已足够图谋大事，只需休养生息、积蓄力量而已。"

孙权没有听从陆逊的意见，坚持派兵出海攻取夷洲。他信心满满地认为，吴国造船业发达，

石头城遗址

战国时期，楚国筑金陵城。东汉末年，孙权在这里重新筑城，并改名为"石头城"，因地势险要成为军事重镇。石头城遗址在今江苏南京清凉山。

航海技术先进，将士们擅长水战，这次出海一定会有巨大的收获。

未能完成的使命

黄龙二年，章安（今浙江台州椒江区）码头人山人海，彩旗飘扬，三十多艘停泊在港口的巨大战船徐徐扬帆启航，船上有一万名身着甲胄、精神抖擞的精锐水兵。这支船队在将军卫温、诸葛直的率领下，肩负着孙权的厚望，驶向茫茫大海，去寻找夷洲。

当时的人们知道，东边大海上还有个叫亶（dǎn）洲的地方，传说秦始皇派遣方士徐福率领童男童女数千人，出海寻找蓬莱仙山和仙药，就定居在那里没有回来，世代相传，已经有了几万户人家。那里的人常来会稽（治今浙江绍兴）买布，会稽郡东部一些县的人出海，也有遇上风暴漂到亶洲去的。卫温的船队在海上漂流许久，倒是没漂到亶洲，而是找到了夷洲。

东吴虽然造船业发达，并擅长航海，但在卫温来到夷洲之前，东吴人对这里的了解并不多。当时夷洲还处于原始氏族公社阶段，各方首领划地为王，人们各随其主。男人都剃去头发，戴着耳环，女人则不戴耳环。他们已经会建造房屋，种植荆树作为各部落之间的屏障。夷洲属于亚热带季风气候、热带季风气候，和大陆差异较大。卫温、诸葛直率军在这里住了一段时间，后来可能是因为水土不服，士兵折损不少，他们只能带着剩下的士兵和几千名夷洲当地人，返回了吴国。

孙权见损失如此之大，带回来的人数也不

描绘台湾居民生活的清代古画

多，与自己的设想反差巨大，根本没有达到开疆拓土和扩充兵源的目标，非常生气，就以“违背命令，也没有功劳”的罪名将卫温、诸葛直处死了。虽然这次大规模的夷洲之行没有达到预期目标，卫温、诸葛直也因此丢了性命，但这却是目前大陆以国家和政府名义出航台湾、初步调查了解台湾社情民意的最早记录，历史不会遗忘他们的功绩。从此，台湾和大陆的经济、文化往来越来越多。（张友臣）

《临海水土志》

《临海水土志》是目前可知世界上最早记述台湾的文献，由三国时期吴国左将军、丹阳太守沈莹著。据判断，沈莹应该是跟随卫温的部队去过台湾。书中记载了台湾山夷与大陆百越民族同根同源的文化渊源关系，并从地理方位、气候和地形以及居民的生产习俗等方面，记述了台湾岛的自然环境及居民的社会生活发展情况。原书已佚，《太平御览》等书有引用。

司马懿装病夺权

魏明帝曹叡去世后，太尉司马懿和大将军曹爽共同辅佐幼帝曹芳，但司马懿遭曹爽排挤，权力被架空。司马懿先是装病辞职，后来趁曹爽陪曹芳到高平陵扫墓之机，在都城洛阳发动政变，除掉了曹爽兄弟及其亲信。从此，曹魏军政大权落入了司马氏集团手中。

被忌惮的大臣

司马懿是三国时期曹魏的政治家、军事家，自幼博学多闻，谋略过人。他生于乱世，目睹社会动荡，常常心生感慨，忧怀天下。司马懿二十二岁时，曹操听说了他的名声，派人征召他到府中任职。但当时司马懿不想在曹操手下为官，就借口自己有关节炎，身体活动不便而拒绝了。曹操疑心很重，派了一个人夜间暗中去探看，司马懿躺着一动不动，就像真的得了病一样。

曹操当了丞相以后，又征召司马懿为掌管教育的文学掾，并对派去的使者说："如果他还像以前一样借故推辞，就把他抓起来。"司马懿吓得赶紧赴任。后来，曹操察觉到司马懿虽然有雄才大略，但有"狼顾之相"，很是忌讳。一天，曹操梦到三匹马在一个马槽里吃草料，觉得"三马同食一槽（曹）"不是好兆头，于是对司马懿更加厌恶，还告诫曹丕说："司马懿不是甘为臣下的人，必然会危害到我们家族。"但曹丕和司马懿关系很好，总是维护他。加上司马懿颇有才干，又勤于职守，还是得到了重用。

狼顾之相

"狼顾"指狼的一种生活习性，据说狼生性多疑，总担心从身后受到袭击，所以行走时会不停地回头张望。"狼顾"后被用来形容人对自己的处境有严重的不安全感。"狼顾之相"则是古代相面术中的一种说法，据说有此面相之人，多疑心狠，怀有二心，并有帝王之志。

三国铜剑

司马懿画像

司马懿（179—251），河内温县（今河南温县西南）人，字仲达。三国时期魏国重臣，多次率军对抗诸葛亮。通过发动高平陵政变，控制了魏国朝政。后来，他的孙子司马炎代魏称帝，建立晋朝，追尊他为宣帝。

受托辅政

司马懿辅佐太子曹丕时，每次参与谋划都妙计频出，深受曹丕的信任和重用。曹丕当皇帝后，司马懿更是被委以重任，官位不断升迁。黄初七年（226年），魏文帝曹丕病重，临终时托付司马懿与曹真、陈群等人为辅政大臣，共同辅佐曹叡，并嘱咐曹叡一定要充分信任他们。魏明帝曹叡即位后，司马懿作为三朝元老，身担要职，屡立功勋，不仅多次让诸葛亮的北伐无功而返，还平定了国内叛乱，堪称曹魏政权的中流砥柱。

诸葛亮在第五次北伐时病逝于五丈原，之后蜀汉国力衰弱，一时间无力再组织力量伐魏。而魏国经过曹丕、曹叡两代治理，越来越强大。魏明帝曹叡逐渐松懈，开始大兴土木、穷奢极欲，魏国朝廷内部的争权夺利也随之变得激烈起来。

景初三年（239年）正月，外出的司马懿被召回京城，进宫觐见魏明帝。魏明帝已是弥留之际，拉着司马懿的手说："我强撑着等你回来，就是要托付身后事，如今终于见到你了，就不再有遗憾了。你一定要与曹爽好好辅佐年幼的太子啊。"当天，魏明帝去世，年仅八岁的太子曹芳继位，由大将军曹爽和太尉司马懿共同辅政。此时的司马懿已经是四朝元老，也是第二次担任辅政大臣。

刚开始，曹爽对司马懿像对父亲一样敬重，凡事都与他商议。但后来司马懿的威望越来越高，让曹爽心生惧意，于是他以曹芳的名义晋升司马懿为太傅，明升暗降，剥夺了司马懿的兵权，将其架空。随后曹爽重用一些浮华而无声望的闲人，又安排弟弟们掌管了军权。从此，曹爽与自己的亲信携手把持朝政，结党营私，权倾朝野。

装病辞职

司马懿无法参与政令决策，干脆以年老多病为借口辞职，不再上朝，韬光养晦，凝聚反击力量，等待机会。正始九年（248年）冬天，曹爽的心腹李胜准备出任荆州刺史，曹爽让李胜借向司马懿辞行的机会，看看他是不是真的有病。

> 将扫群秽，还过故乡。肃清万里，总齐八荒。告成归老，待罪舞阳。
>
> ——［三国］司马懿

司马懿听说李胜来辞行，立刻猜出了他的来意，想好了对策。李胜到了司马懿家中，只见司马懿由两个婢女侍候，双手颤颤巍巍，连衣服都拿不住，滑落到地上。司马懿指着嘴说渴了，婢女端来粥喂他。司马懿喝了一些，粥从他嘴角流出来，沾满了前胸。李胜看到司马懿这种情况，有点儿可怜起他来，流着眼泪说："当今天子年龄还小，天下大事都还指望您来打理。听说您旧病复发，但没想到病得这么厉害！"

司马懿张嘴喘了半天才缓过劲来，说道："我年老又旧病复发，已经离死不远了。你去并州，并州离胡人很近，你要多加小心。我怕是再也见不到你了。"李胜纠正说："我去的是荆州，不是并州。"司马懿又故意装糊涂说："你刚去并州，应该努力自爱！"李胜又重复了一遍："是到荆州，不是并州。"司马懿像是有些明白了似的，对李胜说："我上了年纪，耳朵又背，都快成老糊涂了，没听清楚你的话。你出任荆州刺史，要好好建立功勋。我今天与你分别，肯定就是永别了。请让我的两个儿子司马师、司马昭跟你交个朋友，希望你日后多多照顾他们。"说完又哽咽起来。李胜不胜唏嘘，安慰了几句就告辞了。

李胜回去后，把情况原原本本向曹爽做了汇报，说："太傅的病看来是无法康复了，令人伤感。"曹爽也不禁感叹了一番，但心里又非常高兴，感觉

汉魏洛阳故城遗址

位于河南洛阳东郊。是东汉、曹魏、西晋、北魏等王朝的都城遗址，被列为全国重点文物保护单位。

陕西岐山五丈原诸葛亮庙

据《汉晋春秋》记载，诸葛亮第五次北伐时，在五丈原和司马懿对峙，不久诸葛亮去世，但死讯未对外公布。蜀汉大军撤退中做出要进攻的架势，司马懿疑心有诈，不敢进逼。百姓于是嘲笑司马懿："死诸葛走生仲达。"意思是说，死去的诸葛亮吓跑了活着的司马懿。

司马懿对自己没有什么威胁了，于是放松了警惕。殊不知这时，司马懿正暗中准备发动政变。

发动政变

正始十年正月，曹芳离开洛阳，去高平陵祭祀父亲魏明帝，曹爽与其亲信都随驾前往。以前谋士桓范提醒过曹爽，不要总是带着所有亲信一起出城，万一有人关闭洛阳城门就麻烦了，但曹爽满不在乎地说："谁敢做这种事！"

这次，曹爽尝到了轻敌的苦果。司马懿趁都城空虚，以迅雷不及掩耳之势发动政变，史称"高平陵政变"。他亲自披挂上阵，带着两个儿子和从前的部下迅速占领了曹氏兵营，接着以郭太后的名义下令，关闭洛阳各个城门，率兵占据了武库，并派兵出城据守洛水浮桥，切断洛阳与高平陵的交通，同时派其他人接管了曹爽兄弟的军权。

司马懿稳定城内之后，借郭太后的名义下诏废黜曹爽等人。曹爽得到消息后，惶恐万分，不知所措，桓范建议他效法曹操"挟天子以令诸侯"，将曹芳带到许昌，号召全国兵马去讨伐司马懿。此时司马懿派人前去劝说曹爽停止反抗，尽早回城认罪，又派曹爽信任的人去告诉他只是免官而已，并指着洛水发了誓。

曹爽犹豫不决，最终还是抱着侥幸心理接受了司马懿的条件，陪曹芳回到了洛阳。他天真地以为自己就算没了权力，也还能当一个富家翁，然而司马懿怎么可能放过他？曹爽兄弟回城以后，立即被软禁起来，司马懿派兵日夜监视他们的一举一动。不久，司马懿又以阴谋反叛罪将曹爽兄弟及其亲信多人逮捕下狱，旋即将他们斩首，并夷灭三族，牵连而死者达五千余人。

这次政变消除了以曹爽为首的曹氏宗室在朝中的势力，司马氏得以完全控制曹魏朝政。嘉平三年（251年），曹操旧臣王凌起兵反抗，又被司马懿迅速平定，司马氏代魏的基础从此奠定。这一年，司马懿拜相国，后因病去世，享年七十二岁，葬于洛阳首阳山。（张友臣）

曹魏血珀骑羊俑

以农养战

司马懿主张以农养战，认为必须务农桑、广积谷、轻徭役、禁浮费，才能取得老百姓的支持，充分供应军需。曹操在位时，魏国就曾"开募屯田于淮南"，但仅是民屯。后来，司马懿继承了曹操"农战"的思想，进一步提出了"军屯"，主张普遍推行。他还大兴农田水利建设，开挖成国渠，修筑临晋渠，可灌溉农田数千顷，改善了关中的农业生产条件，保障了军粮供给，为西晋代魏前后覆灭蜀、吴奠定了坚实的经济基础。

嵇康千古风流

稽康是三国时期曹魏的思想家、文学家、音乐家。他博览群书，尤其喜爱老庄学说，与阮籍等人共倡玄学新风，主张“越名教而任自然”，成为“竹林七贤”的精神领袖。景元四年（263年），嵇康遭到构陷，被权臣司马昭处死，他在临刑前弹奏了一曲《广陵散》，成为千古绝唱。

不羁之才，辞官隐居

嵇康还在襁褓里的时候父亲就去世了，由母亲和哥哥抚养长大。他从小聪颖异常，无师自通，博览古今典籍，长大后对经史百家、文学、艺术、音乐、绘画、书法等无不通晓，并颇有造诣。嵇康心性放达，工诗善论，文风清峻，谈玄论理出口成章，赋诗行文喷锦吐绣，被誉为一代文宗，草书书法也被列为妙品。他尤其喜欢老子和庄子的道家之学，提倡“越名教而任自然”（摆脱儒家伦理纲常的束缚，回归自然本性），被后世视为魏晋玄学新风的开创者。此外，嵇康还精于音律，尤其嗜好琴和琴曲，并著有《琴赋》等，为后人留下了种种美丽的传说。他在养生上也颇有心得，所写《养生论》是中国养生学史上第一篇比较全面系统的养生专论，对后世养生大家如陶弘景、孙思邈等都有影响。

赠秀才入军十九首（其十四）

［三国］嵇康

息徒兰圃，秣马华山。
流磻平皋，垂纶长川。
目送归鸿，手挥五弦。
俯仰自得，游心太玄。
嘉彼钓叟，得鱼忘筌。
郢人逝矣，谁与尽言。

汉魏时期陶耳杯

多才多艺的嵇康，还是个美男子。他身高七尺八寸（约1.9米），长得丰朗俊逸、清新脱俗，有仙风道骨之美。一次，嵇康到深山里采药采得高兴，

《竹林七贤与荣启期》砖画

竹林七贤和荣启期，是中国南北朝时期南朝墓葬中常见的大型砖印拼镶壁画题材，常见于高级别规格墓葬中。目前保存最完好的是1960年出土于南京西善桥宫山南朝墓葬的砖印模画，全套长244厘米，宽88厘米，由约300块墓砖组成，分两部分用于装饰墓道两侧。竹林七贤是魏末晋初的七位名士，而荣启期相传是春秋时期的隐士，以知足常乐著称，与竹林七贤的思想有共通之处。图中右四为嵇康。

恍惚之间忘了回家，山中樵夫看到他，误以为是下凡的神仙。他的好友山涛曾评价说：“嵇叔夜（嵇康字叔夜）之为人也，岩岩若孤松之独立；其醉也，傀俄若玉山之将崩。”意思是说，嵇康这个人，站着时仿佛孤松一般挺拔，喝醉时好像巍峨的玉山将要崩塌。

然而，这样一位风姿特秀、气质非凡、才华横溢的美男子，却过着特立独行的生活。他向往自然，不屑于做官谋富贵，为人处世也特别耿直率性。虽然嵇康曾经做过中散大夫这样没有职务的闲官，但后来还是辞官隐居在山阳县（治今河南焦作东），修身养性，弹琴咏诗，自得其乐。阮籍、山涛、向秀、刘伶、阮咸、王戎等人与嵇康志趣相投，七人经常遨游在山阳的山水之间、竹林之下，谈玄说理，纵酒欢歌，肆意酣畅，人称“竹林七贤”。

稽叔夜诗，豪壮清丽，无一点尘俗气。凡学作诗者，不可不成诵在心。

——［宋］黄庭坚

当时曹魏政权被把持在司马氏手中，司马氏以儒家礼教作为压迫世人的工具，嵇康对此很看不惯。司马昭想选拔嵇康做官，嵇康跑到河东郡躲避。山涛升官，举荐嵇康接替自己，嵇康写下《与山巨源绝交书》（山涛字巨源），以自己性格懒散、志在长生、不愿追求功名为理由，拒绝了山涛的荐举，并宣称与之绝交。文中隐含着嵇康对司马氏集团的不满，深深刺激了专擅朝政的司马昭。

傲视权贵，蒙冤入狱

嵇康虽然辞官归隐山林，但仍然不断有人慕名拜访，或与他把酒清谈，或向他虚心请教。出身名门、才华横溢、精通玄学的钟会对嵇康也敬佩有加，他撰写完讨论才性的《四本论》后，很想让嵇康看看，希望得到嵇康的认可，便带着《四本论》

［清］彭旸《竹林七贤图》

清代杨柳青年画《竹林七贤》

前去拜访。但到了嵇康的住处，钟会又害怕受到嵇康的辩驳诘问，不敢将文章当面递交，便远远地将《四本论》扔到嵇康家中，然后赶紧掉头跑开了。

钟会是司马昭的心腹，嵇康厌恶司马氏，自然不会对钟会的作品给出什么回应。有一天，钟会又去拜访嵇康，当时嵇康正在大树下打铁，向秀帮忙拉风箱，两个人干得热火朝天。嵇康装作没有看见钟会，只顾打铁，一副旁若无人的样子。钟会在旁边等了半天，嵇康一直对他不理不睬。钟会觉得无趣，转身准备离开。这时嵇康终于开口说话了，他朗声问钟会："何所闻而来？何所见而去？"（你是听到什么来到这里的？又看到了什么而离开？）钟会悻悻地回答："闻所闻而来，见所见而去。"（我听到所听到的而来，看到我所看到的而离开。）遭受冷遇的钟会，因此对嵇康怀恨在心。

后来，嵇康被卷入了一起案件。他的两个朋友吕巽（xùn）、吕安是兄弟，产生了纠纷，做错事的吕巽恶人先告状，诬告吕安不孝，使得吕安被官府收捕。嵇康非常愤怒，写下了《与吕长悌绝交书》（吕巽字长悌），并出面为吕安作证，结果自己也被投入监狱。此时，钟会向司马昭说："嵇康是条盘踞着的龙，不能让他腾飞起来。他本来就想参与谋反，只是因为山涛制止他，才没有参与。嵇康和吕安言论放荡，诽谤经典，破坏社会公德和国家法律，这些行为是帝王不应该宽容的。应当借这个机会除掉他们，以净化风俗。"司马昭本来就对嵇康不满，听了钟会的话，便下令将嵇康和吕安一同处死。

从容赴死，七贤离散

行刑当天，三千名太学生集体请愿，请求朝廷赦免嵇康，并要求让嵇康到太学做他们的老师，但被司马昭拒绝。在刑场上，面对即将到来的死亡，嵇康神色如常，非常平静。他看了看太阳下自己的影子，知道离行刑还有一段时间，便让兄长嵇喜拿来一张古琴，安坐在行刑台上，面对屠刀，气定神闲地弹奏了一曲《广陵散》。弹奏完毕，嵇康叹息道："从前有人想跟我学习弹奏《广陵散》，我每每吝惜此曲而没有教他，《广陵散》从今以后就失传了！"说完，从容赴死。海内士人都为他的死痛惜不已。

嵇康临死之前，没有把自己的一双儿女托付给哥哥嵇喜，也没有托付给好友阮籍、向秀，而是托付给了曾经公开绝交的山涛，并对儿子嵇绍说："有山巨源在，你不会成为孤儿了。"山涛没有辜负嵇康重托，尽心尽力地将嵇绍养大成才，并举荐嵇绍做了官。

以嵇康、阮籍为首的竹林七贤，思想上崇尚老庄，喜好谈玄，他们的作品基本上继承了建安文学的精神，揭露和讽刺社会现实，以独树一帜的风格展现了魏晋名士狂放不羁、风流自得的精神世界和玄远气度，对后世影响深远。然而，因为各人性格、立场的不同，竹林七贤最后分崩离析，各散西东。

阮籍虽然也看不惯司马氏，但不敢公开批评，只能借酒浇愁，最后愁病而死。除了山涛早就在司马氏集团做官，竹林七贤的其他人也先后做了官，但他们的心态各不相同。王戎是最追逐功名利禄的一个，在晋武帝、晋惠帝两朝为官，八王之乱时仍不失其位。向秀是在嵇康死后为保全自己而去做官，后来他路过当年的旧居，写了篇《思旧赋》怀念嵇康、吕安，但在司马氏的高压之下，他不敢多说什么，刚开了头就戛然而止。（张友臣）

《广陵散》

《广陵散》又名《广陵止息》，是中国著名的十大古琴曲之一。广陵是扬州的古称，"散"是操、引乐曲的意思。一般认为《广陵散》就是古时的《聂政刺韩王曲》，该曲萌芽于秦汉时期，到魏晋时期逐渐成形定稿，嵇康以善弹此曲著称。现存传世的《广陵散》有多个版本，以明代《神奇秘谱》中的《广陵散》为最早，也较为完整。它是我国现存古琴曲中唯一具有戈矛杀伐战斗气氛的乐曲，具有很高的思想性及艺术性。

古琴

中国传统的拨奏弦鸣乐器，有三千多年的历史。在"八音"分类中属于"丝"，有七根弦，因此也叫"七弦琴"。

云台山百家岩风光

云台山位于河南修武境内，"汉初三杰"之首张良曾隐居云台山，汉献帝刘协逝世后葬于云台山的古汉山。云台山百家岩附近有一块平缓地带，据传是当年竹林七贤的聚会地点之一。

[唐] 孙位《高逸图》(局部)

这是一幅彩色绢本人物画，收藏于上海博物馆，据研究应该是《七贤图》的残本，保留了阮籍、刘伶、王戎、山涛四个人物。此局部图中，两人坐在华丽的毡毯上，身边各有一小童侍候。画面左侧是王戎，手执长柄如意，光脚盘腿而坐，一副自得其乐的表情；画面右侧是山涛，身披宽襟大袍，双手抱膝而坐，神色矜持、傲慢。

《九章算术注》

数学是一门古老的学科，被誉为“科学的皇后”。中国古代数学从先秦发展到三国两晋南北朝时期，取得了很大的进步，许多数学家都做出了重要贡献，而刘徽则是其中的佼佼者——他的《九章算术注》奠定了我国传统数学的理论体系，他还是世界上首次使用极限思想和无限分割法的数学家。

传统数学的发展

刘徽生活在公元3世纪，堪称我国古代最伟大的数学家（祖冲之的《缀术》已失传，难以全面评估其数学成就）。早在先秦时期，我国传统数学已经取得了辉煌的成就：整数和分数的四则运算已得到广泛使用；出现了算筹这一重要的计算工具；清华简《算表》这一计算器不仅可以快速进行100以内的任意两个整数的乘除运算，还能进行包含分数1/2在内的两位数乘法。专家推测《算表》甚至有可能完成其逆运算，即开平方；岳麓秦简《数》表明，勾股定理在战国时期就已经被应用；各种面积、体积公式大多可以准确得出；《墨子》具有较高的数学思辨水平，等等。到了魏晋时代，站在前人的肩膀上，刘徽希望自己能在数学领域做出新的成绩，于是，他将目光投向了当时最重要的数学著作——《九章算术》（又叫《九章算经》）。

据《隋书·律历志》记载，刘徽在魏景元四年（263年）撰写了《九章算术注》。这本书是刘徽为《九章算术》做的注释，他的主要数学成就体现在其中。《九章算术》一共9卷，《九章算术注》却有10卷，后人将第10卷抽出，改为《海岛算经》，其内容是有关远距离测量的算题。

刘徽像

有关刘徽生平事迹的材料非常少，他的生卒年不详，籍贯也不详。北宋大观三年（1109年），刘徽被追封为淄乡男（淄乡即今山东邹平，男是公、侯、伯、子、男五等爵位之一），专家据此推测，刘徽可能是淄乡人。

《九章算术》其书

《九章算术》是我国传统数学领域中地位最重要、影响最大的典籍。刘徽认为，其前身在先秦时期就已经存在（有学者认为它和张家山汉简《算数书》有关），经过秦汉之际的焚书和战乱，已经残缺不全，现在的《九章算术》是西汉初期的张苍、中期的耿寿昌整理后的版本。《九章算术》是以应用问题集的形式出现的，共包括246道算题，分为9章，书中常见的算题形式是先写例题，再写答案，最后给出“术”（计算方法）。也存在几道算题共用一个“术”，或者没有例题等情况。“术”是《九章算术》的核心，其中涉及的比例运算、开平方、开立方、面积和体积运算、盈亏类问题、线性方程组运算等，都是当时领先于世界的杰出成就。可以说，《九章算术》奠定了我国古代数学的基本框架。

了不起的割圆术

虽然《九章算术》的地位很重要，但它也有不可忽视的缺陷：书中的“术”只有计算步骤，没有给出任何推导和证明。而刘徽《九章算术注》的主要内容，就是为《九章算术》的“术”提供详细的推导、证明过程，乃至进一步引申。他在几何方面提出的“割圆术”，被誉为中国古代数学中“一个十分精彩的算法”。

割圆术是计算圆周率的一种科学方法。在刘徽之前，人们已经发现圆周率的存在，通常的取值为3，张家山汉简《算数书》中甚至有取值为4的情况，这无疑是很不准确的。如何才能获得更准确的圆周率呢？刘徽经过冥思苦想，终于在我国历史上第一次提出了计算圆周率的科学方法：先在圆里内接一个正6边

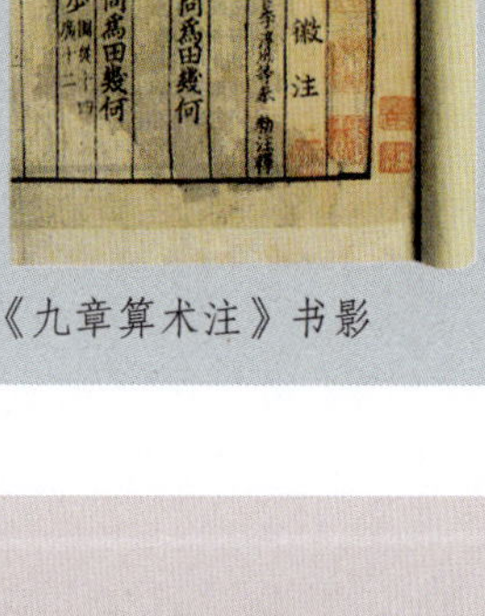

《九章算术注》书影

《九章算术》的主要内容

方田：有关各种形状的土地面积的计算，其中涉及分数的四则运算。
粟米：有关粮食和各种物品的比例运算。
衰分：按比例进行分配等问题。
少广：有关面积和体积的逆运算，其中最重要的运算是开平方和开立方。
商功：有关土木工程工作量的运算，其中涉及各种体积的计算公式。
均输：为不同情况的赋税提供相对合理的算法。
盈不足：有关盈亏类问题的计算。
方程：有关线性方程组的计算。
勾股：有关勾股定理的计算。

形，然后将正6边形分割成内接的正12边形、正24边形、正48边形、正96边形……每次边数倍增，越割越细。正多边形的边数越多，其面积就越接近圆的面积，通过它可计算圆周率的下限，刘徽还设法求得了圆周率的上限。通过上限和下限，就可以科学地求得圆周率的近似值。这种方法被形象地称为“割圆术”，其关键在于无限分割法和极限思想。

割圆术是极限思想在我国数学史上的首次应用，也是刘徽最重要的数学贡献之一，在世界数学史上都有重要意义。刘徽从圆的内接正6边形面积算起，一直算到内接正192边形的面积，得到圆周率的近似值为3.14，后人为了纪念他，称这个数值为“徽率”。后来，刘徽又算到了圆内接正3072边形的面积，得到圆周率的近似值为3.1416。

刘徽的割圆术，奠定了我国圆周率计算长期领先世界的基础。南北朝时期著名数学家祖冲之的圆周率研究，就是在刘徽割圆术的基础上进行的。

说不尽的光辉成就

刘徽在给整数开平方时，遇到开方不尽的情况，从而发现了无理数的存在。他创造了“求微数”——用十进分数来获得平方根近似值的方法，这和今天的计算方法是完全一样的。刘徽通过“求微数”计算出75的平方根是8.660254。

刘徽创造了出入相补原理，用来计算圆的面积和体积。所谓出入相补原理，就是指图形平移或切割后，其面积或体积保持不变。刘徽利用该原理解决了勾股容方（直角三角形的内接正方形）、勾股容圆（直角三角形的内接圆）等多种面积和体积的计算问题。

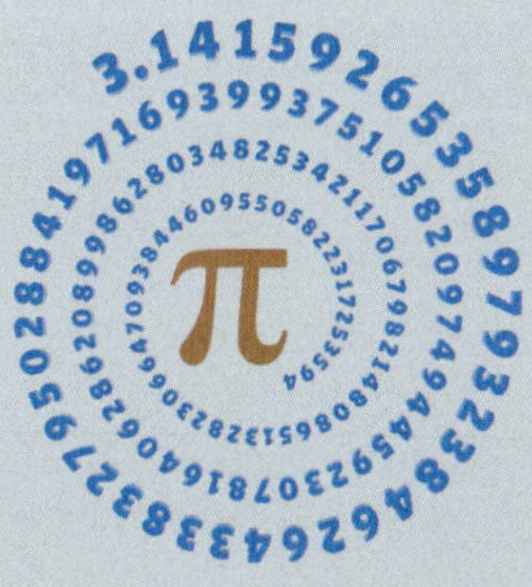

圆周率

圆可能是自然界中最常见的图形，人们很早就注意到，圆的周长与直径之比是个不变的常数，这个常数就是圆周率，现在通常记为 π，是最重要的数学常数之一。

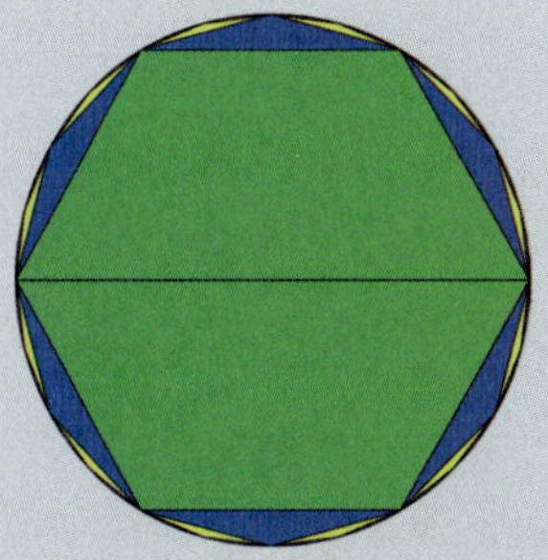

刘徽割圆术原理示意图

刘徽在注释方程一章时，发明了互乘相消法：在解一次线性方程组时，可以将一个方程的系数乘以其余各项的系数，这样可以消去未知数。刘徽所针对的方程组为：

$$5x+2y=10 \quad （方程1）$$

$$2x+5y=8 \quad （方程2）$$

根据互乘相消法，方程1乘以方程2的系数2，方程2乘以方程1的系数5，可以得到新的方程组：

$$10x+4y=20 \quad （方程3）$$

$$10x+25y=40 \quad （方程4）$$

然后方程4减去方程3，就可以得到方程组的解。

刘徽的演绎推理法在我国数学史上有重要意义。长期以来，学者们普遍认为中国古代数学倾向于应用，只是经验总结，而没有演绎推理。刘徽的《九章算术注》改变了这种观点。据研究，刘徽以定义、概念、公式、规律等为基础，利用类比法、归纳法、分析法、综合法，尤其是演绎法，来进行推导论证。刘徽的演绎法包括三段论、关系推理、假言推理、选言推理、联言推理、二难推理等多种形式。这就保证了刘徽的证明具有极高的严密性和准确性。

此外，刘徽还提出了计算球体积的正确思路。祖冲之、祖暅（gèng）之父子利用刘徽的思路，最终得出了球的体积公式。而在计算多面体体积时，刘徽又提出了著名的刘徽原理。

刘徽不求名利，将自己的一生奉献给了数学事业，虽然他的地位不高，没有做过官，在史书上只有寥寥几笔的记载，但他撰写的《九章算术注》却光耀后世，在中国数学史乃至世界数学史上留下了不可磨灭的印记，许多人满怀敬意地称他为“中国数学史上的牛顿”。（衣抚生）

算筹

算筹是古代的一种十进制计算工具，春秋时代已被普遍使用。算筹有用小木棍制成的，也有用竹、骨、象牙、玉石、铁等材料制作的。

西汉象牙算筹

西晋统一与“太康之治”

从司马懿开始，司马氏家族在魏国经过三代布局，最后司马炎代魏称帝，建立了西晋王朝，后世称他为晋武帝。之后，他灭掉东吴，统一了中国。晋武帝执政前期励精图治，全国政治、社会、文化等各方面都取得了较大的发展，史称“太康之治”。

司马昭之心

司马懿发动高平陵政变之后，消灭了曹爽集团，夺取了朝政大权。但不久他就病死了，他的儿子司马师与司马昭兄弟执掌魏国军政大权。此时，魏帝曹芳权力被架空，他心有不甘，想借机除掉司马师，但计划不慎泄露了。司马师得知后，便胁迫郭太后废掉曹芳，改立高贵乡公曹髦（máo）为帝。司马师擅自废立皇帝，引起魏国诸多大臣的不满。正元二年（255年）正月，镇东将军毌（guàn）丘俭与扬州刺史文钦起兵讨伐司马师。叛乱很快被平定，但因文钦之子文鸯带兵突袭军营，司马师受到惊吓，眼珠被震出眼眶，疼痛致死。之后，他的弟弟司马昭独揽朝政。

甘露三年（258年）五月，因司马昭伐蜀有功，魏帝曹髦封他为晋公，司马昭却接连推辞了

魏晋驿传画像砖

乐不思蜀

司马昭灭蜀后，将刘禅接到魏国首都洛阳居住，维持他奢侈的生活，还封他为安乐公。一次宴席上，司马昭故意上演蜀戏，蜀国官员们看到都难过落泪，唯有刘禅喜笑颜开。司马昭问刘禅想不想念蜀国，他说：“此间乐，不思蜀。”（在这里很快乐，不思念蜀国。）后来人们就用“乐不思蜀”比喻乐而忘返或乐而忘本。

蜀汉乐舞陶俑

九次，这事就暂时搁置了。景元元年（260年）四月，曹髦再次下诏加封司马昭为晋公，又被推辞。司马昭是因为谦虚才推辞的吗？当然不是！他一边让亲信上奏，请求皇帝封自己为晋公，一边又假意推辞，以此来树立自己的威望。身为皇帝却沦为傀儡，又被司马昭如此戏耍，年轻的曹髦内心愤恨不平。五月的一天，曹髦召见了王沈、王经、王业三名大臣，对他们说：“司马昭的野心，连路人都知道！我不能坐等被他废掉，今天我要和你们一起去讨伐他！”

大臣王经认为，司马氏专权已久，朝廷内遍布爪牙，此事应从长计议。但曹髦忍无可忍，他把怀中的黄绢诏书扔在地上，愤愤地说：“我已经决定了，即使死了，又有什么可怕？况且还不

一定死呢！”说完就进后宫禀告郭太后去了。王沈、王业怕此事连累到自己，赶紧直奔司马昭府中去告密。司马昭得到消息，命心腹贾充率领人马，准备进宫镇压。曹髦得知密谋败露，率领宫中卫兵、奴仆数百人，准备出宫去攻打司马昭的府邸。

两拨人狭路相逢，司马昭这边的士兵不敢对曹髦动手，此时贾充大声呵斥道：“司马公平时养你们是干吗的？正是为了今天啊！”得到贾充的指令后，一个名叫成济的武将上前刺杀曹髦。曹髦猝不及防，被刺穿胸膛，当场毙命。司马昭得知此事后，震惊道：“天下人会如何看我啊？”还跑去抱着曹髦的尸体大哭：“这是臣的罪过啊！”然而，司马昭把所有罪责都推到了成济的身上，不仅将成济处死，还杀了他全家，以此平息众怒。之后，司马昭立常道乡公曹奂为新皇帝。

西晋的建立与统一全国

司马昭控制魏国政权时，蜀国已经日薄西山，衰败不堪。景元四年，司马昭派三路大军进攻蜀国，势如破竹，很快就兵临成都。后主刘禅开城投降，蜀国灭亡。第二年，司马昭被拜为相国，封晋王，离皇位只有一步之遥，但不久就病死了，

司马昭之心，路人所知也。
——［三国］曹髦

他的长子司马炎继承了王位。

咸熙二年（265年）十二月，司马炎效法曹魏代汉的方式，逼曹奂“禅让”。曹奂也非常识趣，“主动”下诏将皇位让给司马炎。司马炎心里别提多高兴了，但表面上还是摆出假惺惺的礼让姿态，不肯接受。在大臣们的吹捧下，司马炎半推半就地登上了皇位，定国号为晋，定都洛阳，史称西晋，他就是晋武帝。晋武帝还算比较宽厚，没有像有些开国皇帝那样杀掉旧皇帝，而是封曹奂为陈留王，让他享受极高待遇，最后得以善终。

司马炎建立晋朝时，三国只剩下一个东吴，

司马炎画像

司马炎（236—290），司马昭长子，晋朝的建立者，史称晋武帝。字安世，河内温县（今河南温县西南）人。代魏称帝后灭掉东吴，统一全国，改元太康。太康年间一度出现繁荣景象，但好景不长，国家很快又陷入混乱。此图出自唐代画家阎立本《古帝王图》。

正处于孙皓的统治之下。孙皓是个暴君，荒淫无度。一次，他的爱妃派人在市场上掠夺财物，被主管官员陈声绳之以法，他勃然大怒，命人虐杀陈声，抛尸山崖。西晋灭蜀之后就在益州建造战船，准备伐吴。造船的木屑漂到吴国，人心惶惶，但孙皓却不以为意，肆意游乐。

西晋青瓷香熏

话说天下大势，分久必合，合久必分。
——《三国演义》

经过十余年的准备，西晋咸宁五年（279年）十一月，晋武帝下令大举伐吴，二十多万大军兵分六路出击。名将王濬（jùn）率水军从成都顺流而下，直逼吴国都城建业城下。孙皓见王濬水军连天蔽江，吓得魂飞魄散，只好请降。王濬接受了他的投降，东吴宣告灭亡。就这样，自东汉末年关东联军讨伐董卓，经过九十年的混战，至此中国又重新统一了。

“天下无穷人”的治世

西晋灭吴统一中国后，晋武帝改元“太康”。在太康年间（280—289），他实行了一系列重要政策，使得政治统一、社会稳定，经济、文化都有了较大发展。

晋武帝早期励精图治，勤俭节约。有个官员为讨好他，进献了一件非常华丽的衣服，他非常生气，说：“国家刚建立，百废待兴，作为皇帝应该厉行节俭，怎么能穿这样的衣服？”因此当众将那件衣服烧掉。为了减少浪费，他当皇帝后还住在原来魏国的宫殿里，没有大兴土木修建新宫殿。

作为开国皇帝，晋武帝“雅好直言”，虚心听取大臣意见。一天他与大臣讨论事情时，和右将军皇甫陶发生了激烈争论。散骑常侍郑徽趁机上疏，请求他治皇甫陶不敬之罪，但他认为皇甫陶是能直言进谏之臣，不予治罪，反而认为郑徽此举超出了自己的职权范围，免了郑徽的官职。

在人才选拔方面，晋武帝不拘一格。任恺是魏明帝的女婿，但他有“经国之才”，也就是治理国家的才能，因此仍得到重用。

三国后期社会混乱，官员贪污腐败，民不聊生。晋武帝即位后数次下诏整顿吏治，根据官员品行、农业发展状况等来严格管理和考核地方官员。

西晋的建立主要是依靠一批士族官僚的支持，但晋武帝也担心别人篡夺政权，因此大肆分封同姓亲戚为王，建国不久便分封了二十七个同姓诸侯王。这些王爷既管军队，又管百姓，权力非常大。分封行为虽然在王朝初期有利于巩固政权，但也为后来的动乱埋下了隐患。

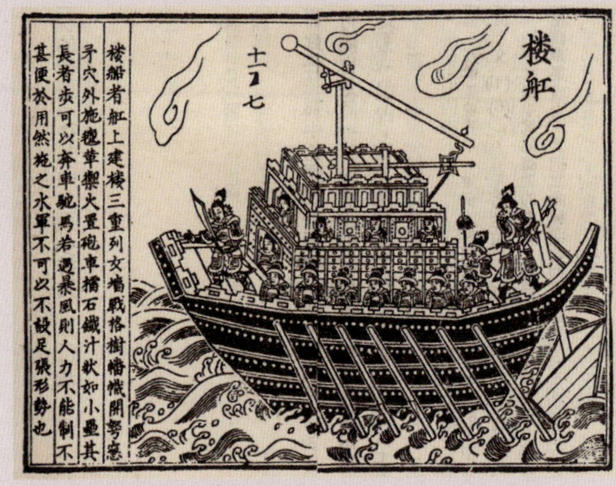

北宋《武经总要》中的楼船图

楼船是中国古代的一种战船，因甲板上起楼阁而得名。三国两晋南北朝时期，楼船普遍运用在水战中。据说王濬灭东吴所造之楼船，最大的可载两千人，而且人能在船上骑着马来回跑。

西晋“吴造”鎏金神兽纹铜镜

当时的士族非常富有，生活奢侈无度，互相攀比。与他们相比，百姓的日子可就太苦了，有的人甚至连立身之地都没有，十分贫困。因此，晋武帝实行占田制，在不损害士族利益的基础上，限制他们占有土地的数量，使农民也拥有一些土地，从而提高他们的生产积极性，有利于农业生产的恢复和发展。农业发展需要水利的保障，晋武帝十分重视水利建设，下令修复和新建了大量水利工程。

经过数十年的整顿和治理，西晋逐渐发展繁荣，天下安定，家给人足，甚至有“天下无穷人”的说法，因此这段时期被誉为“太康之治”。“太康之治”虽然短暂，但也是三国两晋南北朝三百多年分裂割据时期的一个闪光点。（章　广）

西塞山怀古

［唐］刘禹锡

王濬楼船下益州，金陵王气黯然收。
千寻铁锁沉江底，一片降幡出石头。
人世几回伤往事，山形依旧枕寒流。
今逢四海为家日，故垒萧萧芦荻秋。

刘禹锡写这首诗时，唐朝虽然在形式上维持着统一，但藩镇割据严重。诗的前半部分追忆王濬率领西晋水军攻灭东吴的历史，后半部分写秋色里的江水、寒风中的芦荻，渲染出苍凉悲壮的气氛，传达出诗人借古伤今之情，极具感染力。

八王之乱

西晋时期，皇族争夺中央政权，引发了一场内乱。因为叛乱的主要参与者有汝南王司马亮、楚王司马玮、赵王司马伦、齐王司马冏（jiǒng）、长沙王司马乂（yì）、成都王司马颖、河间王司马颙（yóng）、东海王司马越等八王，故史称“八王之乱”。

大肆分封，奢靡成风

泰始元年（265年），西晋刚建国，晋武帝为了稳定统治，分封了大大小小二十七个同姓王。诸王以郡为国，封国分为大、次、小三等。后来，同姓王的权力不断扩大，他们不仅能在自己的封国内任命官员、收取租税，还能组建规模不等的军队。大国可以拥兵五千人，次国三千人，小国一千五百人。晋武帝期望国家有难时，诸王能够率兵救援，共同捍卫司马氏家族的统治。他还陆续任命诸王在中央与地方担任重要官职，掌管荆州、许昌等几处军事重镇。

当时，世家大族的实力也很强，晋武帝为了拉拢他们，大肆封赏，经济上给予优惠，政治上予以重用，这助长了世家大族奢侈、荒淫的不正之风。而晋武帝本人也热衷于卖官鬻爵，贪得无厌。官员刘毅曾当面直言道：“东汉末年的桓、灵二帝卖官，所得钱财都进了公家的库房。您卖官，所得钱财都进了私人的库房。这样说来，您还不如他们呢。”

晋武帝的后宫里共有近万名宫女，美女多得他眼花缭乱，不知该去宠幸谁。于是，他每天坐着羊车，任由羊随意走，羊车停在哪个宫苑，晚上他就住在哪里。有的妃子将竹叶插在门口，把盐水洒在地上，因为竹叶和盐水都是羊爱吃的，

司马氏世系表（白色为八王）

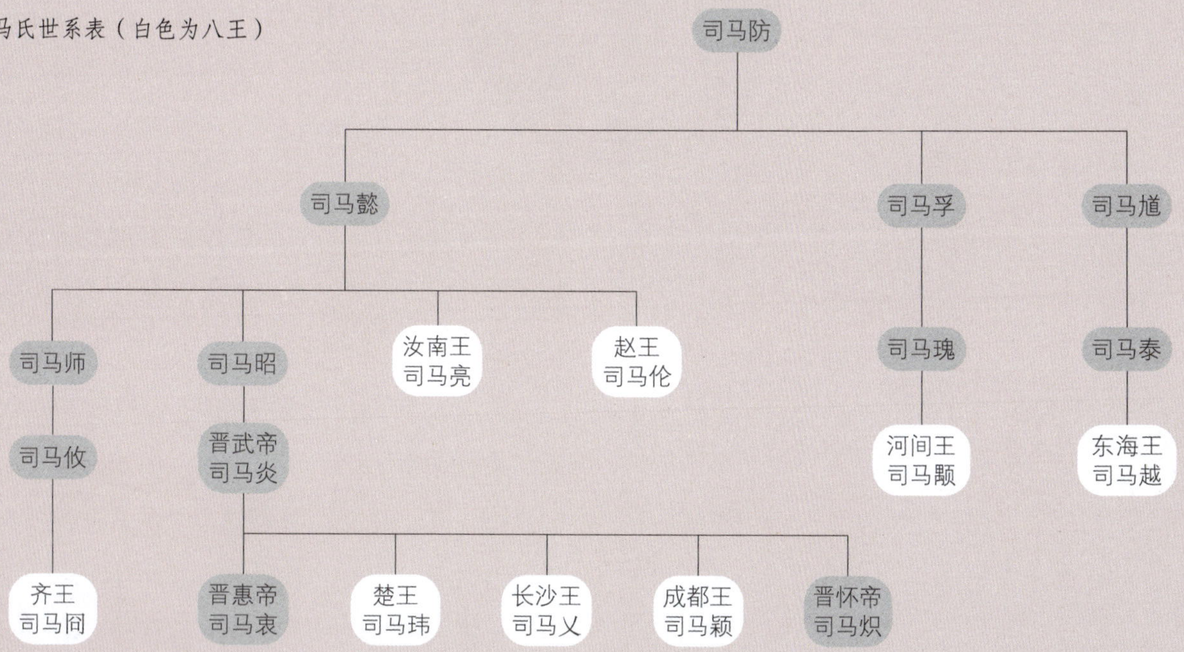

石崇斗奢

西晋官员石崇曾与晋武帝的舅舅王恺斗富，其奢侈程度令人目瞪口呆。大臣傅咸上书晋武帝，指出“奢侈之费，甚于天灾”，意思是说，奢侈所造成的损失，比自然灾害造成的损失要严重得多，请求皇帝制止，但晋武帝无动于衷。“石崇斗奢”后来成为成语，形容奢侈浪费。

西晋青釉戳印圆圈纹人骑辟邪形烛台

用这种方法容易引来羊车。

最高统治者都这般贪财荒淫，贵族官员们自然毫无顾忌，竞相模仿。他们争奇斗富，挥金如土，过着无比奢侈的生活。晋武帝的舅舅王恺用糖水洗锅，用紫色丝绸制作四十里的布障，有田地、房屋无数。另一个大富豪石崇与王恺斗富，用蜡烛当柴烧，用更昂贵的锦缎制作五十里的布障，家里珊瑚、珍珠无数，令王恺自叹不如。此外，他们还杀人如麻，视人命如草芥。石崇每次请客饮酒，常让婢女在旁斟酒劝客。如果客人不喝完杯中的酒，他就让侍卫把婢女杀掉。王恺邀请宾客到家里做客，让歌女吹笛，歌女吹得稍有跑调，立刻被杀。

虽然晋武帝开创了“太康之治”，但好景不长，从上到下的奢侈荒淫很快将王朝推向衰落。同时，拥有军队的诸王实力膨胀，对中央政权造成了威胁，为动乱埋下了祸根。

八王混战

太熙元年（290年）四月，晋武帝去世，太子司马衷即位，是为晋惠帝。晋惠帝痴痴傻傻，不懂世事。有一年闹饥荒，老百姓无粮可吃，只能靠草根、树皮为生，许多人活活饿死。消息传到宫中，晋惠帝坐在高高的皇座上听完汇报，十分困惑地问：“百姓为何不吃肉粥呢？”连米都吃不到，哪里还有肉粥吃呢？皇帝居然糊涂到这种地步，真是天大的笑话。晋武帝在世时也知道这个愚笨的儿子难担重任，所以临终前安排自己的岳父杨骏辅政。晋惠帝登基后，杨骏独揽大权，引起了一个人的不满，那就是晋惠帝的皇后贾南风。她野心勃勃，工于心计，几次想干预政事，都被杨骏阻止。

元康元年（291年），心存不甘的贾后秘密与楚王司马玮合谋，发动政变，杀了杨骏，开启了

［清］华嵒《金谷园图》（局部）

金谷园是石崇的豪华私家园苑，此图描绘的是石崇在金谷园内坐听爱妾绿珠吹箫的场景。

彥先羸瘵恐難平復往
屬初病慮不止此此已為慶
承使唯男幸為復失前憂耳
吳子楊往初來主吾不能盡
臨西復來威儀詳跱舉動
成觀自軀體之美也思識
量之邁前勢所恒有宜
稱之夏伯榮寇亂之際

八王之乱的序幕。这次政变虽然成功，可政权却落入汝南王司马亮手中。贾后一不做二不休，又挑拨楚王杀了汝南王。紧接着，贾后反咬一口，污蔑楚王伪造皇帝诏书，将他除掉。短短几月，两个藩王丧命，贾后终于夺得了实权。

此后八年多，贾后大权在握，春风得意，但她始终有个顾虑：太子司马遹（yù）不是自己所生。为了今后高枕无忧，贾后设计废了太子，不久又将太子毒死。如此恶行让满朝文武群情激奋，赵王司马伦利用禁军的不满情绪率兵入宫，将贾后处死，掌握了大权。

赵王的野心不断膨胀，做起了皇帝梦。他逼晋惠帝退位，自立为帝。许多藩王反对，纷纷起兵争夺皇位。齐王司马冏、河间王司马颙、成都王司马颖都出兵围攻洛阳，赵王司马伦战败后被迫自尽。齐王司马冏进京，迎接晋惠帝复位，此后他独揽朝政，其他藩王不服。河间王司马颙、长沙王司马乂举兵攻打洛阳，齐王司马冏兵败身亡。

司马乂主持朝政没多久，他的专权又引起河间王司马颙、成都王司马颖的不满，二人各率大军围攻京城，司马乂被杀，政权由司马颖控制。司马颖专政，不孚众望，被河间王司马颙夺权。永兴二年（305年），东海王司马越起兵进攻关中，

西晋青釉堆塑谷仓罐

谷仓罐又叫“魂瓶”，流行于三国（吴）、西晋时期，由东汉的五联罐演变而来，是一种随葬品。罐上堆塑楼阁、人物、鸟兽等，着重表现豪门贵族生前居住的城堡式楼阁建筑以及奢华的生活场面。

击败河间王。第二年，司马越迎晋惠帝回洛阳，成都王司马颖、河间王司马颙相继为其所杀，大权最终落入司马越手中，八王之乱到此结束。

[晋] 陆机《平复帖》(局部)

西晋立国后的一段时间，社会相对安定，经济有较大发展，文人纷纷从政，统治集团也极力拉拢文人。陆机、潘岳、张华、左思是当时的著名文人，他们浮沉于政治斗争的旋涡中，在八王之乱中多被杀戮。左页图为陆机《平复帖》，是我国存世最早的名人书法真迹，书写年代距今已超过1700年。原帖高23.7厘米，宽20.6厘米，是陆机写给友人的一封信，书写技法体现了草书演变过程中的过渡特征，气韵完整贯通，古意盎然，历来备受赞誉。

少数民族趁机而起

八王之乱历时十六年，诸王互相厮杀，争斗不休，有几场战争中的死伤军民都是数以万计。繁华的京都洛阳已是满目疮痍，社会经济遭到严重破坏，民不聊生。八王之乱后，晋惠帝中毒去世，司马炽即位，为晋怀帝。直到永嘉五年（311年），西晋政权都被东海王司马越牢牢握在手中。但是，当时的西晋已经是日薄西山，无力控制天下局面。

八个诸侯王为皇位与权力打得不可开交之时，中原大地周边的五个少数民族——氐、羌、匈奴、羯、鲜卑趁机而起，据地为王。中原百姓饱受八王之乱的连年战火，又惨遭少数民族骑兵的烧杀抢掠，元气大伤，人口锐减，可以说是相当凄惨。在阶级矛盾、民族矛盾爆发的背景下，西晋王朝走上了无可挽回的覆灭之路。（刘明鑫）

刘渊开国

西晋末年，当八王之乱愈演愈烈之时，北方各少数民族贵族纷纷扯起反晋的大旗，各自建立政权。首先起兵的是匈奴贵族刘渊，他建立的汉国，是北疆民族在中原建立的第一个政权。之后一百多年的时间内，北方先后出现了十六个政权，史称“十六国”。

崇尚汉文化

自西汉元朔二年（前127年）起，汉武帝相继派卫青、霍去病等率兵出击，沉重打击了匈奴。东汉建武二十四年（48年），匈奴的日逐王比沿用祖父的封号，自立为呼韩邪单于，率部南下归附汉朝。从此，匈奴分裂为南、北二部。

东汉末年，南匈奴在塞外渐渐无法立足，无奈之下投靠了曹操。曹操将南匈奴分成五个部，安置在长城内的并州各郡，以匈奴贵族为五部帅，选汉人为司马，负责监督。当时南匈奴的左贤王刘豹，被曹操任命为“左部帅”。

为什么匈奴人会姓刘呢？原来，刘豹是西汉时期冒顿单于的后人，冒顿本姓挛鞮（luán dī），因曾与汉高祖实行和亲政策，与汉朝约为兄弟，他的子孙就以刘为姓。

刘豹有个儿子叫刘渊，

匈奴腰饰牌

> **质子与任子**
>
> 质子就是人质，古时候派往别国（或别处）去做抵押的人，多为王子或诸侯之子，秦始皇的父亲嬴异人年轻时就曾被派到赵国当质子。中央政权出于控制地方势力的需要，也会任命地方首领的亲人为京官，称“任子”，实际上就是被朝廷控制的质子。

刘渊出生时，南匈奴已内迁多年。曹魏末年，刘渊以“任子（即人质）”的身份居住在洛阳。西晋建立后的十余年，刘渊依然以这个身份留在中原。当时，朝野上下对少数民族的接受度较高。据《晋书》描述，刘渊仪表堂堂，自幼勤奋好学，博览群书，熟读经典，尤其喜爱《左传》《孙子兵法》《吴起兵法》等书，深受汉文化影响。他勤于习武，武艺高超，尤其擅长射箭。文武双全的刘渊在洛阳结交名士，得到许多有识之士的推崇，也先后得到了魏元帝和晋武帝的赏识。

仕途受阻，继承父职

晋武帝想任命刘渊为讨伐东吴的统帅，完成统一大业。但大臣孔恂等人进言道：“刘渊的才能当今恐怕无人与之匹敌。陛下如果让他统领少量兵马，则平吴之事难成；若授以重兵，则平吴之后，恐怕他将据有江南，不再称臣。非我族类，其心必异。刘渊仅统率其部族，我等尚且为陛下担忧。如果把有天险可依的江南给了刘渊，那还怎么得了！”晋武帝听了，不再提任命一事。

后来，晋武帝想让刘渊去平定凉州叛乱，孔恂又出来反对说：“刘渊如果能够平定凉州，恐怕凉州才真正有危难了。那时蛟龙如得云雨，将遨游长空，不再是池中之物。”晋武帝认为孔恂分析得有道理，从此打消了重用刘渊的念头。

仕途屡次受阻，刘渊郁郁寡欢，曾对朋友流泪叹息道："今生今世，恐怕我只能老死在洛阳城内了。"咸宁五年（279年），刘豹病逝，晋武帝让刘渊离开洛阳，回去继承父亲左部帅的职位。后来，刘渊被封为五部大都督，掌管入居塞内的匈奴五部事务。他赏罚分明，乐善好施，很会团结部众，因此吸引了许多豪杰、名士前来投奔。

动乱中建立汉国

八王之乱时，中原乱成了一锅粥，匈奴五部以原左贤王刘宣为首，力主不再听命于西晋，要光复匈奴国，并密谋推举刘渊为匈奴大单于。当时刘渊在成都王司马颖帐下听命，匈奴五部的特使赶到邺城，请刘渊领导大家起事。刘渊听了很高兴，想以丧事为由回去，但成都王没有允许。后来，刘渊以回匈奴帮成都王召集援兵为由，离开邺城，回到左国城（今山西吕梁东北），当上大单于。他振臂一挥，短短二十天就集结了五万部众。

不久，成都王在战乱中被打败，挟晋惠帝南奔洛阳，刘渊本想派兵救援，刘宣劝说道："晋人奴役我们，如今司马氏骨肉相残，是上天要抛弃他们，助我们光复呼韩邪单于的大业。"刘渊觉得有道理，决定

起兵反晋，还发表了一段雄心万丈的讲话："大禹是西戎人，周文王是东夷人，他们都是因为仁德而君临天下。如今灭晋形势摧枯拉朽，大丈夫当以汉高祖、魏武帝为楷模。"

同时，刘渊敏锐地认识到，此时南匈奴内迁已久，与汉人杂居，深受内地文化的熏陶，加之大漠草原已被鲜卑占据，因此刘宣等人主张的匈奴"复国"是很难的。于是，刘渊萌生了争夺"华夏正统"的想法。他说："昔日汉朝坐拥天下，时间久长，恩德存于人心，而我们的祖先与汉和亲，约定为兄弟，如今哥哥不在了，由弟弟继承，这是名正言顺的事情。"

西晋建武元年（304年）十月，刘渊定都左国城，立国号"汉"，自称汉王，定年号为元熙。为了赢得晋人的支持，他将自己定位为汉室之后，追尊蜀汉后主刘禅为孝怀皇帝，祭祀以汉高祖刘邦为首的"三祖五宗"，政治制度设置也遵循模仿汉代旧制，设立"三公"，作为中央最高行政长官。

进入五胡十六国时期

就这样，刘渊打着"匡扶汉室"的旗号，淡化了汉匈之间的民族矛盾，引得数万胡汉民众前来归附，汉国实力日益强盛。永嘉二年（308年）十月，刘渊正式称帝，国号仍为"汉"，改年号为永凤，定都平阳（今山西临汾西南）。

刘渊建立的汉国，是少数民族在中原建立的第一个政权。此后，各族纷纷建立割据政权，习

十六国兴替示意图

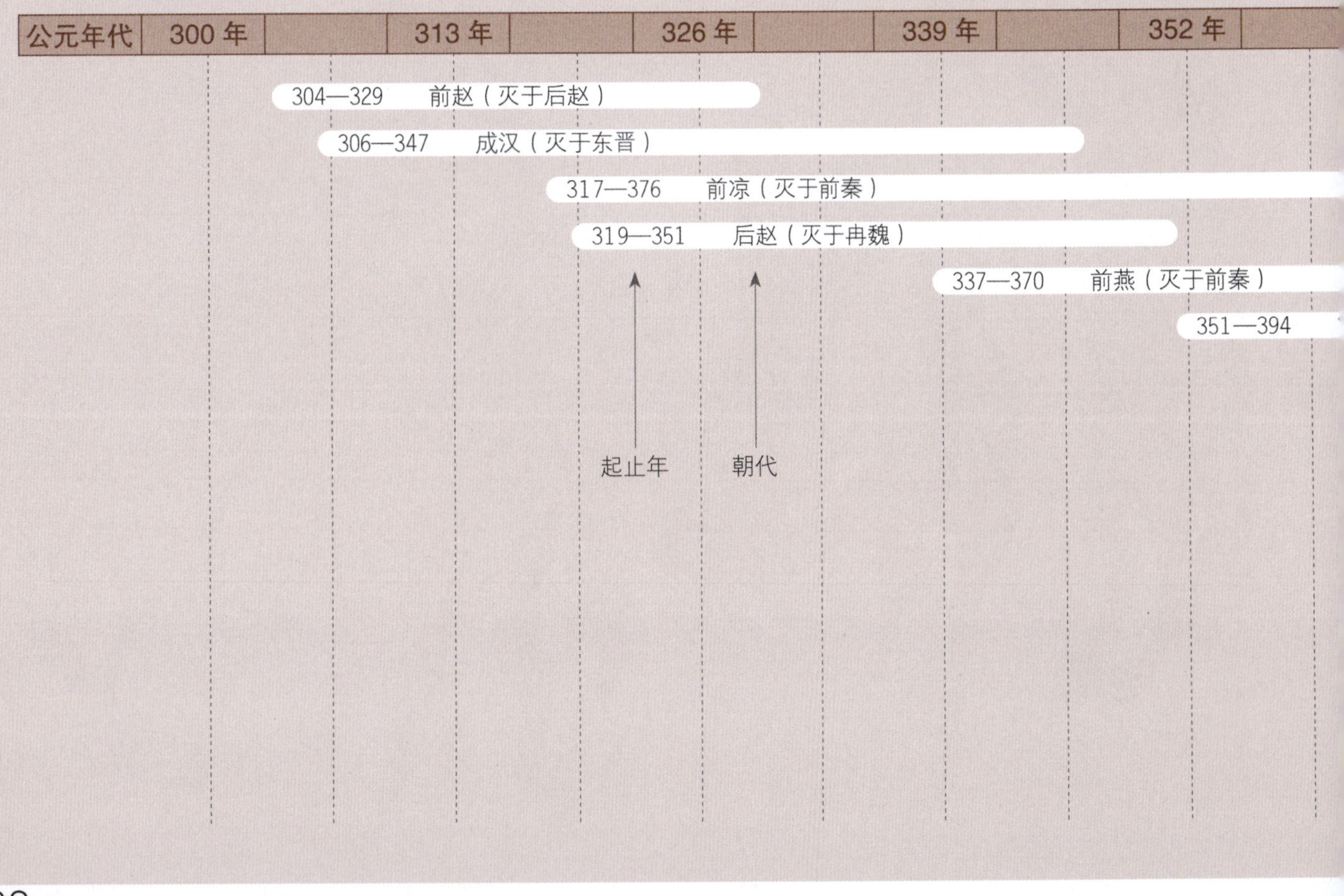

惯上称之为十六国（实际不止十六国）。除了四个汉族政权外，其余政权统治者为匈奴、鲜卑、羯、氐、羌五族，史称“五胡”。

这一时期的中国虽处于分裂割据的动乱状态，社会矛盾错综复杂，却是民族融合、百川归海的重要时期。后世吐蕃赞普与唐朝皇帝互认甥舅、辽与北宋互称弟兄，在一定程度上都是对刘渊宗汉的模仿。刘渊的举措，使得魏晋南北朝之后各民族间的交锋夹杂了几分家族纠纷的色彩，为战后大一统王朝的建立增添了民族大团结的气氛。刘渊首创的“胡汉分治”制度，更是对多民族国家政治制度设置的一种尝试。因此可以说，中国最后能够形成大一统的多民族国家，刘渊立下了不可磨灭的功劳。（杨力源）

胡汉分治

胡汉分治是十六国时期少数民族统治者实行的民族分治政策。西晋末年，匈奴贵族刘渊建立汉国，设单于左右辅，专治理胡人（泛指北方诸少数民族）。其子刘聪继位后，进一步健全胡汉分治制度，以子刘粲为大单于，设左右辅，各管六夷十万落，每万落置一都尉；另设左右司隶，专治理汉人，各管二十余万户，每万户置一内史，共四十三内史。

羯族首领石勒建立后赵，也设内史专治理汉人，另置大单于镇抚其他民族。前秦国主苻坚废除胡汉分治。后来，后燕政权建立者慕容垂曾恢复这一政策。胡汉分治政策在一定程度上促进了北方少数民族的汉化，推动了民族融合，但也加剧了当时的民族矛盾。

鹰形顶金冠

这是迄今为止国内出土的唯一完整的匈奴王王冠，年代为战国时期。

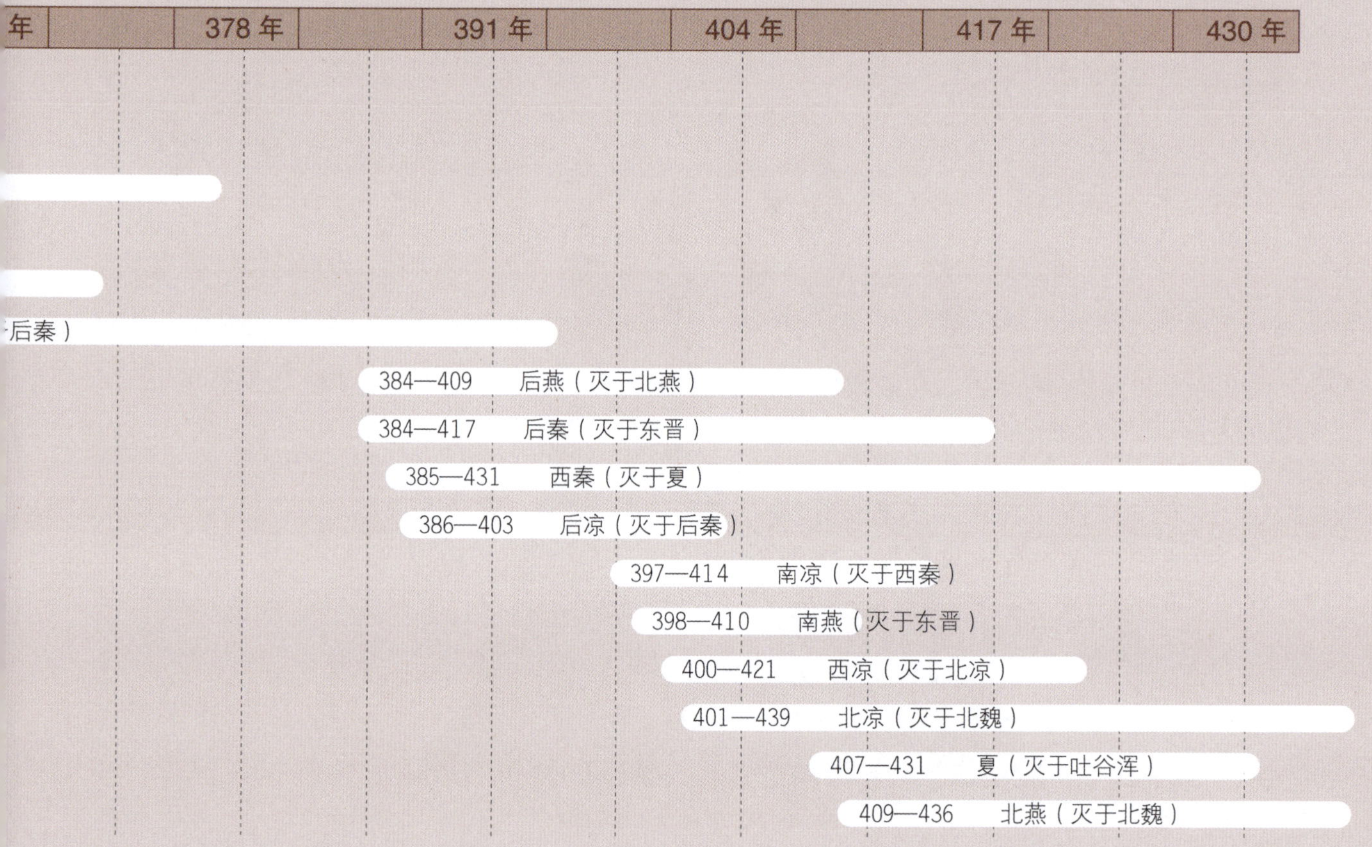

永嘉之乱

八王之乱后，西晋皇室自相残杀的战火稍有平息，但朝廷的内斗并未终止。北方刘渊建立的汉国实力渐盛，不断蚕食中原的城池，还两次攻打西晋首都洛阳，虽未得手，却让西晋元气大伤。当匈奴人第三次出兵洛阳时，西晋已无还手之力，最终铸成“永嘉之乱”的悲剧。

内斗不断

光熙元年（306年），东海王司马越在八王之乱中笑到了最后。不久，晋惠帝去世，他的弟弟司马炽继位，改元永嘉，是为晋怀帝。司马越以太傅的身份辅政，掌握了朝政大权，与晋怀帝的关系越发紧张。后来，晋怀帝逐渐把权力收回，司马越心里很不痛快，便以退为进，离开洛阳，镇守许昌。永嘉元年（307年），司马越率军平定河北叛乱，被晋怀帝任命为丞相，重掌军政大权。

司马越居功自傲，担心清河王司马覃日后会继承皇位，因此假传皇帝诏书将他杀死。对于不服从自己的大臣，司马越找借口一一解除他们的职务，甚至诬陷处死。他又以每次政变都是禁卫军发动为理由，奏请晋怀帝罢免有爵位的禁卫军军官。当时那些禁卫军军官基本都有爵位，几乎全被罢免，一个个哭着离去。接着，司马越将禁卫军首领换成了自己的亲信。他的这些专权行为，引起朝臣的极大不满。

西晋司命司录俑

三攻洛阳

此时刘渊已在平阳称帝，正积极准备举兵灭晋。永嘉三年，他派四儿子刘聪统兵向洛阳进发。汉军凶猛，一开始势如破竹，迅速逼近洛阳。刘聪连战连胜，认为晋军不过如此，警惕性降低。晋军将领垣延假装投降，然后夜袭刘聪的军营，毫无防备的匈奴兵被打了个措手不及，仓皇逃窜。汉军第一次进攻洛阳以惨败收场，退回平阳。

刘渊心有不甘，仅仅过了两个月，又令刘聪率精兵五万出征洛阳。汉军卷土重来，令晋军猝不及防，无力抵挡。刘聪长驱直入，打到洛阳城下，又遭晋军夜袭，折损不少兵马。他调整部署之后，亲自前往嵩山烧香祈福。此时困守洛阳的司马越抓住良机，挑选三千精兵突袭汉军大营。汉军群龙无首，溃败而逃。

就这样，匈奴第二次进攻洛阳，又是无功而返。刘渊痛定思痛，听取大将王弥的建议，改变出征西晋的策略，去洛阳周边打游击，抢占地盘。永嘉四年八月，刘渊抱

郯国御街

东海王司马越的封地，治所在郯县（今山东临沂郯城）。春秋时期，这里有个郯国，相传为少昊氏之后，附庸于鲁国，郯国国君曾两次朝拜鲁国。战国初年，郯国被越国所灭。图为现代新建的郯国御街。

嵩山今景

嵩山位于河南登封，是五岳的中岳。自南北朝起，这里就成为宗教、文化重地。嵩山多处景点被列入全国重点文物保护单位。2010年，嵩山“天地之中”古建筑群被列入《世界遗产名录》。

憾病逝。刘聪在皇室斗争中取胜，夺得皇位，他继承了父亲的遗志，准备再次进攻洛阳。

而王弥的策略改变卓有成效，汉国地盘不断扩大。通向洛阳的粮道被切断，城内粮食紧缺，饥荒严重。晋怀帝急得像热锅上的蚂蚁，连忙下诏要求各地出兵勤王，但是大家都作壁上观，无人前往营救。在这紧要关头，司马越率领自己的人马去了许昌，皇城几乎无人守卫。永嘉五年三月，对司马越大失所望的晋怀帝下诏委任苟晞为大将军，发布司马越的罪状，要求各方讨伐。司马越得知后气急攻心，竟然一命呜呼了。太尉王衍带领军队护送司马越的灵柩回东海，半路遭到汉国将军石勒追杀，十万人马全部被歼，晋军主力基本覆灭。石勒放火焚烧司马越的灵柩，说：“祸乱天下的正是此人，我来为天下人报仇。”

前两次攻打洛阳铩羽而归的刘聪，想一雪前耻，他先派刘曜（刘渊的侄子）、王弥和刘粲（刘聪的儿子）领兵进攻洛阳，接着又派大将军呼延晏直攻洛阳。石勒的大军也在向洛阳挺进。汉国各路大军兵临城下，守城的晋军毫无抵抗，一触即溃，洛阳转眼就被攻陷了。

西晋灭亡

进城后，王弥、呼延晏纵兵劫掠，又攻入皇宫，将宫内珍宝洗劫一空。晋怀帝打算逃往长安，但被汉军活捉。刘曜对城里的王公大臣、平民百姓大开杀戒，导致尸堆如山，血流成河，接着又放火把洛阳城烧了个精光。往日繁华的都城，顿时成了荒残的瓦砾场。这就是历史上著名的“永嘉

随陆无武，绛灌无文

据《晋书》记载，刘渊曾说：“吾每观书传，常鄙随陆无武，绛灌无文。”随、陆指的是汉高祖时的文官随何、陆贾，绛、灌指的是汉高祖时的武将周勃（被封为绛侯）、灌婴。这四人虽然在自己擅长的领域成就斐然，但都做不到文武双全，因此刘渊看不起他们。后来，人们用“随陆无武，绛灌无文”来形容人才的片面性，能文者不能武，能武者不能文。

之乱”。

后来，晋怀帝等人被押送到平阳。刘聪封晋怀帝为会稽郡公，时不时羞辱他。一次宴会上，刘聪突然问他：“你家骨肉相残是什么原因呢？”晋怀帝无奈答道：“这是天意啊，是为陛下您谋取天下扫平障碍！”刘聪十分惊讶，但又暗自高兴。另一次宴会上，刘聪让晋怀帝身穿青衣（古时多为地位卑贱者所穿），给公卿百官斟酒，在场的西晋官员倍感 屈辱，不禁号啕大哭。刘聪很生气，担心晋怀帝会与这些人作乱，因此不久就将他毒死了。

晋怀帝死后，他的儿子司马邺继位，是为晋愍帝，改元建兴，定都长安。建兴四年（316年），刘曜攻入关中，围困长安。十一月，长安城内严重缺粮，晋愍帝无法支撑，只得投降，像他父亲一样被掳往平阳。延续了五十二年的西晋王朝，就此谢幕。第二年，司马邺被杀死，南渡的琅邪王司马睿在大臣支持下继位，定都建康（今江苏南京），史称东晋。

西晋灭亡后，北方少数民族相继进入中原地区建立政权，从此开始了长达数百年的动乱分裂时期。（章　广）

历史上的三次南渡

中华文明从诞生到北宋的大部分时期内，中原地区一直都是各个朝代的政治、经济中心，但战乱使得人口、政权等发生变迁，形成了历史上三次大规模的南渡现象。

第一次发生在西晋，即永嘉之乱后的“衣冠南渡”（衣冠引申指世族、士绅）。

第二次发生在唐代，安史之乱后开始了五代十国的割据时代，人口向南迁移，南方经济发展。

第三次发生在宋代，靖康二年（1127年），金兵攻克北宋都城。北宋灭亡，中原汉族大量向南迁移。因为发生在建炎年间（1127—1130），这次南迁被称为“建炎南渡”。

西晋青瓷神兽尊

出土于江苏宜兴周处家族墓周墓墩4号墓，高27.9厘米，口径13.2厘米，底径16厘米，为浙江越窑的精品之作，入选第三批禁止出国（境）展览文物目录。相传周处年少时为祸乡里，后来浪子回头，改过自新，还留下了“周处除三害”的故事。青瓷神兽尊的主人应该就是周处的父亲周鲂。

玄学与清谈

玄学是魏晋时期的一种哲学思潮，实际上也是当时士人的一种生活方式和生活态度。清谈是玄学的主要表现形式，清谈误国是西晋灭亡的原因之一。

高压与反动

在汉武帝实行尊崇儒术的政策之后，两汉通过儒家“三纲五常”等名教思想维护封建等级制度和社会秩序。东汉末年，群雄四起，社会混乱，儒家名教失去维护统治的作用，黄帝、老子、庄子思想开始兴起，特点是强调出世、避祸、不问政治等。

魏晋之际，局势动荡，政治黑暗，司马氏谋权篡位，颠覆魏室，建立晋朝。司马氏明明是不遵守儒家名教，以下犯上，但为了给夺权制造舆论，又竭力提倡儒家名教，宣扬“以孝治天下”，同时肆意杀戮曹魏宗亲和不愿依附自己的士人，或者给他们扣上不遵名教、蔑视礼法的罪名，进行残酷的政治迫害。

早期玄学代表人物何晏支持大将军曹爽执政，司马懿发动高平陵政变后，让他审理曹爽案件。何晏作为曹爽党羽，为了获得赦免，极力纠治与案件相关的人员，最后治了七个人的罪。但司马懿却说：“应该有八个人才对啊！”何晏后背发凉，窘迫地问：“不会是说我吧？”司马懿说：“正是！”最后，何晏与其他七人皆以大逆不道之罪被处死，株连三族。司马懿的儿子司马昭，篡位之心“路人皆知”。著名士人嵇康娶曹操的曾孙女为妻，在政治上自然倾向于曹魏。嵇康才华出众，司马昭

老子像

老子是春秋时期的思想家、道家创始人，提出“道生一，一生二，二生三，三生万物”和“天下万物生于有，有生于无”的观点。道教奉老子为道祖，称“太上老君”。图为位于山东青岛崂山太清宫的老子像。

拉拢他，遭到拒绝，后来司马昭借故将他处死。

司马氏夺取政权后，继续实行高压统治，对不服从的士人大动干戈。那些备受压迫的士人，处于极度失意、惊恐、悲愤的精神状态之中，非常痛苦。为了逃避，他们消极处世，不与当权者合作，以嵇康、阮籍为首的“竹林七贤”是他们的典型代表。玄学就是在这种环境下发展了起来。

名教与自然

玄学即“玄远之学”，是源于东汉末年的一种哲学思潮。魏晋玄学一般都遵循老子、庄子之学，把《老子》《庄子》《周易》三本意义玄妙的书称作“三玄”，“玄学”的名称也来源于《老子》里

手持麈尾的阮籍（左）

麈（zhǔ）尾是魏晋清谈家用以拂秽清暑、彰显身份的雅器。南朝宋刘义庆《世说新语》记载，王衍谈玄时常常拿着白玉柄的麈尾，时间一长，玉柄与手的颜色都没有区别了。此图出自唐代画家孙位《高逸图》。

面的一句话："玄之又玄，众妙之门。"

玄学也是一种生活态度，主要探讨名教与自然的关系。早期玄学家"贵无"，说万物以无为本，主张"越名教而任自然"，也就是说人不要受儒家纲常名教的束缚，而要顺任自然，过旷达、脱俗的生活。"竹林七贤"中的嵇康、阮籍、阮咸、刘伶等人，经常喝得酩酊大醉，完全不顾其他事情。嵇康在司马氏当政后隐居山林打铁，有空就和朋友喝酒，好朋友山涛推荐他去做官，他认为这是一种侮辱，写信与山涛绝交。司马昭的宠臣钟会几次来拜访，他都不理会，只顾着打铁。阮籍得知步兵校尉衙门有很多酒，请求去担任步兵校尉，把酒喝完就辞职了。卖酒的邻居长得好看，阮籍经常去光顾，喝醉了就直接睡在人家旁边。有次在车上喝酒，前面没有路了，他就放声大哭。母亲去世了，他照样喝酒吃肉，有人来吊唁也不回礼。刘伶喝醉了在家里裸奔，在外面喝酒时说自己醉死在哪儿就埋在哪儿。这些名士的行为旷达甚至荒诞，其实他们是通过这些反常的举动来逃避政治迫害，反抗现实，纾解内心的痛苦。

"贵无"看似洒脱，但是也产生很多负面影响，比如当时社会呈现出一种颓废之风，无所作为，而且很多士人喜欢服用一种有毒且让人产生幻觉的"五石散"，著名学者、地图学家裴秀就是服用这个中毒而死的。针对这些现象，一些玄学家提出了相反的观点。裴秀的儿子裴𬱟（wěi）写了一篇名为《崇有论》的文章，主张人要重视现实的事物，不要放荡不羁、口谈虚妄，要遵守礼法，承认等级制度的合理性。他的观点与玄学初衷有极大的不同，使玄学陷入僵化，失去了原有的美学价值。

清谈与误国

清谈，是玄学的主要表现形式，也是玄学家的一种交谈方式、生活方式。一场清谈中，参与者针对同一个问题提出自己的看法，质疑对

> **正始名士**
>
> 正始（240—249）是三国时魏帝曹芳的年号，当时以何晏、王弼为首，开创了玄学清谈的风气，盛极一时，被称为"正始之音"。正始名士的代表除了何、王二人，还有夏侯玄，他们的成就主要在哲学方面。鲁迅在《魏晋风度及文章与药及酒之关系》中说，他们三人是服食五石散的祖师。

方的观点，轮流对答。清谈不仅要求提出独特的观点和道理，表达方面也要具有高超的语言技巧。有一次，刘惔和王濛进行了一场清谈，刘惔走后，王濛十三岁的儿子很好奇，问父亲：“你俩谁赢了？”王濛回答：“他的语言不如我的优美动听，但他的理论却胜过了我。”意思是说两人打了个平手。清谈言律皆有，才能完胜对方，就像歌曲一样，不仅要旋律好听，歌词也要有意义。

清谈不在乎身份高低、年龄大小。何晏善于清谈，他清谈时都是座无虚席。一次，未成年的王弼来求见，何晏之前听说过他的才名，就接见了他，还选了一道高深莫测的问题来考他，说：“我觉得这个问题的道理是最难的，你能论说吗？”王弼接过问题，轮流用正方、反方的立场来辩论，自问自答，提出的观点无人能反驳，在座的人无不心服口服。无论是怎么样的出身，风流人士只要能在清谈中展示自己对问题的认识和看法，展示自己的聪明才智，都能够一“谈”成名。在混乱时代中无法实现抱负的文人贤士，由此找到了逃避现实的去处。

王衍临终悔恨

西晋大臣王衍出身琅邪王氏，常年身居要职。他喜好谈玄，擅长议论《老子》《庄子》，引得许多官员效仿，导致整个西晋朝廷充斥着虚浮之风。当皇族争权、晋朝危亡时，王衍不以国家大事为重，只求自保。永嘉五年（311年），王衍被汉国大将石勒所杀，他临死前叹道：“我虽不及古人，但如果以前不崇尚浮华虚无，尽心匡扶社稷，也不至于落到今日这般田地。”

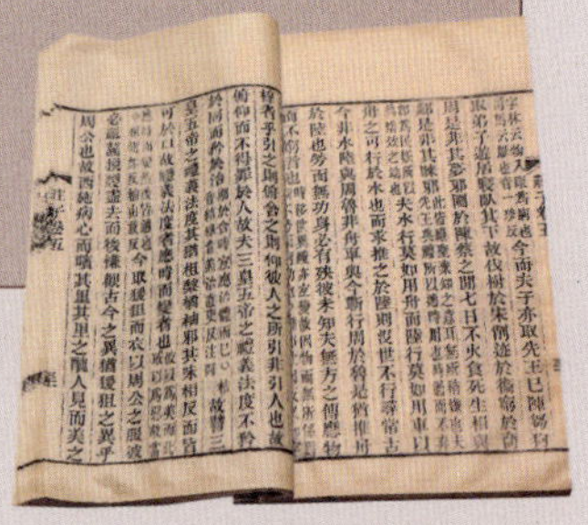

清刻本《庄子》书影

早期的清谈是以政治和哲学等实际问题为主，大家相互辩论。而西晋后期的清谈，沦为空谈玄言，失去政治性质，只是名士身份的装饰品而已。当时的玄学家一般来说既是名士又是高官，他们一面空谈名教与自然的关系，一面穷奢极欲地享受，像山涛、王衍、王戎都是这样。官员们不处理实际问题，只会空谈和享受，这必然给国家造成严重的后果。许多历史学家认为，清谈误国是西晋灭亡的原因之一，如著名历史学家陈寅恪所说：“那时候的西晋官场是，一面侈谈名教与自然‘将无同’，一面穷极奢侈享受，名士与高官合为一体，而变乱就在这种风气中孕育。此风不到西晋最后灭亡，不能终止。”（章　广）

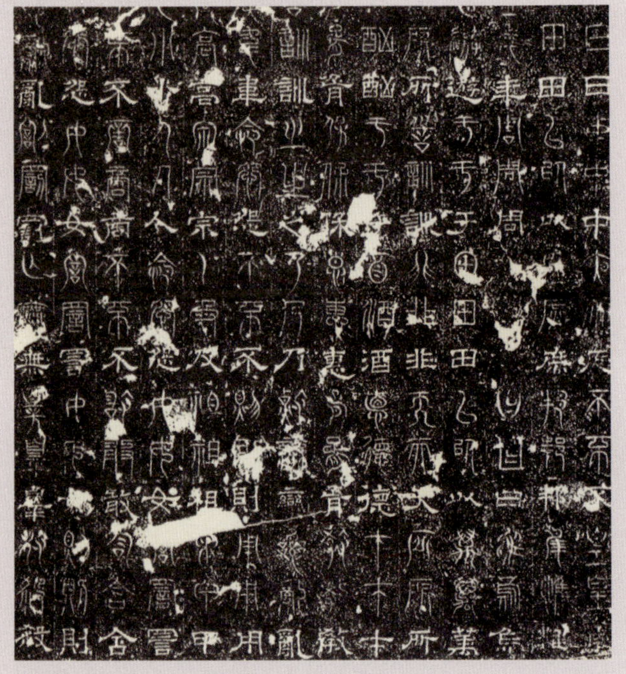

《正始石经》拓片（局部）

《正始石经》刻制于三国魏正始二年（241年），内容为《尚书》《春秋》，以及《左传》的一部分。因碑文以古文、小篆、隶书三体书刻，又称《三体石经》，这三体文字清楚反映了中国古代文字的演变过程。

制图六体

裴秀是魏晋时期的名臣、地图学家，他绘制的《禹贡地域图》是中国有文献可考的最早的历史地图集，其序言中提出的“制图六体”，奠定了中国传统地图绘制的理论基础，裴秀也因此被誉为“中国科学制图学之父”。

后生可畏，朝廷重臣

裴秀，字季彦，河东闻喜（今属山西）人，他的祖父、父亲曾分别在汉、魏两朝担任尚书令，可以说是官宦世家。裴秀从小聪颖好学，讲究风范操守，八岁就能撰写文章。他的叔叔裴徽名望很高，家里常有宾客拜访。有些宾客见过裴徽之后，还会特意来跟十几岁的裴秀交谈。当时流传一句话“后进领袖有裴秀”，说的就是裴秀才气过人，是同辈之中的佼佼者。

裴秀成年之后，先后在曹魏和西晋两朝为官。他一开始在大将军曹爽手下做官，高平陵政变后受牵连被免职，没过多久再次被起用，帮助司马昭谋划军国大事，备受信任。后来，司马昭也是听了裴秀的建议，才下定决心立司马炎为世子。司马炎代魏称帝之后，裴秀成为晋朝重臣，官至司空，就是主管水利土木工程和官府手工业的最高行政长官。

裴秀学识广博，而且留心政事，每每谏言，总能切中要害，恰如其分。他位居司空之职，在工作中，地图的重要性不言而喻。裴秀常到各地考察地理情况，发

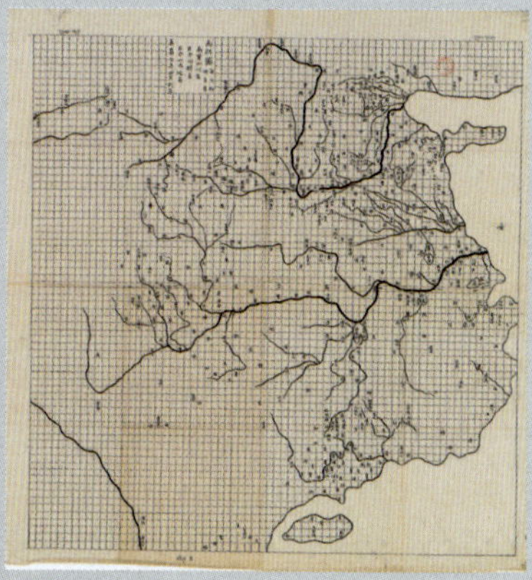

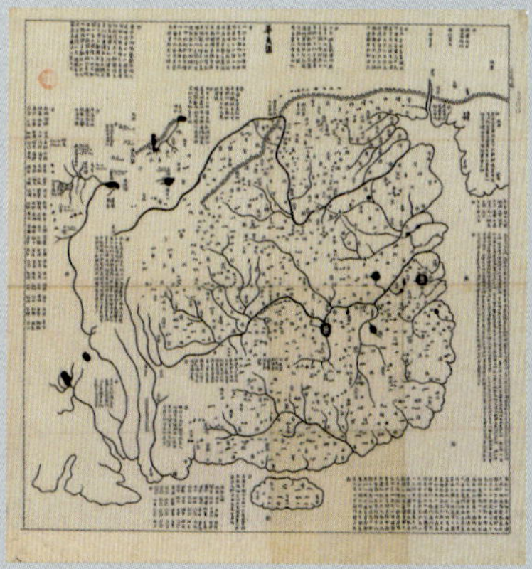

《禹迹图》（左）《华夷图》（右）石刻拓片
《禹迹图》原碑刻于伪齐阜昌七年（1136年），与《华夷图》在同一石上，石碑现存于西安碑林。《禹迹图》采用“计里画方”手法，主要标注宋朝地名，也保留了部分唐朝地名。《华夷图》以唐代贾耽《海内华夷图》为蓝本，精简了海外国家，是中国现存最早的一幅全国地图。

现当时的很多地图与实地情况并不相符，不堪为用。流传已久的《禹贡》，其中记载的山川地名也多有变易，混淆不清，以致后世之人无所适从。因此，裴秀决定重新绘制一部内容完备、翔实准确、会通古今的地图。

制图六体，绘图精详

裴秀详细考订了《禹贡》所载的山川地貌和九州区划，同时结合实际情况，探明历代地理沿革。对暂时确定不了的，就在旁边做出注解。此外，他还将西晋十六州的郡国县邑及边界、乡村聚落、地名沿革、水陆交通路线等绘制成图，形成《禹贡地域图》十八篇，内容丰富全面，是当时最完备、最精详的地图。

因为有感于以前的地图粗略不精，裴秀在绘制《禹贡地域图》时制定了“制图六体”，即绘制地图的六项原则。遗憾的是，《禹贡地域图》早已亡佚，仅序言尚存。如今，我们只能通过这篇序言来了解制图六体。

六体分别是分率、准望、道里、高下、方邪、迂直。其中分率指比例尺，准望指方位，道里指距离，高下、方邪和迂直是对道里的补充解释，可以校正因地形起伏、道路迂回造成的水平直线距离的误差，也就是解决把三维立体的地理要素转换到二维平面的问题。

至于六体的关系以及在绘图中的运用问题，裴秀说：“如果只有图像而没有分率（比例尺），就无法区分远近；有分率而没有准望（方位），虽然能知道一个地

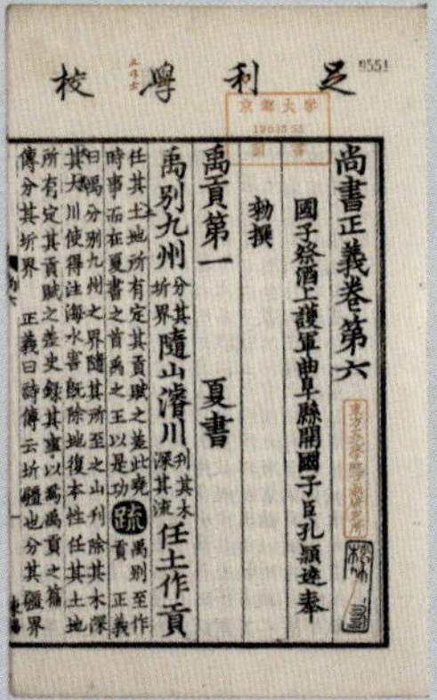
《禹贡》书影

《禹贡》

《尚书》中的《禹贡》篇是我国最早的地理著作，成书于先秦时期，整篇文章虽然只有1000多字，但是内容精练，把全国分为九州，记述了当时的政区、山川、河流、物产、贡赋等方面的重要内容，对后世的地理著作产生了深远的影响。

方的方位，但其他地方会有偏差；有准望而没有考虑道里（距离）的计算，那么在山海隔绝之地则无法成图；有道里但不校准因高下（地形起伏）、方邪（地势变化）和迂直（道路曲直）导致的变化，那么地图上标注的道里必然与实际不符，方位也会发生偏差。因此，绘制地图时一定要综合运用这六项原则。”

根据汉晋时期的数学水平和测绘工具的历史记载，可以推断当时绘制的地图尤其是军事地图，确已形成一套自成体系的绘制理论。制图六体应该是裴秀在总结前人经验的基础上，结合亲身体验提出的制图理论。正如《中国测绘史》总结的那样，制图六体除了没有提出经纬线和地图投影外，几乎提到了制图学上应考虑的所有主要因素，表明当时的测绘技术已经达到较高水平。

传承与遗憾

裴秀提出的制图六体，不仅总结归纳了以往地图学的成果，而且提出了创造性的见解，第一次为中国的地图制图学建立起一套较为规范的科学理论体系。它是当时世界上最科学、最完善的制图理论，也是中国古代唯一的系统制图理论，在世界地图学史上也占有重要地位。它对西晋以后的地图绘制产生了一定影响。唐代著

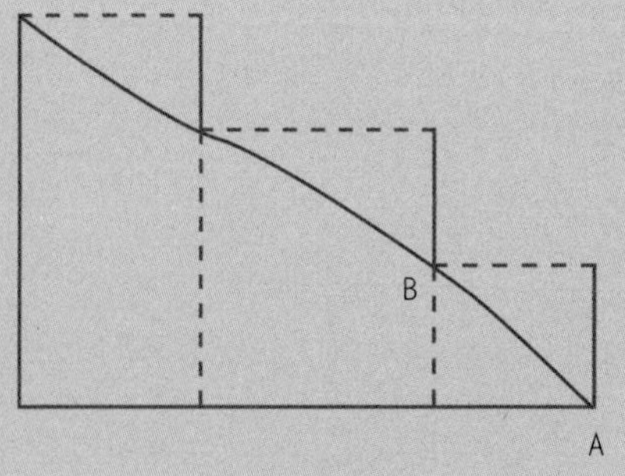

（1）高取下示意图

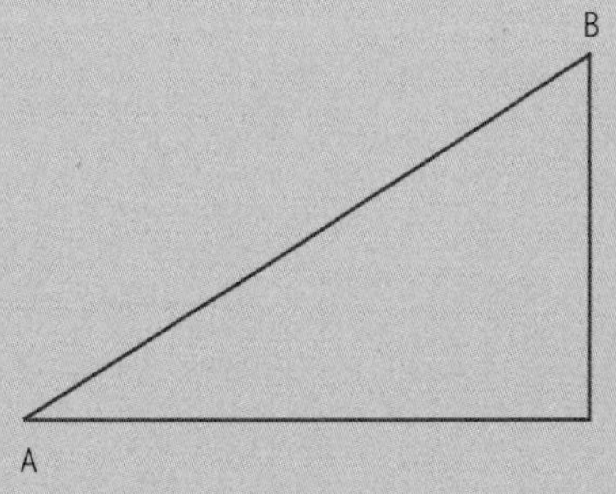

（2）方取斜示意图

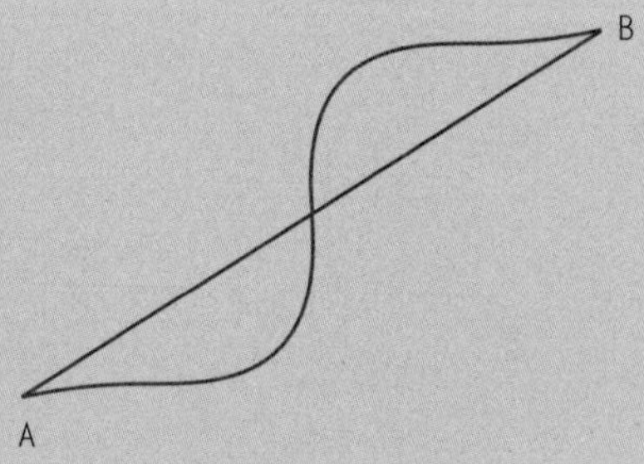

（3）迂取直示意图

制图六体示意图

名的制图家贾耽盛赞裴秀创立的六体之说，并把六体与中国最古老的书籍之一《九丘》并列，认为“九丘乃成赋之古经，六体则为图之新意”，意思是说制图六体很有新意。他还借鉴了裴秀的方法，绘制了《海内华夷图》。

遗憾的是，这套制图理论与方法，没有被后人很好地继承。从制图六体分载于《四库全书》中经、史、子、集四部的情况来看，至少在清代乾隆时期之前，人们对制图六体的性质还没达成统一的认识。而且，后世对制图六体的记载全部源自唐代房玄龄编撰的《晋书》、欧阳询编撰的《艺文类聚》等书，由此可见，文人在传抄过程中只重文本而不重实际应用，反映出他们对技术的忽视。

就后世绘制的地图而言，除了宋代《禹迹图》系列图，以及清代康熙时期的《皇舆全览图》系列图之外，现存绝大多数中国古地图带着明显的山水画痕迹，并不注重图面内容的准确性，甚至清代后期的军事地图也是如此，其准确性主要由图说完成。

由此可知西晋及西晋以前，古人曾经有一套量化绘制地图的方法，但是该技术却湮灭人间，没有流传下来。由于缺乏代代相传的社会环境，这些技术也无法在前人的基础上得以改进，这是值得我们思考的历史问题。（韩昭庆）

《驻军图》（局部）

这是目前世界上发现的最早的彩色军用地图，制作于西汉初年，出土于马王堆汉墓，为国家一级文物。

陈寿著《三国志》

提起诸葛亮，我们会想到“三顾茅庐”“七擒七纵”“空城计”……这些精彩的故事，大多数人是从《三国演义》里了解到的。《三国演义》的很多内容，又是根据史书《三国志》演绎而来。《三国志》由西晋史学家陈寿著成，它的内容跟《三国演义》有什么不同？

少年勤学得贤名

东汉末年，群雄割据，经过三十多年的战争，魏、蜀、吴三国鼎立的局面形成。又过了四十多年，西晋建立，三国时代正式结束。建兴十一年（233年），陈寿出生于蜀国巴西安汉，之后十多年正是三国鼎足、各自发展的时期，这给了他一个相对安定的成长环境。

三国中，蜀国面临的军事压力最大，因此花费主要精力发展政治和军事。不过，诸葛亮等人也很重视教育和文化。刘备称帝后不久，在蜀国都城成都设立了太学（中国古代的大学），少年时代的陈寿曾在此求学。他师从著名学者谯（qiáo）周，学习十分用功。在老师的启发教育下，陈寿认真研读《尚书》《春秋》《史记》《汉书》等史书，还在读书过程中思考、研究撰写史书的方法。少年陈寿的学识越来越出众，当时有人把他和谯周的另外三名弟子并列为“谯门四大弟子”，并且用孔子门下的优秀弟子来比喻这四个人。

> **《三国志》里的名句**
>
> 和羹之美，在于合异。
> ——《魏书·夏侯玄传》
>
> 功以才成，业由才广。
> ——《蜀书·董允传》（裴注）
>
> 士别三日，即更刮目相待。
> ——《吴书·吕蒙传》（裴注）

陈寿像

陈寿（233—297），西晋著名史学家，字承祚，安汉（今四川南充北）人。后世赞扬其史学成就可与司马迁、班固比肩，史称“并迁双固”。他以新的范式书写了三国时代复杂多变的历史，编撰而成的《三国志》是中华民族宝贵的文化遗产。

中年奋笔成名著

后来，陈寿在蜀国做了官，但因为不愿讨好权臣而多次被贬，甚至很长时间没法做官。在他三十岁那年，蜀汉被曹魏所灭。两年后，司马炎篡魏，西晋建立。西晋司空张华非常赏识陈寿的才华，举荐他为孝廉，让他担任佐著作郎，就是协助著作郎修撰国史及起居注的官职，又出任阳平县令。虽然此后陈寿的仕途依然不顺，但他在史学方面的成就足以名垂青史。

陈寿奋笔写史，先是从地方史入手。他认为旧有的巴、蜀人物传《巴蜀耆（qí）旧传》内容不够广泛，于是进一步搜集整理了益州地区的人物故事，撰写了《益部耆旧传》，得到了晋武帝司马炎的嘉奖。大书法家王献之也很喜欢这部书，甚至将全篇手书一遍，赠与友人。

万卷楼

这里是西晋著名史学家陈寿青少年时代读书治学的地方，位于今四川南充西山风景区。

之后，陈寿又编写了《蜀相诸葛亮集》。虽然陈寿的父亲曾被诸葛亮施以髡（kūn）刑，就是古代一种剃去头发的刑罚，但陈寿并没有因此贬抑诸葛亮，而是对诸葛亮推崇备至，展现了一名优秀史学家的公正客观。他将这部书上奏朝廷，被升为著作郎。

最能体现陈寿史学成就的，无疑是《三国志》。在陈寿著《三国志》之前，魏、吴两国都有官方编修的史书，如王沈《魏书》、韦昭《吴书》；也有私人编修的，如鱼豢（huàn）《魏略》——这些史书成为陈寿给魏、吴两国著史的主要根据。但蜀国没有设置专门的史官，国史缺而不录。好在陈寿从小在蜀国成长，熟悉蜀国历史，后又广泛搜集史料、潜心研究，终于完成了《蜀书》，与经过整理编写的《魏书》《吴书》一起，统称《三国志》。

《三国志》完整记录了自黄巾起义至西晋灭吴近一百年的历史，与当时人写三国史以魏为主、

三国归晋示意图

三国
- 魏　220 年 → 266 年司马炎篡权建立晋朝
- 蜀　221 年 → 263 年魏灭蜀
- 吴　221 年（称吴王）—229 年（称帝） → 280 年西晋灭吴

266 年西晋建立 → 280 年三国归晋

> 寿书（指《三国志》）铨叙可观，事多审正。诚游览之苑囿，近世之嘉史。
>
> ——［南朝宋］裴松之

附记蜀吴的做法不同，它采用三国历史并叙的体例，记事时又一律按年叙事，所以虽然是以魏为正统，但实际上还是把蜀、吴放在与魏同等的地位。它分为各自独立的三书，即《魏书》三十卷、《蜀书》十五卷、《吴书》二十卷，以表明鼎足三分之态势；又统称《三国志》，如实反映了历史的本来面貌。

《三国志》采用纪传体的写法，覆盖面很广，凡是三国时期在政治、经济、军事乃至文学、艺术、科技和学术思想领域有所贡献者，陈寿几乎都网罗其事迹写在书中。在材料的取舍上，陈寿也十分严谨，去芜存菁。比如，关于诸葛亮的文献记载和口头传说都很丰富，陈寿经过调查研究，对那些虽然生动但不合事实情理的夸大溢美之说一概不采用。所以，诸葛亮七擒七纵孟获、用空城计吓退司马懿等精彩故事，在《三国志》中是没有的。这体现了陈寿实事实录的治史态度。

《三国志》叙史简洁，甚至可以说是惜字如

清末年画《空城计》

《三国演义》中，诸葛亮用“空城计”吓退了多疑的司马懿。这并非历史事实，而是罗贯中的艺术创作。历史上的确有使用“空城计”退敌的战例：春秋时期楚国的令尹子元率兵攻打郑国，郑国不关城门，子元怀疑郑国有诈，于是撤兵；唐代名将张守珪守瓜州时，也曾使用空城计吓退了吐蕃军队。

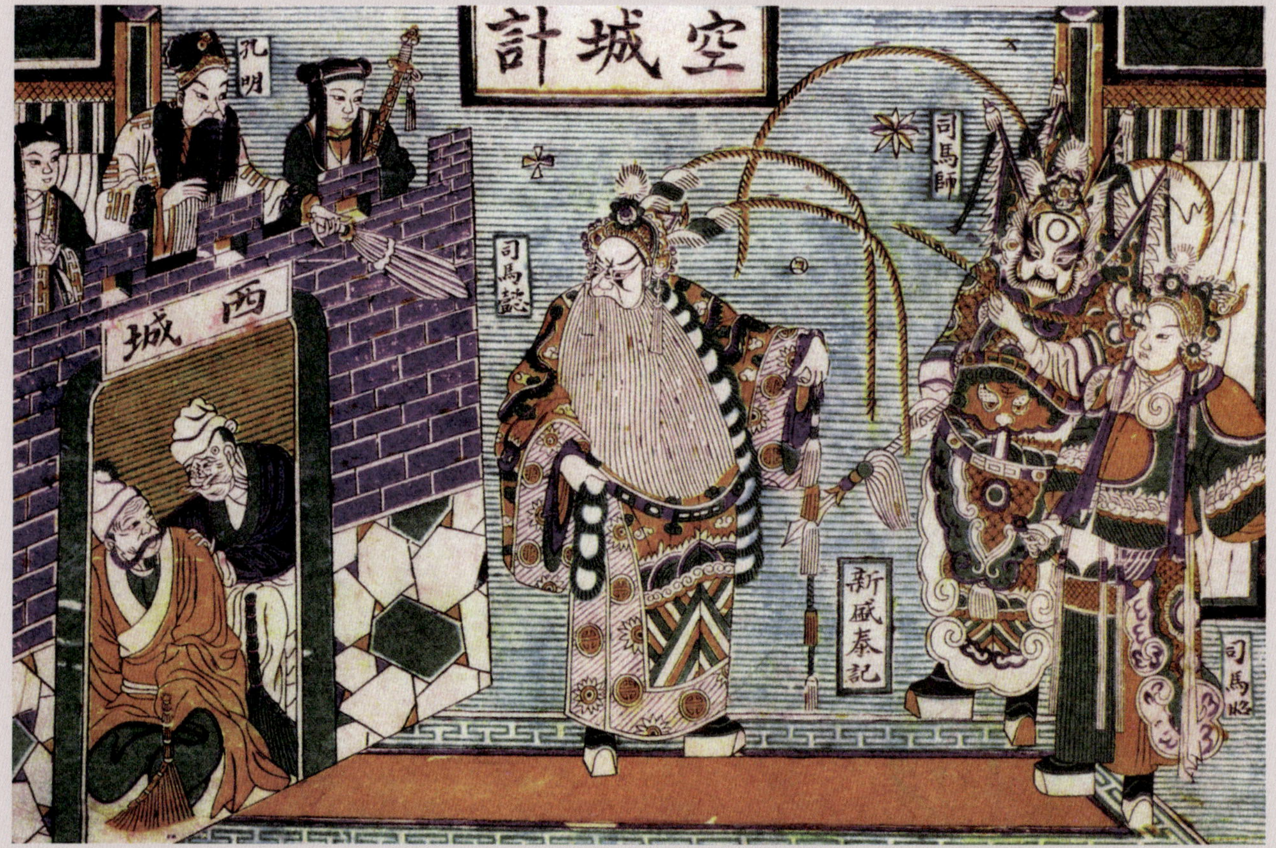

裴松之注和《三国演义》

南朝宋史学家裴松之为《三国志》作注，注文超过原书数倍，征引史料200多种，补充了原书的遗漏和简略之处。

元末明初，文学家罗贯中以民间评话为基础，同时大量吸收《三国志》和裴松之注的材料，创作了长篇小说《三国演义》。因此，《三国演义》是文学作品，其中有许多虚构、夸张的成分，不能把它当成史书来看。

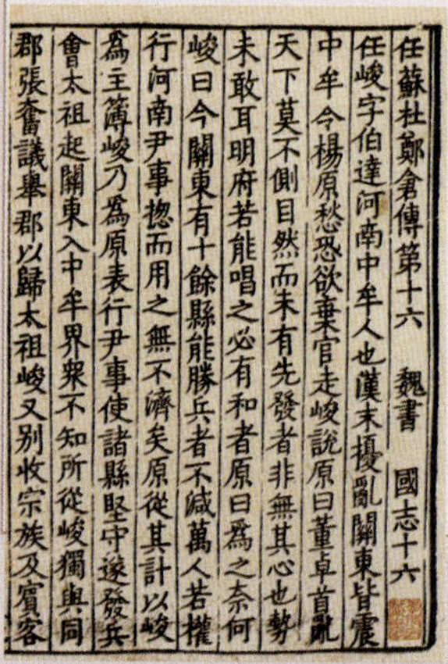
任蘇杜鄭倉傳第十六 魏書 國志十六
任峻字伯達河南中牟人也漢末擾亂關東皆震
中牟令楊原愁恐欲棄官走峻說原曰董卓首亂
天下莫不側目然而未有先發者非無其心也勢
未敢耳明府若能唱之必有和者原曰為之柰何
峻曰今關東有十餘縣能勝兵者不減萬人若權
行河南尹事摠而用之無不濟矣原從其計以峻
為主簿峻乃為原表行尹事使諸縣堅守遂發兵
會太祖起關東入中牟界眾不知所從峻獨與同
郡張奮議舉郡以歸太祖峻又別收宗族及賓客

《三国志》书影

金，往往着墨不多，却能做到精准描述。比如，陈寿主要根据诸葛亮的《出师表》，书写刘备与诸葛亮的初识经过："先主遂诣亮，凡三往，乃见。"（于是刘备就去拜访诸葛亮，总共去了三次才见到。）寥寥数字，就纠正了前书《魏略》等所记载的诸葛亮主动前去拜见刘备的说法。在此基础上，才有了后来《三国演义》中刘备"三顾茅庐"的精彩故事。

身后评说是良史

《三国志》成书后，以取材精良、文笔简约、言辞质直而博得了广泛赞誉。当时读过该书的人都称赞陈寿"善叙事，有良史之才"，西晋名臣张华甚至把他与司马迁、班固相提并论，并且准备举荐他来编修《晋书》。当时有个学者正在写《魏书》，看过《三国志·魏书》后，自愧不如，居然

《关云长独行千里》

此图出自清初八色套印本《三国志像》。

主动毁掉了自己的书稿。

陈寿病逝之后，朝中大臣认为《三国志》书中多有劝诫之言，阐述前人的是非得失，对今世的教化大有裨益，上书请求晋惠帝采录此书。于是晋惠帝令人到陈寿家中抄写《三国志》全书，使《三国志》的影响力进一步扩大。

在《三国志》之后，有关三国史的著述陆续出现，不下数十种，陈寿也因此被誉为三国文化的鼻祖。直到今天，《三国志》更是我们研究三国历史不可缺少的一部资料，它与《史记》《汉书》《后汉书》一起，被史学家誉为二十四史中最好的四部史书，叫"前四史"。（庄林丽）

北魏贾智渊造背屏三尊像

融合新生

《融合新生》主要讲述了东晋（317—420）和南北朝（420—589）的故事。

司马睿在江南重建晋王朝，史称东晋。在长江以北地区，内迁的少数民族与汉族地方势力建立起许多割据政权，统称“十六国”。之后是南北朝时期，南朝经历宋、齐、梁、陈四代，北朝包括北魏、东魏、西魏、北齐、北周五个王朝。

东晋南北朝是中国历史上复杂动乱的时代，也是一个民族融合、南北融合、走向新生的时代。乱世造就不少传奇英雄，如南方的祖逖、桓温，北方的苻坚、王猛、石勒等，他们是各民族中有远见的政治家。北方大量人口南迁，促进了江南地区的发展。北魏孝文帝推行汉化改革，促进了北方各民族间的融合。

这一时期，道教得到广泛发展，佛教信众开始大量增加，儒释道自此成为中国传统文化的三条主线。虞喜发现“岁差”，祖冲之提出“祖率”，以及《齐民要术》《肘后备急方》《水经注》等著作，代表了当时的科技进步。陶渊明的田园诗、王羲之的书法、顾恺之的绘画各领风骚。云冈石窟、龙门石窟反映了佛教与中国本土文化融合之后造像艺术的新风格。

王与马，共天下

东晋时期，琅邪（yá）王氏家族与皇室司马氏势均力敌，甚至有过之而无不及，人们称之为“王与马，共天下”。这种皇帝与权臣共处的权力分配方式，支撑着东晋政权延续了上百年。

琅邪王南渡

永嘉之乱发生之前，随着战乱持续爆发，北方胡人不断入侵，西晋政权已经是岌岌可危，大批北方人迁移到江南，琅邪王司马睿就是其中一员。在皇室宗亲中，司马睿的出身并不起眼，只是司马氏家族的旁支。父亲去世后，他继承了琅邪王之位，在八王之乱后期依附于东海王司马越。永兴二年（305年），司马越任命司马睿为平东将军、监徐州诸军事，留守下邳（今江苏睢宁西北），为西晋王朝建立后方基地。

司马睿受命后，对出身琅邪王氏的王导委以重任，请他为自己出谋划策。王导建议司马睿南下发展，于是司马睿在永嘉元年（307年）九月南渡长江，将驻地移到建邺（今江苏南京），任安东将军、都督扬州江南诸军事。鉴于当时的形势，王导敏锐地意识到，要想让司马睿在江南立足，离不开当地世家大族的支持。可是司马睿本人并没有什么名望，来到建邺待了一个多月，居然没有任何人前来拜访。这可把王导愁坏了，如果不能树立起司马皇室这杆大旗，他们琅邪王氏在江南也将无法稳定立足。怎么办呢？

一出好戏

王导冥思苦想，终于有了一个好办法，他对堂兄王敦说：“琅邪王仁德虽然高尚，但是名望还不够。哥哥您已经威名远扬，应当帮一帮琅邪王。”于是，兄弟俩为提高司马睿的名望，联合“导演”了一出好戏。这出戏上演之日，就选在农历三月初三的上巳节。

那天春光明媚，司马睿依照节日习俗，到水边观看除灾求福的祭祀。只见他坐在华丽的轿子上，带着全副仪仗，威风凛凛，而王导和王敦率领一大批北方名士，如同众星拱月一般，恭恭敬敬地骑马跟随。江南名士纪瞻、顾荣悄悄地前来观看，见到司马睿这样浩大的阵仗，感受到一派王者气象，既震惊又敬畏，于是相继跪拜在路

王导画像

琅邪王氏

琅邪王氏开基于两汉时期的琅邪临沂（今属山东），鼎盛于魏晋时期。秦灭六国，王翦父子出力较多，因此得封列侯。秦朝末年，王翦之孙王离战死疆场，王离之子王元为避战祸，移居琅邪临沂，成为琅邪王氏的始祖。琅邪王氏在衣冠南渡时为稳固东晋政权立下汗马功劳，被称为“第一望族”。

旁。这出戏演得非常成功，司马睿立刻有了崇高的威望。

晋元帝司马睿画像

后来，王导又对司马睿说：“古代帝王，无不以宾客之礼对待故老，访查各地风俗，谦卑虚心，招揽贤士。如今天下大乱，国家分裂，您的大业才刚刚开始，正是需要人才的时候，顾荣、贺循都是江南众望所归的人物，只要笼络他俩，别人自然就跟着来了。”司马睿深以为是，赶紧派王导亲自拜访顾荣、贺循，将他们招来，授予官职。此事一传开，司马睿礼贤下士的形象深入人心，江南的士族与民众纷纷归附。

《司马睿建康称帝》

此图出自明刊本《东西晋演义》。司马睿称帝标志着东晋的开始。

东晋建立

永嘉之乱后，中原士族纷纷南渡。王导劝司马睿趁机收揽人才，提升自己的实力。司马睿夸他说：“你真是我的萧何啊！”王导非常有风度地说：“大王要建立盖世之功勋，管仲、乐毅这样的人才就会应时而生，绝不是我这样平庸之辈所能比拟的。希望大王能深谋远虑，广择贤能，则天下可安。”司马睿欣然采纳王导的建议，逐渐赢得了南北士族的共同拥戴。

建兴四年（316年）冬天，刘曜攻陷长安（今陕西西安），俘虏了晋愍帝，西晋灭亡。后来晋愍帝被杀，司马睿得到消息后，在百官劝进之下登临帝位，史称晋元帝，定都建康（313年建邺改名为建康），东晋王朝就此建立。登基大典上，晋元帝做出一个惊人举动，他让王导上来，和自己一起坐皇位。王导自然是万万不敢，坚决推辞，并说了一句话：“陛下应该像太阳一样高高在上，接受来自天下万物的仰望。”晋元帝于是作罢，他对王导的器重和尊敬，由此可见一斑。

从不受重视的皇室宗亲，到东晋王朝的开国皇帝，晋元帝主要依靠王导、王敦两人的大力支持。王导位高权重，联合南北士族，运筹帷幄；王敦总掌兵权，南征北伐，巩固江南的稳定。由于对东晋政权的大力支持和艰苦经营，琅邪王氏成为“第一望族”，几乎垄断了朝廷内外的高官要职。以王导、王敦为代表的王氏家族势力非常牢固，最盛之时，朝中官员超过七成都是王家的人或与王家相关的人。因此，当时民间流传有“王与马，共天下”的说法。（刘明鑫）

祖逖中流击楫

西晋灭亡，中原沦陷，激发起许多爱国志士的英雄气概，他们面对北方强大的少数民族政权，没有畏惧害怕，而是立志奋发图强，收复中原。以闻鸡起舞、中流击楫闻名天下的东晋将领祖逖就是其中一员。

赞世之才，闻鸡起舞

祖逖，字士稚，范阳遒县（今河北涞水）人。他出身于士家大族，年少时父亲去世，由哥哥们照顾长大。祖逖性格豁达，小时候不爱读书学习，不修边幅，哥哥们都为他的前途担心。好在祖逖为人豪爽仗义，他经常以哥哥们的名义，把谷物、布帛等散发给需要帮助的农民，对朋友更是慷慨大方，因此得到乡亲和宗族的敬重。长大后，祖逖开始发奋读书，涉猎古今，知识面十分广泛。他往来于京师的时候，被很多人夸是“赞世之才”，即有治理国家的才能。

祖逖二十四岁时曾获举孝廉和秀才，但都没有应命。后来，祖逖被任命为司州主簿，他的同事刘琨也是一个有为青年，两人意气相投，一起练习武艺，一同钻研学问，甚至睡觉时同盖一床被子。有一天半夜，祖逖听见公鸡打鸣，当时的人认为半夜鸡鸣是不祥之兆，但祖逖不以为然，他叫醒熟睡中的刘琨，一起出门练习剑法。月光下，剑影飞舞，身影腾挪，两人练得热火朝天，不知东方之既白。成语“闻鸡起舞”就是这么来的，用来形容志士及时奋发的精神。

一段时间后，祖逖和刘琨的武艺、学识都得到了极大提升。两人常常一起讨论时事，聊到半

夜。当时八王之乱刚起，政局动荡，祖逖对刘琨说："今后若天下大乱，豪杰并起，你我应当在中原相互回避啊。"这句话不仅敏锐预见到未来的乱局，也表达了祖逖对刘琨的惺惺相惜。

逃难行主，心怀大志

永嘉之乱发生后，北方中原地区的王公贵族、士绅大夫和普通百姓为了躲避战乱，纷纷举家逃向相对安全、稳定的南方。祖逖也带了亲族、邻居数百家，逃向淮河流域。途中，祖逖主动把车马让给老弱有病的人坐，把粮食、药品、衣服拿出来和大家共用，因此广受敬重，被推举为"行主"。到达泗口后，祖逖被琅邪王司马睿任命为徐州刺史，后又被派去驻守京口（今江苏镇江）。祖逖在京口聚集了一批背井离乡的壮士，日夜训练，希望有一天能收复故土。

东晋持盾陶俑

枕戈待旦

刘琨听说祖逖被朝廷任用的时候，曾写信给亲友感慨说："吾枕戈待旦，志枭逆虏，常恐祖生先吾著鞭。"（我头枕武器等待天亮，立志剿灭敌人，常担心祖逖抢先一步。）由此可见其热忱报国之心。西晋末年，刘琨坚守晋阳（今山西太原），对抗刘聪、石勒。建兴四年，刘琨被石勒打败，投奔鲜卑首领、晋朝幽州刺史段匹磾（dī），两年后被段匹磾所害。

《祖逖击楫取豫州》

此图出自明刊本《东西晋演义》。祖逖中流击楫的豪迈气概，不仅激励了部下，也激励着无数后人报效国家。

建兴元年（313年），祖逖向司马睿进言道："晋朝王室大乱，原因不在于皇帝治国无道，百姓造反，而是在于藩王争权，自相残杀，给了胡人进攻中原的机会。现在中原地区的百姓备受胡人蹂躏，处于水深火热之中，人人都有起来反抗的斗志。现在只要大王您下令让我们领兵去收复失地，北方豪杰之士必然望风响应，老百姓也会高兴地欢迎我们。"这时司马睿刚在江南地区站稳脚跟，对收复中原不抱什么希望，但觉得祖逖说得很有道理，也不好直接拒绝，就勉强答应了祖逖的北伐请求。他封了祖逖一个奋威将军、豫州刺史的空头衔，只拨了一千人的口粮和三千匹布作为物资，至于士兵和马匹，让祖逖自己想办法解决。

祖逖毫无怨言，他率领当年跟随自己南下的私人军队，北渡长江，直奔中原而去。舟船行到江心时，祖逖望着滚滚东去的江水，一时心潮澎湃，感怀不已。他猛地站起来，举起手中的楫（jí，船桨），击打着船舷，慷慨激昂地说："我祖逖如果不能扫平占领中原的敌人，就像这江水一样，有去无回！"这种不成功不罢休的英雄气概，深深感动了全军将士，在历史上留下了"中流击楫"的佳话。到了淮阴之后，祖逖一面锻造兵器，一面招兵买马，队伍很快扩充到两千多人。经过一系列训练准备，他正式率领军队进行北伐。

收复失地，北伐遗恨

当时长江以北地区有许多地方豪强，被称为"坞主"。他们有的割据自守，有的联合晋朝攻打胡人，有的联合胡人抗拒晋朝，为了争夺地盘，常常互相攻杀。对于有归附之意的坞主，祖逖就进行招降；那些不愿意归降的，就用计击败。在

> 祖逖不能清中原而复济者，有如大江！
>
> ——［晋］祖逖

他的沉着指挥之下，北伐军队不断壮大，得以进据谯城，后来虽然被石勒的侄子石虎击退至淮南，但不久又进屯雍丘（今河南杞县）。

祖逖作为北伐军队的统帅，治军严明，每次作战都身先士卒。在他的激励下，将士们个个奋勇争先，战斗力很强。祖逖生活节俭，不积蓄财产，而是专注于劝课农桑，恢复生产，因此深得百姓拥护。历经动乱的中原父老曾经感慨地说："我们已经老了，还能遇见祖逖这样的好官，就算死了也没有遗憾啊！"

魏晋彩绘坞堡射鸟图壁画砖

坞堡是一种有围墙的防御建筑，最早出现于西汉时期，又称坞、营坞、坞壁、壁垒等，一般是豪强地主为抗击农民起义或外族侵扰而建，具有分裂割据的性质。

在和石勒对战的过程中，祖逖多次获胜，石勒的很多部众选择归降。同时，祖逖还派遣使者，劝互相攻伐的晋室将领们和解，并听从自己指挥。因为深得民心，百姓经常向祖逖密报石勒的动向，迫使石勒不敢南下。短短几年，祖逖就收复了黄河以南的大部分地区。

正当祖逖厉兵秣马，准备收复整个中原地区的时候，已经当了皇帝的司马睿却担心祖逖势力过大，不受自己的管控，于是派戴渊来管理北方六州，监督祖逖。祖逖认为戴渊虽有才气和名望，但没有远大的志向和见识，无益于北伐。况且祖逖已经收复黄河以南大片土地，突然被戴渊统领，自然是怏怏不乐。同时，祖逖听说朝中权臣对立，担心爆发内乱，无法收复中原，因此忧愤患病。

即便如此，祖逖还是用心修缮城垒，防止后赵入侵，但未及修成，他就在大兴四年（321年）九月去世了。消息传出，当地百姓好像父母去世那般悲痛，为他建造祠堂，表达怀念。后来，内乱果然爆发，祖逖的弟弟祖约无力抵抗乘机进攻的石勒，率军南退，原本已经收复的土地又被石勒攻占。（祁开龙）

诗词名句

祖逖中流击楫的故事被后世诗人多加引用，表现收复失地、报效国家的激昂意气。如南宋爱国词人张孝祥在《水调歌头·闻采石战胜》中写道："我欲乘风去，击楫誓中流。"明代开国功臣刘基在《题陈大初画扇》中说："新亭满眼神州泪，未识中流击楫人。"毛泽东在《沁园春·长沙》中写道："曾记否，到中流击水，浪遏飞舟？"

杞县田园风光

杞县历史悠久，商代、西周时为杞国，秦代设置雍丘县，五代时改名为杞县。这里是淮河以北的战略重镇，祖逖北伐时以此地为大本营，多次击败石勒，最终祖逖也是在这里去世。

从奴隶到皇帝

俗话说："英雄不问出身。"动荡的两晋南北朝时期，有一个羯（jié）族人极富传奇色彩，他做过小贩，当过地主的佃客，曾被贩卖为奴隶，还干过劫匪，当过将军，最后统一北方，做了皇帝。他英勇善战却又十分残暴，他胸无点墨却又善于用人。此人就是后赵高祖皇帝石勒。

被卖为奴

石勒是羯族人，原先住在上党武乡（今属山西），祖父和父亲都是部落里的小头目。他十四岁时随乡里人到洛阳去做小生意，曾倚靠在上东门引声长啸。西晋尚书左仆射王衍路过，感觉十分惊异，对左右侍卫说："那个胡人小孩，恐怕将来会成为国家的祸患。"于是派人去抓石勒，而石勒当时恰好离开，躲过了抓捕。石勒长大后，健壮有胆力，善于骑射，很有才干，受到同族人的信赖。

西晋太安年间，并州发生饥荒，许多胡人生计困难。并州刺史司马腾为了换取急需的军粮，四处抓胡人，将他们贩卖为奴隶，因为害怕他们逃跑，便用一个枷锁套住两个胡人，然后押送到冀州（治今河北衡水冀州区）。当时二十多岁的石勒也在被贩卖的行列之中，一路上多次遭到殴打。

到了冀州，石勒被卖给一个叫师欢的人做奴隶，开始早出晚归的耕奴生活。在田野耕作时，石勒时常听到鼓角之声，他告诉同伴，而同伴却什么也没听到。师欢听闻此事，又见石勒相貌不凡，就免去了石勒的奴隶身份。

行伍将军

石勒获得自由后，因擅长相马，结识了牧马首领汲桑。在汲桑的支持下，石勒召集起十八人的骑兵小队，号称"十八骑"，随后发展到几百人。永兴二年（305年），八王之乱中，成都王司马颖的

西晋青釉胡人骑狮器

青釉狮形器多为背有短圆管的单个狮子形象，但也有变体，比如图中这件出土于临沂王羲之故居的胡人骑狮器，狮背上坐着一个胡人，头戴卷檐高筒帽，身穿圆形、十字形纹裤衫，右手执便面（一种扇子），目视前方。卧狮张口，獠牙外露，颌下有须，尾巴上卷，身上印有圆形斑纹。

> **鹿死谁手**
>
> 石勒称帝后，曾问大臣徐光："我能与古时候的哪位开国皇帝相比？"徐光奉承说他的谋略超过汉高祖，自三王（夏禹、商汤、周文王）以后没人比得上他。石勒笑笑说："人怎么可以没有自知之明呢？你说得太夸张了。我如果遇到汉高祖，只能做他的臣下；如果遇到汉光武帝，或许还能与他逐鹿中原，不知道鹿死谁手。"
>
> 后人用"不知鹿死谁手"比喻不知天下为谁所得，现在多用于竞赛，表示不知谁败在谁的手下。

[明] 蓝瑛《石勒问道图》（局部）

“石勒问道”是中国古代绘画中常见的题材，石勒从奴隶起家成为皇帝之后，非常信任西域名僧佛图澄，经常与其商议军政大事。画面左侧坐在岩石上的白衣僧人就是佛图澄，画面中间穿红衣拱手者为石勒，身后跟着两名侍者，相对而立。

部将公师藩起兵反晋，汲桑和石勒率领队伍前去投奔。不久，公师藩战败被杀。汲桑和石勒收拢公师藩的残兵败将，又招募犯人和流民，组建了自己的军队。

永嘉元年（307年）五月，汲桑以石勒为前锋，攻入邺城（今河北临漳西南），大肆烧杀抢掠。消息震惊西晋朝廷，太傅司马越命苟晞为前锋，讨伐汲桑。两军相持数月，互有胜负。后因实力不济，汲桑与石勒连吃败仗。十二月，汲桑被杀。石勒率兵投靠匈奴人刘渊刚建立的汉国，成了刘渊手下的将军。

大丈夫行事当磊磊落落，如日月皎然。

——[后赵] 石勒

石勒为刘渊征战四方，数次击败晋军，扩大和巩固了汉国的统治范围，立下赫赫战功，官位一路高升。永嘉三年四月，石勒接连攻占巨鹿、常山二郡，以及冀州郡县堡垒一百多个，兵马发展到十多

[明] 张龙章《胡人出猎图》（局部）

邢台古城墙

秦末农民战争时，项羽改信都县为襄国县，治今河北邢台。邢台历史悠久，早在商朝，商王祖乙曾迁都于此。楚、汉之际赵歇为赵王，张耳为常山王，十六国后赵初期皆建都于此。石勒称王后扩建此城，北宋时又扩建，城墙宽阔，据说上可卧牛，因此俗称“卧牛城”。

万人。他招揽当地士人，成立专门的参谋机构“君子营”，以汉人谋士张宾为首。大量汉族人才加入，为石勒出谋划策，不仅大大提高了军队的战斗力，也为建立后赵奠定了坚实的基础。

刘渊死后，刘聪当了汉国皇帝，石勒又跟随刘聪东征西讨。永嘉五年六月，石勒、刘曜、王弥等人率军攻陷洛阳，晋怀帝被俘至平阳（今山西临汾西南），史称“永嘉之乱”。

立国后赵

石勒打了不少胜仗，渐渐起了称霸一方的雄心。要成就霸业，必须选择合适的根据地。最初，石勒想选江汉或江淮间作为根据地。永嘉六年，他准备率兵跨过长江，进攻建邺，结果遭遇大雨和瘟疫，大批士兵饿死、病死。这时，谋士张宾建议说：“邯郸、襄国（治今河北邢台）是赵国旧都所在，依山凭险，选择这两处作为据点，然后四面出战，可以谋取王朝霸业。”石勒听了张宾的建议，放弃南方，转向河北一带建立根据地。

大兴元年（318年）七月，刘聪病死，其子刘粲继位。九月，大司空靳准发动政变，杀了刘粲，自立为汉天王。石勒从襄国出发，刘曜从长安出发，向平阳进兵平乱。刘曜在途中宣称继承汉国帝位，为了拉拢石勒，先是封他为赵公，不久又加封为赵王。但是，在消灭靳准势力的过程中，石勒与

邢台卧牛雕像

"大赵万岁"瓦件

此瓦件的年代为十六国时期，为泥质灰陶，高62.2厘米，宽58厘米，厚10厘米，整体呈不规则的"周"字形。瓦件正面由三个压印阳文隶变体"大赵万岁"（大赵即后赵）的圆形瓦当构成，呈"品"字形分布，上面的瓦当较大，下面两个略小。

石勒讳胡

古时候，中原的汉族人民习惯称北边或西域少数民族为"胡人"。石勒建立后赵后，为显示其尊贵，要求称羯族人为"国人"。但是，老百姓已经习惯了，一时改不过来。于是，石勒下令禁止说"胡"字，否则严惩，凡是带"胡"字的事物都要改名。所以，胡饼改称麻饼，胡荽（suī）改称香荽，胡豆改称国豆。

刘曜的矛盾逐渐加深。叛乱平定后，刘曜害怕石勒势力增长会威胁自己的地位，于是杀掉了石勒派来的使者，还搁置了原本授予石勒的官位、封爵及礼遇。石勒大怒说："没有我带领的兄弟们，刘家能称帝吗？！赵王、赵帝的名号，我可以自己来拿，无论名号大小，刘曜他管得着吗？！"

大兴二年，刘曜自立为皇帝，改国号"汉"为"赵"，迁都长安。同一年，石勒在襄国自称赵王，虽然没有称帝，但所用礼仪和皇帝一样。因为刘曜的政权稍早建立，所以史称"前赵"，而石勒的政权被称为"后赵"。后来，石勒俘虏了刘曜，消灭了前赵，基本上统一了北方。咸和五年（330年），石勒正式称帝。

从奴隶到皇帝，石勒堪称中国古代地位提升最多的人。他崛起于贫困的少数民族中，早年饱受忧患，后来连年征战杀伐，功勋卓著。虽然他并不识字，但很重视文化，常让人给自己读《左传》《史记》《汉书》，并且能提出独到的见解。石勒称帝后在政治上颇有建树，他举贤纳谏，减轻租税，劝课农桑，兴办学校，对当时北方经济恢复和社会稳定都起过积极作用，是当时一位比较杰出的帝王。石勒死后，他的侄子石虎继位。石虎治国远不如石勒，后赵迅速衰落下去。（祁开龙）

《石勒命儒生读史》

此图出自明刊本《东西晋演义》。石勒即位后，在襄国设立太学、小学，选取朝中权臣贵族的子弟入学；并于各郡国设置学官，每郡派博士祭酒1人，收弟子150人，授以儒学经典。

桓温北伐

东晋建立后，中国的南方与北方长期处于分裂状态。政权更迭、地方割据、战争不断，是当时社会的真实写照。收复中原故土、实现南北统一，成了东晋各阶层的普遍愿望。祖逖、庾亮等人曾先后率军北伐，均以失败告终。桓温在掌控东晋军政大权后，进行了三次北伐，但也未能实现目标。

乘龙快婿，能力出众

桓温，字元子，东晋谯国龙亢（今安徽怀远西北）人。他的父亲桓彝随晋元帝司马睿一起渡江南下，是建立东晋的功臣。桓温未满周岁的时候，东晋名士温峤见到襁褓里的他，对桓彝说："这孩子骨相奇异，可以让他哭一下吗？"听到哭声后，温峤称赞说："真是英雄大人物啊！"因为得到了温峤的赞赏，桓彝给儿子取名"温"。

桓温长大后仪表堂堂，为人豪爽，特别有阳刚之气。他迎娶了晋明帝的女儿南康公主，成为驸马。后来因才华出众，连连升官。桓温同东晋名臣庾翼志趣相投，经常在一起商议政事，希望可以安定天下，匡国济民。庾翼曾经向晋明帝推荐桓温，说："桓温自少年时就有雄才大略，希望陛下不要把他当成平常人来对待，也不要把他当成平常的女婿，而是应该委以重任，让他建立功勋。"庾翼死后，晋明帝提拔桓温为荆州刺史，接替庾翼的职位。

当时，盘踞西蜀的成汉政权吏治腐败，人心涣散，给了桓温大展身手的良机。他身为荆州刺史，掌握长江上游兵权，于是立刻出兵伐蜀，

> 桓温少有雄略，愿陛下勿以常人遇之，常婿畜之，宜委以方召之任，托其弘济艰难之勋。
>
> ——［晋］庾翼

三战三捷，在永和三年（347年）攻取成都，平定蜀地。朝廷封赏平蜀之功，升桓温为征西大将军，封临贺郡公。桓温由此声名大振，势力大增。

野心勃勃，渴望北伐

后来，北方的后赵发生内乱，先是大将冉闵称帝，建立魏国；接着，鲜卑贵族慕容皝（huàng）建立前燕，灭了冉魏；最后，氐族贵族苻健又乘乱建立前秦。趁着北方局势动荡，桓温上表朝廷，请求赶快北伐，收复中原，还写了一篇气势磅礴的檄文，说以石勒为首的胡人扰乱中原，导致生灵涂炭，想要平定天下，安抚黎民，就得北伐。

桓温塑像

东晋朝廷自然明白北伐的重要性，但又害怕桓温的势力进一步膨胀，难以控制，没有

“大秦龙兴化牟古圣”瓦当

是东晋十六国时期前秦的建筑材料，出土于河北易县。

同意让他领军北伐，而是派扬州刺史殷浩带兵出征。殷浩是个不懂军事的文人，先后三次北伐全部失败。其中第三次北伐损失尤为惨重，晋军死伤一万多人，连军需物资也都被抢走了。这引起朝野上下的极大不满，殷浩被罢黜官职。此时桓温已经掌握了东晋的军政大权，朝廷只好同意让他领军北伐。

其实，朝廷对桓温的戒备，并非杞人忧天。东晋初年“王与马，共天下”，王导帮助晋元帝司马睿建立了东晋政权，琅邪王氏成为最显赫的世家大族。然而，王导的堂兄王敦后来发动叛乱，甚至逼得晋元帝派使者求和。王敦之乱让东晋朝廷

东晋四大家族

东晋四大家族为琅邪王氏、陈郡谢氏、谯国桓氏、颍川庾氏，它们轮流掌控着东晋的朝政，士族门阀政治在这时发展到巅峰。

琅邪王氏是当仁不让的首望，代表人物有东晋丞相王导、东晋大将军王敦、“竹林七贤”之一的王戎、大书法家王羲之和王献之等。

陈郡谢氏在决定东晋生死存亡的淝水之战中铸就了辉煌，由谢安指挥，谢石、谢玄和谢琰率军，八万晋军大败二十万前秦军队。

桓氏一族的代表人物是桓温，他是晋明帝的女婿。桓温的三次北伐，虽然最后都以失败告终，不过打出了东晋的威风。

庾氏家族的代表人物是庾亮，他因妹妹嫁给了晋明帝，成了皇帝的大舅子，从而掌握大权，与王导分庭抗礼。

清代杨柳青年画《谢庭咏絮》

此图描绘的是东晋才女谢道韫咏雪的故事。谢道韫是谢安的侄女，在一个大雪天，谢安问子侄们：“白雪纷纷何所似？”侄子谢朗说：“撒盐空中差可拟。”谢道韫说：“未若柳絮因风起。”谢安大笑，非常高兴。后来，人们用“咏絮之才”称赞有文才的女性。

宁为管仲

在司马奕没有被废掉之前，有人问桓温："商纣王昏庸无道，苦谏的箕子被贬为奴隶，强谏的比干被杀害。这二人用心相同，但做法不同。不知道您认为谁对谁错？"桓温说："这二人都被称为仁人君子，但我宁可做管仲。"管仲是春秋初期著名政治家，在他的治理下，齐国国力大增，齐桓公成为春秋时期第一个霸主。桓温希望自己像管仲辅佐齐桓公那样辅佐晋室，成就一番事业。

心有余悸，而桓温也是出身世家大族的著名人物，自然要被忌惮。况且桓温本人的确野心勃勃，他曾经说过："如果不能流芳百世，难道还不能遗臭万年吗？！"请求北伐，并非只是为了安定天下，桓温也有借此提升自己的威望，甚至夺权的私心。

三次北伐，篡位失败

桓温获得北伐机会的时候，北方混乱不堪的局势已经逐渐走向稳定，北伐的难度无疑是变大了。永和十年，桓温率领四万人马，北伐前秦。经过数场血战，晋军大败前秦军队，顺利进入关中，逼近长安。附近百姓听说晋军到了，纷纷牵牛挑酒，沿路迎接。许多老人更是痛哭道："没想到今日还能见到晋军！"桓温没有直接攻打长安，而是驻兵霸上（今陕西西安东），想等麦子熟了，派士兵收割以补充军粮。前秦国主苻健猜到了桓温的意图，派人抢先把没有成熟的麦子割光了。桓温眼看军粮无以为继，只得无奈退兵，第一次北伐就此结束。

永和十二年，桓温打算再次北伐，并请求朝廷重回故土，迁都洛阳，修复皇陵。他先后上奏十多次，朝廷虽然没有同意迁都，但任命他为征讨大都督，专门负责北伐。于是桓温立刻起兵第二次北伐，进军途中，他看到自己早年栽种的柳树，感慨地说："树都长成这样粗大了，人哪能不老！"于是手抚枝条，潸然泪下。当时羌族首领姚襄正在围攻洛阳，见桓温军队逼近，便让围城军队前去抵御。桓温进军到伊水，亲自披挂上阵，督促将士们奋勇进击，大败姚襄，收复了洛阳。他拜谒了先帝皇陵，又派人修缮被毁坏的皇陵，然后班师回到江南，只留下两千多人戍守洛阳。

此后近十年，洛阳被控制在东晋手中，但由于东晋大臣相互猜忌和牵制，内耗不断，让前燕抓住机会，在兴宁三年（365年）占领了洛阳。太和四年（369年），桓温为了进一步提升自己的威望，亲自率兵五万人，北伐前燕。

晋军一路稳扎稳打，连战连捷，士气高昂，逼近前燕首都邺城。此时桓温没有一鼓作气进攻邺城，延误了战机，导致粮草不继，他被迫下令烧毁船只，放弃辎重，从陆路退军。撤退途中，晋军遭到前燕军队的追击，战死三万余人。第三次北伐以惨败告终。

这三次北伐，打击了北方少数民族在中原地区的统治，反映了东晋人民收复中原故土的愿望。但是桓温没有达成自己提升威望进而夺权的目标，反而因为第三次北伐惨败而威望大跌，于是他干脆在太和六年废了皇帝司马奕，改立司马昱，是为简文帝。第二年，简文帝病死，桓温要求继位的孝武帝给自己加九锡。九锡是古代帝王赐给有大功或有权势的诸侯大臣的九种物品，权臣图谋篡位，往往会先加九锡。然而，桓温还没等到加九锡的典礼举行，就因为疾病缠身而去世了。（祁开龙）

王猛扪虱论天下

桓温第一次北伐时，曾遇见一位名叫王猛的高人。王猛出身贫寒，面对权势显赫的桓温，一边高谈阔论，一边抓自己身上的虱子，泰然自若，令桓温刮目相看。后来，王猛辅佐前秦国主苻坚，助其富国强兵，称雄一时。

博学多才，避世深山

与出身世家大族的桓温相比，王猛的出身平平无奇。太宁三年（325年），王猛出生于北海剧县（今山东昌乐西北）。当时，他的家乡已归后赵统治。王猛年轻时，家中一贫如洗，常在战乱中颠沛流离。他虽然身材高大，一表人才，但也找不到什么好的营生，只得靠卖畚箕（běn jī，即簸箕，用来盛尘土、垃圾的器具）勉强度日。

虽然生活清苦，但王猛并没有意志消沉，在卖畚箕的同时刻苦学习，手不释卷，尤其喜好兵书，成为博学多才之士。他胸怀大志，为人稳重谨慎，不和浮华浅薄的人交往，就算因此遭到轻视嘲笑也不放在心上。王猛曾经到后赵国都邺城游历，图谋发展，但几乎没有人赏识他。只有一名官员觉得王猛是个奇人，请他做自己的功曹，也就是助理。这样的小官，胸怀大志的王猛自然看不上，于是他拒绝邀请，到华山隐居，耐心等待明主的出现，期望可以协助那位明主达成天下大治的伟业。

王猛画像

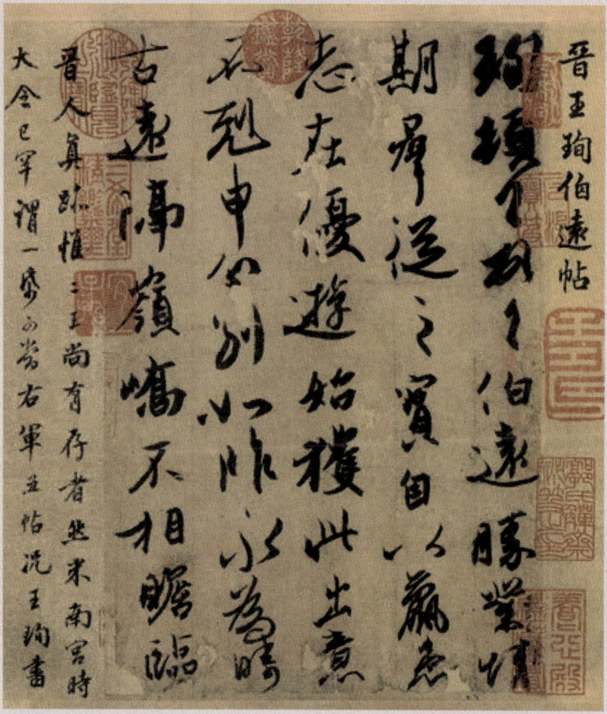

［晋］王珣《伯远帖》

这是王珣写的一封信。王珣是王导的孙子，曾在桓温手下做官，被桓温所敬重。清代乾隆帝将《伯远帖》和王羲之的《快雪时晴帖》、王献之的《中秋帖》合称“三希”，不过其他两帖都是后人摹写，只有《伯远帖》是晋人真迹，相当珍贵。

纵论天下，拒绝桓温

太宁元年，后赵皇帝石虎病死，皇位争夺激烈，一年之中竟连换三个皇帝，社会动荡不堪。永和七年（351年），原本屈服于后赵的氐族首领苻健占据关中，建都长安，自称天王、大单于，定国号为“秦”，史称“前秦”。

［明］陈洪绶《宣文君授经图》（局部）

宣文君是前秦太常韦逞的母亲宋氏。当时正是乱世，礼乐散缺，前秦国主苻坚听说宋氏精通《周礼》，便请她在家里设讲堂，选派一百二十名学生跟她学习，称她为宣文君。

永和十年，东晋桓温第一次北伐，击败前秦军队，带领军队驻扎在霸上。关中的父老乡亲争先恐后地在道路旁欢迎，并以酒肉犒劳晋军。隐居山中的王猛知道此事后，以为自己等待的明主来了，便穿着麻布短衣，兴冲冲地跑去桓温的大营求见。桓温接待了他，与他一起讨论天下局势。王猛一边高谈阔论，滔滔不绝，一边将手伸进衣襟里面抓虱子，旁若无人。桓温从未见过这般旷达之人，不禁暗暗称奇，他问王猛："我奉天子之命，率领十万精兵来到北方讨伐乱臣贼子，为民除害，然而关中豪杰却无人前来求见，这是为什么呢？"

王猛直言不讳地说："您不远千里来到这里，但是长安近在咫尺，您却不渡过霸水去攻取，大家

王猛之治国，苻坚之管仲也。

——［北魏］崔浩

猜不透您的心思，所以就不愿意来了。"他的话一言中的，点出桓温北伐是为了提升个人威望，而不是为了收复中原。桓温听了，黯然失色，无言以对。

桓温十分欣赏王猛的才华，后来他因为粮草不继而撤军，想要邀请王猛一起南下，还给王猛封官衔、赠车马。王猛有些犹豫，回山中请教自己的老师，老师不赞成他追随桓温。于是，王猛谢绝了桓温的邀请，继续留在山中读书修身。

出山辅君，兴邦强国

一年后，前秦国主苻健去世，继位的苻生是个残酷的暴君，以杀人为乐，搞得举国上下人心惶惶。苻健的侄子苻坚很有才能，听说王猛的大名之后，力邀王猛出山。两人一见如故，对时局的判断又极其契合，大有相见恨晚之感。苻坚很高兴，认为自己就像是刘备找到诸葛亮一样。王猛认准苻坚就是自己久等的明主，决定留下来辅佐他。

东晋陶女俑

不久，苻坚借机除掉苻生，成为前秦国主，重用王

猛。王猛的官职不断升迁，拥有了大展拳脚的机会。他不畏权势，用严刑峻法整顿吏治，抑制豪强。当时，太后的弟弟酗酒行凶，王猛毫不容情地将其逮捕并处死。他彻查豪强与官吏，在几十天内处死权贵豪强、皇亲国戚二十多人，令百官震慑，社会太平。苻坚感叹道：“我今天才知道，天下有法制，天子才有尊严啊！”王猛还帮助苻坚创立了荐举赏罚制度和官吏考核新标准，发现并提拔了多名人才。为解决民族问题，他又说服苻坚废除沿用已久的胡汉分治法，促进诸族杂居，互相融合。

王猛的整治与改革，使得前秦国力大增。他在沙场上也是有勇有谋，屡建战功，先是在建元六年（370年）攻灭了前燕，后来还负责了攻灭前凉的前期战事，为前秦统一北方做出了重要贡献。但是，王猛的成功引起了部分贵族和大臣的忌恨，这些人数次在苻坚面前诋毁王猛。好在苻坚非常信任与支持王猛，没有听信这些人的谗言，反而贬了他们的官。

遗言勿攻东晋

王猛尽心辅佐苻坚十八年，官至丞相，君臣关系如鱼得水。前秦国势日盛，先后灭掉前燕、代国、前凉，在建元十二年完成了统一北方的大业。就在这前一年，王猛积劳成疾，病倒了。苻坚心急如焚，亲自为王猛祈祷，又分遣大臣们前往名山大川为王猛祈福。听说王猛的病情稍有好转，苻坚非常高兴，下令大赦犯人。这年七月，王猛病情转危，苻坚去看他，他仍不忘谏言：“晋国虽然退据江南，但为华夏正统。臣死之后，希望陛下不要图谋攻灭晋国。鲜卑、西羌是我们的仇敌，迟早要成为祸害，应该铲除他们，以利于国家。”说完就去世了。

苻坚失声痛哭，对儿子说：“上天是不想让我一统天下啊，为何这么快就夺去了王猛？”可惜，苻坚没有将王猛的告诫放在心上，统一北方后就大举南下伐晋，结果在淝水之战中一败涂地，最终落得个身死国灭的结局。（章　广）

以少胜多灭前燕

在攻灭前燕的战役中，王猛率领步骑六万深入前燕国境，前燕慕容评率军三十万拒秦，想要以固守取胜。王猛派人夜袭燕军后营，烧其辎重，又在阵前誓师，激励将士杀敌立功。前秦将士士气如虹，大破燕军，歼敌十五万余人。慕容评逃往前燕都城邺城，秦军随即包围邺城。苻坚率精兵十万前来督战，很快攻克邺城。前燕国主慕容暐（wěi）出奔被俘，前燕灭亡。

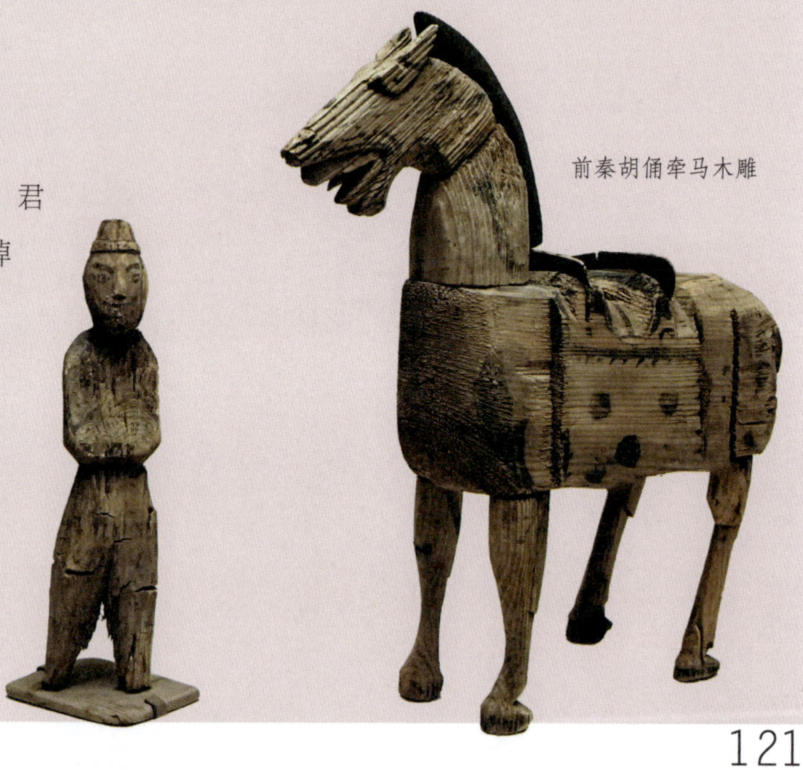

前秦胡俑牵马木雕

淝水之战

淝水又名肥水，源出安徽合肥西北的将军岭。它分为两支：一支向西北流，出寿县而入淮河，为东淝河；一支向东南流，注入巢湖，为南淝河。安徽省会合肥，即因位于两支淝河交汇处而得名。东晋太元八年（383年），历史上著名的一场大战在东淝河畔上演……

苻坚的一统雄心

西晋末年起，社会动乱，南北分裂。后来形成了以江淮为界，南为东晋、北为前秦的局面。前秦寿光三年（357年），苻坚杀了秦主苻生，自立为大秦天王。苻坚当政后重用王猛等大臣，整顿吏治，打击豪强，发展经济和教育，使前秦国力大增，并完成了统一北方的大业。当时东晋孝武帝司马曜在位，谢家、桓家手握实权。苻坚想要攻打东晋，统一南北。但是，他的方略一经提出，便遭到了许多官员的反对。

首先对此提出异议的是尚书左仆射权翼，他劝谏道："商纣王无道，但因为他的朝廷中有微子、箕子、比干三位仁人，所以周武王没去进攻。后来三位仁人要么被杀，要么被流放，周武王才发动了牧野之战。现在晋国虽然衰弱，但谢安、桓冲等文臣武将都很有能力，精诚团结，我们不宜贸然进攻。"

苻坚沉默良久，没有回应权翼，而是命令诸位大臣各自发表意见。太子左卫率石越随即进言："今年天象不吉，福星在江南，贸然进犯，会遭报应。而且长江天险是飞不过去的。"

苻坚反驳说："当初武王伐纣，也是违逆天象，但商纣王照样被干掉了；吴王夫差、东吴孙皓都

安徽寿县古城墙和城楼

历史文化名城寿县，古名寿春，曾为战国时期楚国都城，秦置寿春县，东晋改称寿阳县。这里是楚文化的故乡、豆腐的发源地、淝水之战的古战场，名胜古迹有八公山、廉颇墓、淮南王墓、芍陂（què bēi）、孙叔敖祠等。

《慕容垂投秦》

此图出自明刊本《东西晋演义》。前燕慕容垂曾击退东晋桓温的北伐军，功高受忌，遭到排挤，逃往前秦。苻坚见其来投，亲自到郊外迎接，封其为冠军将军。

据有江湖之险，不也照样被灭！长江天险又有什么用？我拥有百万雄师，大家将马鞭投到长江里，就足以截断水流。”

石越很坚持自己的意见：“商纣王、夫差、孙皓，那都是无道昏君，被灭是顺理成章，可如今的司马曜还没那么昏聩！我认为要养兵蓄锐，等待时机。”

苻坚无言以对，但他内心主意已定。此后，苻坚的亲弟苻融和几位皇子都是苦劝不止，连宠妃张夫人也劝他不要轻举妄动。但此时的苻坚显然被自己的宏伟抱负冲昏了头脑，再加上前燕降将慕容垂等人的鼓动，苻坚执意挥师南下，迈出了统一中国的步伐。

东晋君臣同心协力

在做了一些必要部署后，东晋太元八年（383年）八月，苻坚亲率步兵六十多万、骑兵二十七万南下，旗鼓相望，浩浩荡荡，绵延千余里。由于军队人数太多，没能步调一致地抵达集结地。九月，苻坚进抵河南项城时，凉州之兵才走到咸阳，蜀、汉之兵才刚刚坐上船顺流而下，华北之兵才抵达彭城，数路大军东西相距万里，物资供应困难。

面对强敌压境，东晋几大世家不再窝里斗，毕竟覆巢之下无完卵，朝廷要是没了，之前所争的那点利益也就没了。于是，当时手握实权的谢家、桓家携起手来，维护司马曜统治下的东晋朝廷，众志成城，共抗强敌。

具体来讲，东晋权臣桓温、谢安延续了王导自东晋初年起

谢安画像

东山再起

谢安早年隐居在会稽东山，朝廷屡次请他出仕，都被婉拒。他年过四十之后，才接受桓温召请，出任司马。上任时，许多官员为他送行，中丞高灵喝了几杯酒，开玩笑地对他说：“你之前隐居东山，屡次不肯出仕，大家都说：‘安石（谢安字安石）不肯当官，怎么对得起天下苍生呢？’今天你终于肯出来了，天下苍生如何对得起你呢？”谢安听了，面有愧色。后来人们从这个故事中提炼出成语“东山再起”，比喻官员退隐后再度出任官职，也用于比喻失败后重新崛起。

制定的“镇之以静”治国方略。经济上，百姓安居乐业，生产发达；政治上，各个阶级和阶层的人物都维护朝廷统治，君臣和睦，上下同心；军事上，攻防力量不断增强，不断派大将北伐，以攻为守，并找准时机组建新军。到了谢安当政时，新军终于组建成功，这便是著名的“北府兵”。随后，东晋朝廷任命谢安全权负责军政，派谢石为征讨大都督，谢玄为前锋都督，率八万北府兵开赴前线，誓要把前秦的铁骑挡在淮河一线。

东晋精锐军队——北府兵

东晋名臣谢安为了防备北方强大的前秦和震慑荆州军阀，派自己的侄子谢玄召集原北府镇将、北方流民组建了一支军队，驻扎在京口，因京口又叫“北府”而得名“北府兵”。当时东晋朝廷的财政收入捉襟见肘，真正给北府兵发粮饷的，估计是谢玄和谢安背后的谢氏家族，因此北府兵也有雇佣兵性质。淝水之战中，北府兵以少胜多，创造了经典战例。之后，北府兵先后参加北伐、内战，在东晋后期的历史舞台上扮演了重要角色。

谢玄画像

北府兵大显神威

十月，前秦先行出击，苻融率军渡过淮河，攻下寿阳（今安徽寿县），围攻硖石。在硖石布防的东晋将领胡彬沉不住气，派出密使前往晋军大营求救，但密使被秦军俘获。得知东晋守军的虚实后，苻坚大喜过望，把大部队留在项城，仅率八千轻骑飞奔至寿阳与苻融会合，并派朱序前往晋军大营劝降。朱序原本是东晋名将，虽然已被苻坚招降，但他还是一心向着东晋。于是，朱序到了晋军大营之后，不但没劝降，反而建议晋军趁秦军尚未全部集结完成之时，出其不意，发动攻击。谢石等人再三考虑之后，决定采纳朱序的建议。

苻坚雕像

十一月，谢玄派北府兵名将刘牢之率领五千精兵偷袭洛涧（今安徽洛河），秦军猝不及防，瞬间被击溃，纷纷跳进冰冷的淮河逃命，死了一万五千人，武器辎重全部丢失。北府兵乘胜追击，一路追到东淝河东岸，在八公山下安营扎寨。

收到洛涧大败消息的苻坚、苻融登上寿阳城楼，眺望晋军大营，看到晋军阵容严整。接着，苻坚向北面的八公山望去，可能是因为心慌，他竟将山上随风晃动的草木也看成了晋军士兵。苻坚顿时面如土色，惊恐地回过头来对苻融说：“这是一支劲敌，怎能说它是弱兵呢？”

秦军逼近东淝河西岸布阵，晋军无法渡河。于是谢玄派使者来对秦军说：“你们稍微后退一点，腾出块空地，让我军过河摆好阵势，一决胜负如何？”秦军将领纷纷劝阻，但苻坚认为自己有兵力优势，不怕有诈，便下令后退。秦军人数虽多，但大多数是背井离乡被迫来作战的，原本人心就不齐，这一退，后面的队伍不知道发生了什么，人心惶惶，秩序开始混乱。此时谢玄率领八千多骑兵猛攻过来，朱序趁机在前秦阵后大喊："秦军败了！秦军败了！"前秦士兵信以为真，闻风而逃。撤退的途中，他们丢盔弃甲，溃不成军，人马践踏死伤无数。那些侥幸逃走的秦军向西北一路狂奔，听到呼呼的风声和鹤的鸣叫声，都以为是北府兵又追上来了，于是昼夜不停地拼命奔逃。苻融死于乱兵中，苻坚中箭负伤，单骑逃到淮北才敢停下来喘口气。后来回到洛阳清点人数，秦军残兵只剩下十几万人。

是非成败知多少

淝水之战是中国历史上以少胜多的经典战例，让苻坚统一南北的希望彻底破灭。他之所以战败，一方面是因为过分自信，认为可以凭借兵力优势轻而易举地打败东晋，却没有看到前秦内部的矛

> 三川北虏乱如麻，四海南奔似永嘉。
> 但用东山谢安石，为君谈笑静胡沙。
> ——［唐］李白

八公山

位于安徽寿县北，淮河以南、东淝河以北，海拔241米。"八公山"之名源自西汉淮南王刘安得道成仙的传说，相传刘安曾与八名门客，也就是"八公"在这里炼丹，后来他们吞食丹药而升仙，喂养的鸡和狗舔了剩下的丹药，也一起升仙，这就是成语"一人得道，鸡犬升天"的由来。八公山下也是豆腐的发源地。

盾与危机；另一方面，他对东晋拥有正统声望及稳定政局的认识不足，同时又在战略、战术上接连失误。东晋虽与前秦相比实力悬殊，但主将谢安处变不惊，指挥若定，而且群臣一心，众志成城，最终取得大捷。

此战彻底打破了前秦短暂统一北方的局面，深刻改变了南北对峙的形势。北方出现了更多的地方民族政权，鲜卑族的慕容垂和羌族的姚苌等崛起，各自建立了国家。两年后，姚苌俘杀苻坚，前秦灭亡。

东晋王朝虽然未能通过此战统一中国，却有效地遏制了北方政权的南侵，使晋室南迁后的汉文化核心部分得以保存，并为南方政治经济的发展创造了相对稳定的局面。后来的隋、唐王朝虽从西北关陇（今陕西中部、甘肃东部一带）起家，但其治理体系中的大部分政治体制和经济制度，尤其是礼乐文化，是直接从南朝保存的汉文化传统中继承而来。可以说，隋唐大一统盛世的出现，有部分是建立在淝水之战南胜北败的基础之上。

（刘明鑫）

相关成语

一场淝水之战，为后世贡献了许多成语。你会使用这些成语吗？

投鞭断流：把所有的马鞭投到江里，就能截断水流。形容兵士多，军力强大。

草木皆兵：见到风吹草动，都以为是敌兵。形容人在惊慌时疑神疑鬼。

风声鹤唳：听到风声和鹤叫声，都疑心是追兵。形容非常慌张，到了自惊自扰的程度。

[清] 苏六朋《东山报捷图》

据说，当晋军淝水大捷的消息传到谢安那里时，他正在下棋，看完战报却放在一边，不露喜色。客人问是什么事，谢安淡淡答道："不过是几个孩子把苻坚打败了。"此图描绘的正是这一场景，刻画出谢安的从容与自信。客人走后，谢安走进房间，可能是因为太高兴，他迈过门槛时碰断了木屐底下的齿，却没有察觉到。

葛洪炼丹

葛洪是两晋时期的著名道士，他在《抱朴子》里宣扬世界上存在神仙，凡人可以修炼成仙，这样的理论契合统治者和贵族的需要，使道教得到了迅速发展。在长期的修炼实践中，葛洪对中国古代化学、医学都做出了积极的贡献。

道教的创立

道教是中国土生土长的宗教，诞生于东汉时期。人们一般以五斗米道和太平道的出现，作为道教创立的标志。

葛洪画像

五斗米道是道教最早的教派，由张道陵在汉顺帝初年创立。他尊太上老君为道教祖师，规定入教时要交纳五斗大米。张道陵死后，他的子孙继续传道。

太平道是张角在汉灵帝时创立的，当时社会混乱，流行病肆虐，他用符咒为人治病，信徒非常多。张角四处传播“苍天已死，黄天当立，岁在甲子，天下大吉”的预言，并在光和七年（184年）领导发动了黄巾起义。由于地方豪强的镇压，起义失败，太平道也基本上销声匿迹了。

改造道教理论

汉末魏晋时期，五斗米道和太平道都曾组织下层民众起义造反，因此受到官方的镇压和限制。为了让道教继续发展而不至于被统治阶级扼杀，许多教徒发起了道教改革，他们遵循的理论基础，就是由葛洪提出来的。

葛洪，字稚川，号抱朴子，丹阳句容（今属江苏）人，生于西晋太康四年（283年）。他出身江南士族，十三岁时父亲去世，家道中落，有时候连饭都吃不饱。为了学习，葛洪白天上山砍柴卖钱，购买纸和笔，晚上挑灯苦读，终成一位儒学名士。然而，他最喜欢的还是道教的神仙方术。

葛洪先拜方士郑隐为师，学习炼丹，后来又师从南海太守鲍玄，同时兼攻医术。东晋咸和年间（326—334），葛洪开始在罗浮山（位于广东东江之滨）隐居，修行炼丹，世称“小仙翁”。他在山上待了很多年，过得悠游自在，著述不断，其中最有名的是《抱朴子》。

《抱朴子》是葛洪道教理论的主要著作，也是道教的重要经典，分为内、外两篇。《内篇》二十卷讲道教理论，主要告诉人们如何修炼成仙；《外

屠呦呦的灵感来源

葛洪在《肘后备急方》中记载有一个治疗疟疾的药方：“青蒿一握，以水二升渍，绞取汁，尽服之。”意思是取一把青蒿，用两升的水浸泡绞汁后，全部喝下。1600多年后，当代药学家屠呦呦带领团队从黄花蒿（又称青蒿）中提取抗疟药物青蒿素，但初期提取失败，因为中药普遍使用的煎煮法会破坏青蒿素。这时，屠呦呦看到了葛洪的药方，获得灵感，转而使用乙醚进行低温萃取，最终成功获得青蒿素。

篇》五十卷主要讲他自己对当时社会的各种看法和意见，内容庞杂。葛洪在《抱朴子》中利用儒家忠孝思想对早期道教理论进行改造，宣扬人可以修炼成仙，受到统治者和贵族的欢迎。因此《抱朴子》的问世，在某种意义上说，是葛洪站在上层道教的立场对早期道教进行的历史总结，标志着早期道教的终结和受统治者认可的新道教的开始，极大地促进了道教的发展。

葛洪认为，想要修炼成仙，首先要立志；其次是明师，要得到高明师父的教诲；再次是勤求，要坚持不懈；再其次，修仙的人必须以儒家的忠孝仁义等道德修养为本，如果不修炼这些，只修炼方术是不可能成仙的；最后，葛洪认为“长生仙方唯有金丹”，成仙最重要的方法就是服食金丹。

无心插柳的贡献

所谓金丹，是指用炉鼎烧炼出来的一种“长生不老药”，因为以丹砂（一种硫化汞矿物）作为主要原料，所以炼制过程称为“炼丹”，又因为相传可以用丹砂炼出黄金而得名“金丹”。

事实上，丹砂不可能炼出让人长生不老的灵药，它是有毒的。历史上许多皇帝都是服食金丹慢性中毒而死，所谓吃金丹成仙，只是迷信而已。受到时代局限的葛洪认识不到这一点，他笃信金丹的神奇功效，并且身体力行地花费大量时间去炼制金丹，虽然最终没炼出灵药，却在炼丹过程中了解了许多矿物学、化学知识。

据《抱朴子》记载，葛洪炼丹时发现丹砂燃烧后变成水银，水银放久了又会变成丹砂；将曾青涂在铁上，铁的表面会变成像铜一样的颜色。其实，他是在无意中发现了化学的氧化和还原反应：丹砂是硫化汞矿物，提炼燃烧时与氧气发生反应，形成汞（水银），汞长期放在空气中，又会与氧气发生反应，变成氧化汞；曾青是一种硫酸铜溶液，与铁发生反应形成铜，这是提炼铜的一种非常重要的方法。在当时的条件下，葛洪能发现并记录这些化学现象是难能可贵的，虽然是无心插柳，但在一定程度上促进了中国古代科技的进步。

葛洪主张习道者应该兼修医术，他总结前人经验，深入民间探访，写成医书《肘后备急方》，列出了许多简便易得的有效药方，最早记录了结核病、天花、恙虫病等多种传染病的症状，并介绍了多种急症的急救方法，比如用疯狗的脑子治狂犬病、用青蒿绞汁治疟疾、用夹板治骨折等，这些都是中国医学史上的创新。

从科学角度看，葛洪永远也不可能炼出金丹、修炼成仙，但他在化学、医学方面做出的贡献，永远值得后人铭记。（章　广）

[元] 王蒙《葛稚川移居图》（局部）

这幅画描绘了葛洪携家移居罗浮山修道的情景。

王羲之书《兰亭序》

以书换鹅，洗笔成墨池，吃墨汁……这些故事的主人公都是东晋大书法家王羲之。他自幼热爱书法，勤学苦练，最终成为“书圣”，被一代又一代书法学习者、爱好者所膜拜。他最著名的作品，就是被称为“天下第一行书”的《兰亭序》。

乱世少年，苦练成才

王羲之出生的时候恰逢八王之乱，西晋政权已经在内忧外患中摇摇欲坠。虽然身处乱世，但王羲之出身豪门大族，家族中人才辈出，特别是在书法方面，几代人中以书法闻名的有几十人。王羲之的父亲王旷、叔父王廙（yì）等人都以书法名世。小时候的王羲之不善言谈，却能安静地描摹书法，潜心钻研书法技艺。

在家庭的熏陶之下，王羲之七岁时就展现出了惊人的书法天赋。这时，他遇到了一位十分重要的启蒙老师，那就是卫铄（shuò）。卫铄，人称卫夫人，是东晋著名的女书法家，她师承钟繇，又巧妙地将钟繇和卫家书法的精髓融合运用，写出的字娟秀俊美，笔笔俱到，她还为楷书制订了笔画顺序，影响深远。少年王羲之跟随卫夫人学习书法技艺，卫夫人悉心传授，还把非常珍贵的钟繇的《宣示表》传给他。在卫夫人的指导下，王羲之系统地学习了书法艺术理论，明确了自己努力的方向和途径。

王羲之雕像

少年时期的王羲之虽然经历战乱，甚至遭遇父亲失踪的变故，但他仍然能够静下心来练字。每天坐在池子边练，日出而始，日落乃止，练完字就在池水里洗笔。天长日久，竟将一池水都洗成了墨色；日积月累，家里写坏的毛笔也堆积成山。他经常因为太专心练字而忘记吃饭，有一次竟然还把墨汁当成蒜汁吃。名师的指导，加上自己的努力，王羲之的书法技艺进步巨大。

> 王羲之书字势雄逸，如龙跳天门，虎卧凤阙，故历代宝之，永以为训。
>
> ——梁武帝

兰亭集会，成绝世佳作

东晋建立之后，王羲之承袭了祖父辈的功勋而走上仕途，担任过秘书郎、江州刺史、会稽太守、右军将军等。他在公务之余仍然不忘研习书法技艺，思考书法艺术理论。

为了积累书法资料，王羲之每到一个地方，总要四处寻觅、拓印历代碑刻；为了方便练字，王羲之在书房、院子、大门边甚至厕所外都摆上凳子，放好笔、墨、纸、砚，一有灵感，琢磨出好的字形和结构，就立刻写到纸上；为了陶冶情操，更好地领悟书法执笔和运笔的道理，王羲之长期以鹅为伴，不断观察鹅的体态姿势。

随着阅历的增长，王羲之的思考不断深入，对书法艺术更是有了自己独到的见解。王羲之晚年时的书法技艺炉火纯青，达到登峰造极的境界，《兰亭序》就是这一时期的作品。

古代有“修禊（xì）”的风俗，农历三月初三，人们要到水边去沐浴、游玩，以此除灾祈福。东晋时，世家大族往往借此机会集会吟游，交流诗词，联络感情，而集会的主持者往往是族中德高望重的人。王羲之晚年时因书法闻名，又担任要职，成为当时王氏家族中最受尊敬的长者。永和九年（353年）三月初三，五十岁的王羲之邀请谢安、孙绰等41位文人雅士聚于会稽郡山阴县（今浙江绍兴）的兰亭修禊，一起饮酒、写诗、观山、赏水。景美酒香人自醉，在秀丽的山水之间，众人诗兴大发，纷纷赋诗，王羲之也即兴创作了一首《兰亭修禊诗》。有人提议将大家所作的37首诗汇编成集，得到响应，于是《兰亭集》就诞生了。大家又推举书法最厉害的王羲之为这个集子写序，王羲之趁着醉意挥毫泼墨，一气呵成，这便是“古今特绝”的《兰亭序》。

《兰亭序》共28行，324字，记叙了兰亭周围的山水之美和聚会的欢乐之情，抒发了好景不长、生死无常的感慨。从书法的角度看，《兰亭序》尽显书法神妙之美，被世代钻研；从文学的角度看，《兰亭序》文辞优美，情感旷达闲逸，是绝妙的好文章；从思想的角度看，《兰亭序》论述人生哲理，直面生死问题，以乐叹悲，可从中窥见东晋

书成换白鹅

王羲之爱鹅成癖，相传当时有个道士想请他抄写一部《黄庭经》，于是精心饲养白鹅相送，再提出写经的请求。王羲之见到白鹅，欣然应允，抄写了一部《黄庭经》作为回礼，所以这部《黄庭经》又称《换鹅帖》。唐代大诗人李白《送贺宾客归越》诗中有“山阴道士如相见，应写《黄庭》换白鹅”之句，说的就是这个故事。

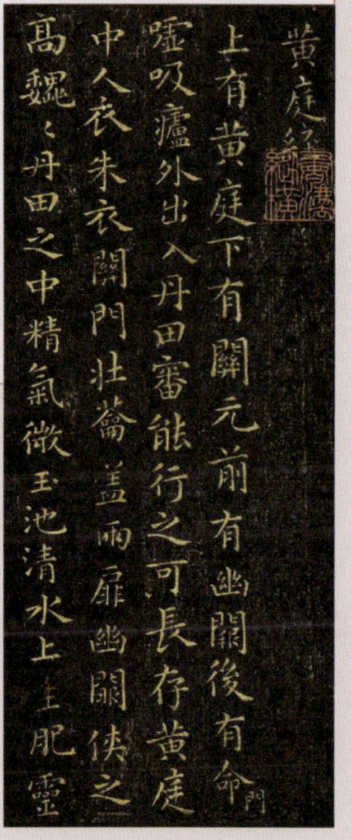

《黄庭经》拓本（局部）

《黄庭经》是中国道教的经典著作，王羲之用小楷手抄为书法作品，图为宋拓本。

山东临沂王羲之故居中的鹅池

士大夫追求高雅超然的精神风貌——无怪乎后人赞誉《兰亭序》是“国之瑰宝”！

精妙书法流传千古

《兰亭序》一出，便名噪天下。作为行书作品，《兰亭序》飘逸流畅，笔力雄健，疏密相间，布白巧妙，在有限的尺幅之内，呈现出极为丰满的美感。每一字都姿态殊异，圆转自如。更厉害的是，同样一个字，还有不同的写法。比如，《兰

> **《兰亭序》中的名句**
>
> 1. 此地有崇山峻岭，茂林修竹，又有清流激湍（tuān），映带左右，引以为流觞曲水，列坐其次。虽无丝竹管弦之盛，一觞一咏，亦足以畅叙幽情。
>
> 2. 天朗气清，惠风和畅。仰观宇宙之大，俯察品类之盛，所以游目骋怀，足以极视听之娱，信可乐也。
>
> 3. 夫人之相与，俯仰一世。或取诸怀抱，悟言一室之内；或因寄所托，放浪形骸之外。
>
> 4. 固知一死生为虚诞，齐彭殇为妄作。后之视今，亦犹今之视昔，悲夫！

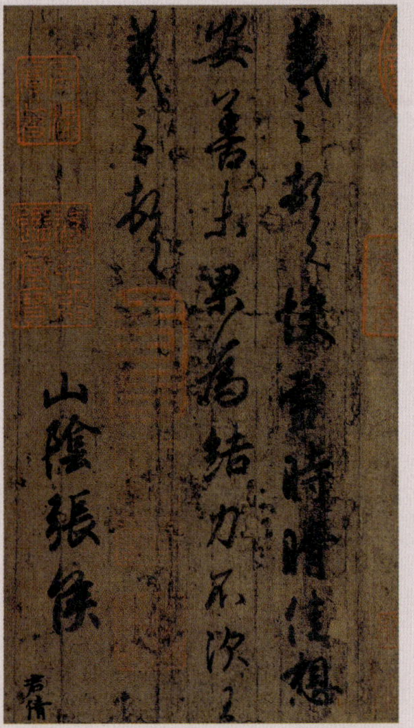

《快雪时晴帖》
这是王羲之写给“山阴张侯”的一封信，被清代乾隆帝誉为“三希宝帖”之一，现存一般认为是唐代的精摹本。

中华传世名帖

书法是中华民族独特的文字艺术，将中国特有的方块字演绎得风姿俊秀。中华书法史上有哪些传世名帖？一起来看看吧。

“三希宝帖”：[晋] 王羲之《快雪时晴帖》、[晋] 王献之《中秋帖》、[晋] 王珣《伯远帖》

[晋] 王羲之《兰亭序》

[唐] 颜真卿《祭侄文稿》

[唐] 欧阳询《仲尼梦奠帖》

[唐] 怀素《自叙帖》

[宋] 苏轼《黄州寒食帖》

[宋] 米芾《蜀素帖》

[宋] 宋徽宗赵佶《草书千字文》

[元] 赵孟頫《前后赤壁赋》

[明] 祝允明《草书诗帖》

亭序》中一共出现了20个“之”字，各有不同的体态及美感，无一雷同。历代书法名家都对《兰亭序》大加赞赏，宋代米芾（fú）更是直接称其为“天下第一行书”。

《兰亭序》千百年来不仅倾倒了无数习书者，成为历代书法家必学的范本，还被历代帝王大力推崇。唐太宗大量搜集王羲之的书法作品，经常临习，对《兰亭序》更是梦寐以求，多次重金悬赏索求。想方设法得到真迹之后，唐太宗爱不释手，让虞世南、褚遂良、冯承素、欧阳询等人摹写了好几本，分赐给王公大臣。据说，唐太宗临终时还特意嘱咐儿子李治，要把《兰亭序》真迹作为自己的陪葬品。清代乾隆帝也爱极了《兰亭序》，他收藏历代名家摹写的《兰亭序》，将其刻在圆明园一座亭子的八根柱子上，这就是《御定兰亭八柱帖》。

王羲之是中国书法艺术史上一颗耀眼的明星，大大推动了中国书法艺术的传承和发展。如今，虽然他书写的《兰亭序》真迹已经不知所终，但各种摹本仍留存于世。1600多年来，《兰亭序》对中国的书法、绘画、建筑、雕塑，以及日本、韩国的书法都产生了深远影响。（庄林丽）

[明] 仇英《兰亭图扇面》

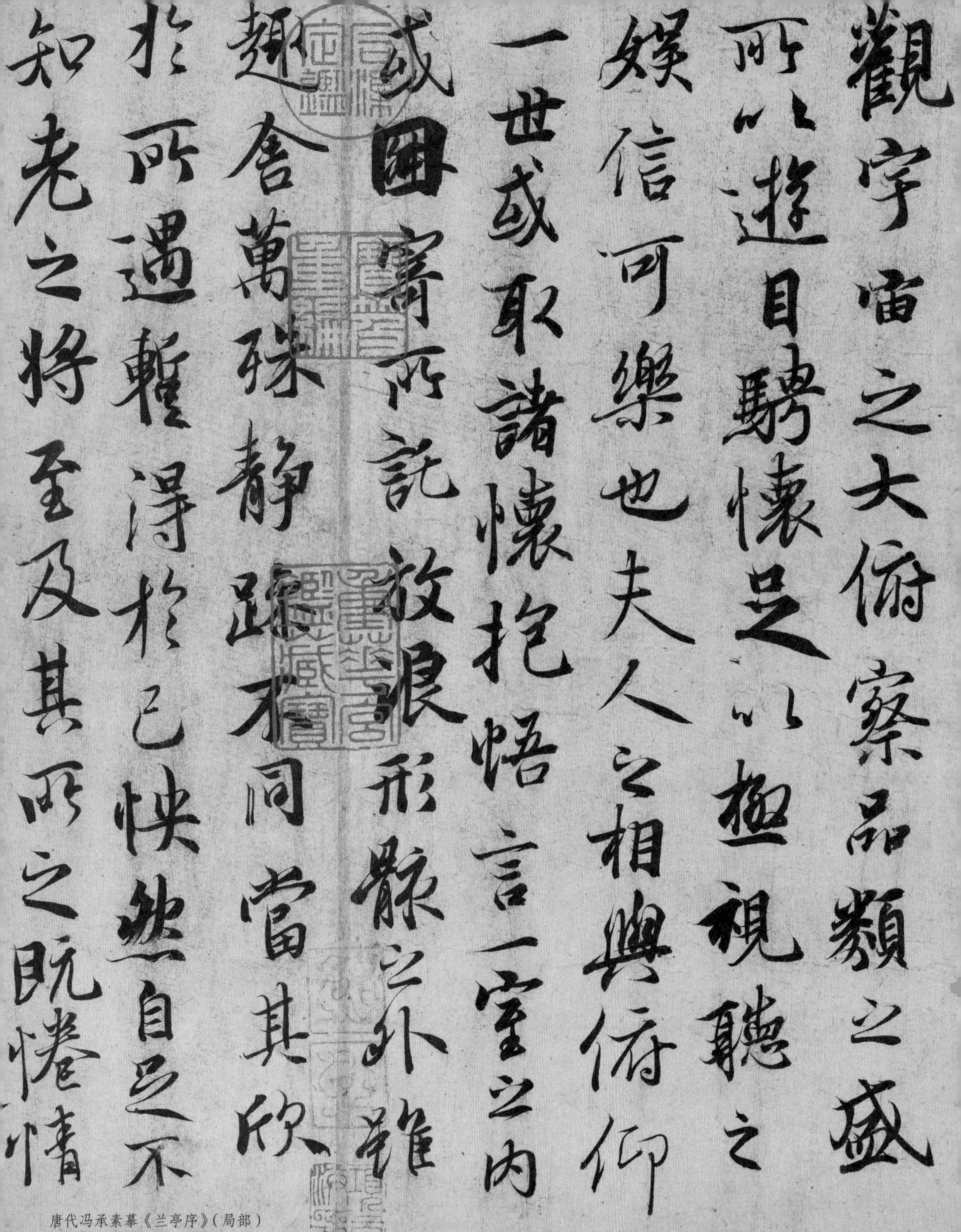

唐代冯承素摹《兰亭序》（局部）

永和九年歲在癸丑暮春之初會
于會稽山陰之蘭亭脩稧事
也羣賢畢至少長咸集此地
有崇山峻領茂林脩竹又有清流激
湍暎帶左右引以為流觴曲水
列坐其次雖無絲竹管弦之
盛一觴一詠亦足以暢敘幽情

顾恺之画像点睛

顾恺之是东晋时期最著名的画家，他博学多才，尤其擅长人物画，创作的《洛神赋图》《女史箴（zhēn）图》影响深远，流传千古。顾恺之年轻时曾给寺院认捐一百万钱，并以“点睛之笔”在短时间内筹齐了钱款，让当初那些不相信他的人心服口服。

“三绝”名士

在中国绘画史早期，东晋画家顾恺之堪称举足轻重的人物。他是晋陵无锡（今属江苏）人，出身于世家大族，字长康，小名虎头，人称“顾虎头”。顾恺之从小聪颖好学，努力刻苦，工于诗赋、书法，尤善绘画，当时的人说他有“三绝”：才绝、画绝、痴绝。

顾恺之画像

“画绝”自不必说，所谓“才绝”，主要指顾恺之精通诗文。他著有文集二十卷，可惜没有流传下来，但从留存的少量诗文中仍能看出他深厚的文学修养。顾恺之曾在桓温手下做官，有一次，桓温召集一大批宾客和下属远望刚修好的江陵城，让大家评价，写得好的就给予奖赏。顾恺之见此美景，脱口而出：“遥望层城，丹楼如霞。”（远远望着高耸的江陵城，红色的城楼灿若彩霞。）仅仅八个字，把江陵城的壮丽描述得非常到位，因此得到了奖赏。

桓温死后，顾恺之去墓前吊唁，感叹道：“山崩溟海竭，鱼鸟将何依！”（高山崩塌，大海干涸，鱼儿和鸟儿还能依靠什么呢！）因为桓温赏识顾恺之，二人情谊很深，所以桓温死后，顾恺之感慨自己就像面对山崩海枯的鱼、鸟，无所依靠。

顾恺之多才多艺，还以“痴”闻名。一次，他和好友谢瞻一起值夜班，望着皓月当空，不由诗兴大发，大声吟起诗来，谢瞻连声赞叹。顾恺之大受鼓舞，一首接一首地吟诵。到了深夜，顾恺之还不停歇，谢瞻实在困得不行，找了个人代替自己，睡觉去了。顾恺之根本没发觉换了人，继续兴致勃勃地吟诗，到天亮才停下来。

顾恺之曾将一批珍爱的画作放入橱柜，贴上封条，寄放在桓温的儿子桓玄家中。桓玄偷偷撬开橱柜的后板，把所有的画都拿走了，再把橱柜复原。等到顾恺之去取画时，打开橱柜一看，里面空空如也！普通人一定会大惊失色，但顾恺之却风轻云淡地说："看来我的画太好，人间留不住，就像仙人般羽化升天了。"世人说顾恺之"痴"，并不是笑他傻，而是赞赏他这种天真、诙谐、潇洒的性格。

东晋青釉三蹄足盖砚

顾长康画，有苍生来所无。
——［晋］谢安

点睛之笔

顾恺之的绘画成就，在当时就有公论，宰相谢安认为他是有史以来最伟大的画家。顾恺之画人像，最关注的是眼睛，往往画完其他部分之后才画眼睛，甚至几年都不画眼睛。人们觉得很奇怪，问他原因，他说："四体妍蚩，本无关于妙处，传神写照，正在阿堵中。""阿堵"就是眼睛，顾恺之的意思是说，人物四肢的美丑，与绘画的精妙之处没有什么关系，要使人物画得逼真，关键在于眼睛，因为眼睛最能传达人物的神韵。

兴宁年间（363—365），建康城内准备建造一座瓦官寺，僧众向达官贵人募集资金，但布施最多的人，数目也没超过十万钱。年轻的顾恺之知道后，说自己要布施一百万钱。大家都知道他没什么钱，以为他在说大话。后来，僧人请顾恺之如数交款，他不慌不忙地说："请在寺庙里为我准

《列女仁智图》（局部）

西汉刘向收集自古以来诗书上所记载的贤妃、贞妇、宠姬等资料，编成《列女传》一书，用来劝谏汉成帝。全书分为母仪、贤明、仁智、贞顺、节义、辩通、孽嬖（niè bì）七卷，《列女仁智图》描绘的即"仁智卷"部分，相传为东晋顾恺之所作，此为南宋摹本。

《女史箴图》(局部)

备一面白墙。”

虽然搞不懂顾恺之葫芦里究竟卖的什么药，但僧人们还是照做了。顾恺之在寺庙里闭门住了一个多月，专心在白墙上画画，画的是佛教故事中著名的居士维摩诘(jié)。等到只剩下眼睛还没画的时候，他对僧人说："我要给维摩诘画眼睛，请大家来看。第一天来看的每人要布施十万钱，第二天来的要布施五万钱，第三天来的可以随意布施。”

消息一传十，十传百，大家都觉得好奇，纷纷跑来看顾恺之画眼睛。面对黑压压的人群，顾恺之气定神闲，画笔一挥就给维摩诘添上了眼睛。画上的维摩诘立刻变得活灵活现，跟真人一样，围观的人都惊叹不已，慷慨布施，很快就筹齐了一百万钱。

传世遗珍

顾恺之的画作很多，但是由于各种原因，真迹未能流传下来，仅《女史箴图》《洛神赋图》

《洛神赋图》(局部)

渐入佳境

一般人吃甘蔗都是从根部开始吃，因为根部最甜，尾部不甜，吃到不甜的部位就扔掉。但顾恺之吃甘蔗的时候，都是从尾部吃到根部。人们觉得奇怪，问他缘故，他回答了四个字："渐入佳境！"

从尾部吃起，会越吃越甜，就像渐渐进入美好的境界一样，"渐入佳境"这个成语由此而来，用来比喻状况越来越好或兴味越来越浓。

《洛神赋图》中的船

《列女仁智图》《斫琴图》四种摹本传世，它们也是中国画中不可多得的精品。

顾恺之根据西晋文学家张华的《女史箴》一文创作了《女史箴图》，此画原本分为12段，生动描绘了一系列有才德的女性，现在有两种摹本传世：一是唐代摹本，十分接近顾恺之神韵，艺术性很强，深得历代帝王和文人墨客的喜爱，清代乾隆帝更是在上面盖了37个印章，此摹本现存9段，藏于英国伦敦不列颠博物馆；二是南宋摹本，现藏于北京故宫博物院。

在阅读三国时期文学家曹植的《洛神赋》后，顾恺之有感而发，创作了《洛神赋图》。这幅画以山水为背景，忠实地描绘出《洛神赋》的故事情节与文学意境，观者可以像阅读连环画一样，走进曹植和洛神的奇遇之中。《洛神赋图》在表现形式、人物形象、谋篇布局、笔墨配置等各方面，都十分切合《洛神赋》所要表述的情感实质，因此顾恺之被称为真正读懂曹植的画家。《洛神赋图》有几种宋代摹本传世，分别收藏于北京故宫博物院、辽宁省博物馆等处。（章　广）

道安和慧远

佛教传入中国后，吸收了中国本土的宗教信仰、诸子百家思想，逐渐形成中国化的佛教。道安和慧远都是东晋著名的高僧，他们为佛教中国化做出了很大贡献，极大地促进了佛教在中国的传播。

天资聪颖，悟性过人

东汉末年至魏晋时期，社会动乱，各种玄幻的鬼神巫祝思想泛滥，佛教逐渐在社会上传播开来，愈益深入人心。在这一过程中，佛教还不停地进行着中国化的改造，以更适应广大教徒的需求，道安就是推动佛教中国化的关键人物之一。

道安俗姓卫，常山扶柳（今河北冀州西北）人。他很小的时候父母就去世了，由表哥抚养长大。道安天资聪颖，七岁开始读书，记忆力超群，十二岁便出家为僧。因为他皮肤黝黑，样貌丑陋，不受师父重视，被安排去田里干活。道安不以为意，每日恪守戒规，磨炼心性，毫无怨言。几年之后，他请求跟随师父学习佛经，师父随便给了一部经书让他去读。第二天，他将经书归还，说自己已经背熟了，并请求师父再给一部经书。虽然师父并不相信，但还是给了他一部字数更多的经书。一天工夫，道安又把经书还了回来，师父考他背诵，竟然一字不差，从此师父对他刮目相看，还允许他受戒之后外出游学。

道安二十多岁的时候，前往后赵首都邺城，拜高僧佛图澄为师。他其貌不扬，被很多僧人轻视，佛图澄跟那些僧人说："这个人的远见卓识是你们比不上的。"佛图澄每次讲解佛经，都让道安

红螺寺

位于北京怀柔区城北的红螺山南麓，是一座汉传佛教寺院，始建于公元338年。根据《高僧传》记载，佛图澄在后赵弘法三十多年，创建多座佛寺，红螺寺便是其中之一。

复述一遍，惹得其他人很不高兴，纷纷提一些问题来刁难他，道安每次都迎刃而解，因此赢得了“漆道人，惊四邻”的美誉，意思是这个黑和尚的才学惊叹四座。道安跟随佛图澄学习期间，在佛教理论方面打下了比较坚实的基础。

奔波四方，弘扬佛法

佛图澄去世后，道安为避后赵内乱，辗转多地学习和传播佛教，山行水宿，十分辛苦。为了广布教化，道安提出了佛教必须依附统治者才能立足和发展的观点。东晋兴宁三年（365年），道安应名士习凿齿的邀请，率弟子慧远等四百多人到了襄阳（今属湖北）。他在襄阳宣讲佛法，四面八方的人竞相前来学习，东晋贵族纷纷建造寺塔、塑像布施，孝武帝也十分重视，下诏给他与王公一样的俸禄，尊崇至极。

道安在襄阳住了十五年，尽心竭力地传法注经，使得佛教在东晋的影响力大大增强。此时中国北方已经被前秦统一，前秦国主苻坚仰慕道安声名，称他是“神器”，一直想让他来辅佐自己。后来，前秦攻破襄阳，道安和习凿齿被送往长安。苻坚说：“我以十万大军攻取襄阳，只得到一个半人。”大臣问是哪一个半人，他说：“道安是一个人，习凿齿是半个人。”（习凿齿因跛脚而被称为“半人”。）苻坚对道安的敬重，由此可见一斑。到了长安，道安继续讲经说法，整理新旧译的佛教经典。

道安精通佛教各派理论，尤其是般若（bō rě）学，他在研究般若学经典的基础上创立了本无宗，这是中国本土最早的佛学派别。“本无”和当时盛行的玄学“贵无”思想十分接近，因此广为传播。为了规范弟子们的行为，道安制定了许多戒律仪式。之前，沙门（依照戒律出家修道的僧侣）都是随师父的姓，道安认为佛教最尊崇的是释迦牟尼，因此规定弟子以“释”为姓，这条规定被中国佛教界传承至今。

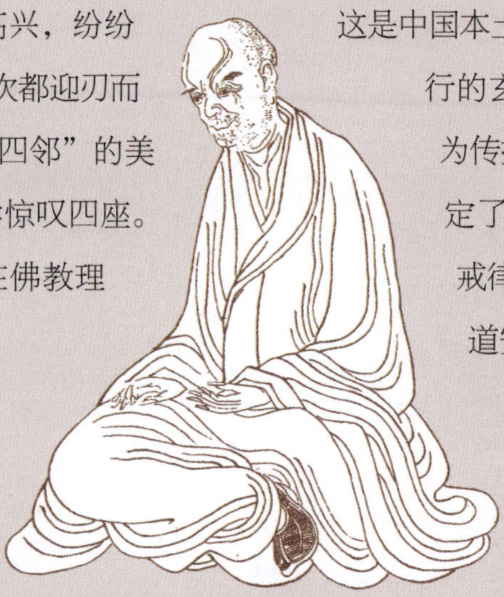

慧远画像

> 使我佛教而失一道安，能否蔚为大国，吾盖不敢言。
>
> ——梁启超

慧远拜师，南下弘法

东晋太元十年（385年），道安在长安逝世，远在南方的弟子慧远继续着佛教的传播事业。慧远俗姓贾，雁门楼烦（今山西宁武附近）人，他出身于官宦之家，年少时就精通六经，尤其喜欢老子、庄子的学说。慧远二十一岁时听了道安讲《般若经》，豁然开悟，于是出家为僧，跟随道安修行。

襄阳古城临汉门的城楼和城墙

东林寺

位于江西九江庐山西北麓，为中国佛教净土宗发祥地，始建于公元384年。慧远在东林寺弘法三十余年，寺东有一棵罗汉松，相传为其所植。历史上与东林寺结缘的名人有许多，李白、白居易、王阳明、康有为等人均题诗留咏于此。

慧远聪明勤奋，夜以继日攻读经典，以弘扬佛法为己任，二十四岁就开始传教。一次，有个听众质疑“实相”的含义，慧远反复讲解，听众还是困惑。后来，慧远引用庄子的话进行类比，那人立马就明白了。道安知道后非常惊喜，允许慧远阅读佛经之外的书，他还曾感叹：“能让佛法在中国流传，大概要靠慧远了吧。”

后来，慧远随道安至襄阳传教，深得器重。前秦围攻襄阳之时，道安遣散弟子往各处传教。临行前，他对其他弟子都有训勉教导，唯独对慧远一句话也不说。慧远跪着问道：“师父，您对其他人都有训导，为什么对我没有？”道安微笑着说：“像你这样有才能的人，我有什么好担心呢？”于是，慧远告别师父，南下荆州。过了不久，他继续往南，去罗浮山，但走到浔阳（今江西九江）的时候，见庐山清静秀丽，适合静下心来修道弘法，便定居下来，在东林寺广收弟子，传播佛法。

[宋] 佚名《莲社图》(局部)

此图用白描手法呈现出慧远等人在庐山结莲社的故事，是南宋人根据北宋画家李公麟《莲社图》所作的摹本。

入世脱俗，净土初祖

慧远继承了道安的思想，将佛教进一步与世俗政治相结合。他虽然不问政治，但是结交各方高官显贵，和皇室也有往来。得到这些人的支持，对佛教在江南的传播非常有利。

东晋权臣桓玄曾经上庐山拜访慧远，有意刁

净土宗

净土宗是中国佛教宗派之一，东晋慧远被奉为初祖，实际创宗者为唐代善导。相传慧远在庐山东林寺成立白莲社，倡导“弥陀净土法门”，所以净土宗也叫“莲宗”。该宗以阿弥陀佛（即无量寿佛）为信仰对象，主张通过不断口念阿弥陀佛的名号，即可“往生”西方“极乐世界”。净土宗由于其修行简便易行而流传甚广，影响巨大，后来与禅宗融合。

难道：“身体发肤，受之父母，不敢毁伤，您为什么剪掉头发呢？”慧远淡然答道：“我是为了立身行道。”桓玄拿《孝经》里的话责备慧远落发为僧是不孝，慧远也引用《孝经》做出了巧妙回应，让桓玄为之叹服。桓玄把持东晋朝政之后，胁迫慧远还俗做官，慧远坚定地拒绝了。后来，桓玄认为佛教问题严重，下令裁汰僧众，唯独对庐山网开一面，理由是庐山上住着道德高尚之人，指的就是慧远。桓玄又想要求僧侣一定要礼敬王者，慧远写信给桓玄，说服他收回了成命。

桓玄篡位失败被杀后，晋安帝从江陵返回建康，途中经过庐山。有人劝慧远去等候觐见晋安帝，慧远借口身体有病不去。晋安帝一点也不怪罪，反而特意派使者前去慰问。

[明] 陈洪绶《虎溪三笑图》(局部)

相传，慧远在东林寺潜心研究佛法，他立誓送客不过寺外的虎溪。一天，诗人陶渊明和道士陆修静到访，三人谈得极为投机，慧远送客时边走边谈，听到虎啸时才发现早已越过虎溪界限。三人相视大笑，执礼作别。据考证，慧远与陶渊明为同时代人，有可能交往，而陆修静所处时代相去甚远，因此“虎溪三笑”的故事应为虚构。

慧远在庐山传教三十多年，众多江南名士追随他修行。元兴元年（402年），在慧远的倡导下，共有123人在庐山般若台精舍无量寿佛像前建斋立誓，希望能一起“往生”西方“净土”（“极乐世界”）。因为慧远是最早传播净土法门的高僧，所以后来被净土宗奉为初祖。（章　广）

法显西行取经

东晋时佛学兴盛，涌现出很多高僧，其中最著名的就是法显。法显钻研佛教经典，发现当时的经律有很多残缺讹误，于是决定前往佛教的起源地——天竺（今印度），取经求律。

投身佛门，潜心修行

法显俗姓龚，出生于平阳郡。他的三个哥哥都是幼年夭折，父亲担心这第四个儿子也难以养活，就让他在三岁时出家，想以此得到佛祖的保佑。那时候法显太小，还是住在家里，但几年后他生了重病，父亲只好把他送到寺里。等到病慢慢好了，法显已经笃信佛教，不愿离寺。

法显十岁时，父亲去世，叔叔劝他说："你母亲现在寡居，没有人照顾，你还是还俗吧。"法显回答说："我本来就不是因为父亲在世才出家的，只是想远离尘俗。"叔叔非常感慨，便不再劝他。没过多久，法显的母亲也去世了。法显回家给母亲办完丧事，马上回到了寺里。从此，法显无牵无挂，一心向佛。

有一天，法显和同寺的小沙门们在田里割稻子，一群饥民忽然冲出来抢夺。其他小沙门吓得赶紧逃跑，只有法显留下来镇定地对饥民说："你们如果需要稻谷就随便拿。因为你们以前不布施，所以现在饥饿贫困。现在还来抢别人的东西，恐怕来世会更穷困。我真为你们担忧啊！"说完就往回走。那些饥民听了他的话，居然放下稻谷离开了。法显的勇气和悟性，让寺里数百名僧人无不叹服。

传播佛教的僧人

公元前1世纪，佛教通过西域开始传入中国。之后，中国同印度、西域之间的交通日益发展，往来僧人日益增多。从东汉至隋唐，东来的僧人有72人。东汉三国时以安息、月氏、康居人为多，西晋时以龟兹、罽（jì）宾人为多，南北朝时期西域诸国与印度人各半，隋唐时则印度人占优势。中国从公元260年开始有西行求法的僧人，从三国末年至中唐，先后西行的僧人共有169人。学成回国的僧人中，最著名的是东晋的法显、唐代的玄奘和义净。

法显铜像

随着年岁渐长，法显对佛法知识的渴求更为迫切，于是他背井离乡，前往当时的佛教中心长安学习。法显潜心研习各种佛教经典，严格按照佛经戒律规范自己的行为。然而，法显越研究，越发现传入中国的佛经有很多问题，不是翻译错误，就是缺失很多内容，尤其是戒律方面的经书残缺不全。这导致很多僧侣修行时无法可循，对佛教的研究和传播是很大的阻碍。因此，法显决定西赴佛教起源地天竺取经，去看看原本的佛经是怎么写的。

不畏艰险，矢志西行

法显潜心修行的时候，东晋偏安江南，北方政权屡经更迭。东晋隆安三年（399年），年过花甲的法显从长安出发，与慧景、道整等四名僧人一起，开始了西行取经之路。他们往西北到达张掖，碰上动乱，被迫停留了一阵子。在张掖又有五名僧人加入队伍，众人结伴前往敦煌。敦煌太守李暠（hào）被法显的远大志向感动，主动提出要资助他们穿过沙河（今库姆塔格沙漠，又称“白龙堆”）。

敦煌城外的阳关自古以来是丝绸之路的重要关隘，而阳关之外就是环境恶劣、危险横生的沙河，“上无飞鸟，下无走兽，四顾茫茫”，不知道有多少来往的商旅被其吞噬。法显等人穿行在这片沙漠中，一开始根本不知自己身在何方。他们只能根据太阳的位置来辨别方向，再根据沙漠里的人骨来确定路线，经过整整十七天，终于走了出来，到达鄯善。

此后，法显等人游历西域各国，发现这些国家都信奉佛教，只是各国语言不同。后来，他们花了一个多月的时间，历尽艰苦，穿过荒无人烟的塔克拉玛干沙漠，到达当时西域的佛教中心于阗（今新疆和田一带），法显在此停留了三个月。

一路西行，法显发现佛教仪典越来越正式，知道自己离天竺越来越近了。

就这样走走停停将近一年，他们来到了终年白雪覆盖的葱岭（今帕米尔高原及喀喇昆仑山等西部诸山的统称）脚下。葱岭天气十分恶劣，如果没能在合适的时机翻越过去，碰到天气骤变就必死无疑。法显等人历尽艰辛，总算翻过了葱岭，进入北天竺，也就是今天的印度北方、巴基斯坦及阿富汗一带。

游历天竺，取经求律

法显等人在北天竺四处参观拜访，为当地的佛法、仪典和佛迹所深深折服。后来，他们或者决定留下来修行，或者觉得心愿已了要返回后秦，只有法显、慧景和道整仍记得自己的初衷——将佛经戒律传回中国，于是他们与同伴分别，继续南下。

从北天竺往南，要翻过一座小雪山。小雪山积雪终年不化，法显等人在山上忽然遭遇寒风，冻得直打哆嗦。慧景禁不住严寒，倒下了，他虚弱地对法显说："我快要死了，你们赶紧继续前行，不要一起死在这里。"说完就停止了呼吸。法显抱着慧景的尸体放声痛哭："你的愿望还没有实现啊！命运怎么会如此？"他和道整强忍悲痛，顶着寒风奋力前行，终于翻过了小雪山。

法显和道整一路穿过北天竺，来到了当时佛教最繁荣的摩竭提国巴连弗邑（今印度比哈尔邦首府巴特那）。他们在巴连弗邑待了三年，学习梵书、梵语，还搜集了《摩诃僧祇律》等六部佛教经典。之后法显准备继续南下游学，寻找经卷，但是道整十分仰慕此地的沙门法则和众僧威仪，感叹故乡的僧律残缺，便决定留在这里不回国了。法显只好一个人继续前行，来到了多摩梨帝国（今印度西孟加拉邦米德纳布尔的塔姆卢克附近）。他在这里抄写经律、描画佛像，住了两年。之后他搭乘商船，到了师子国（今斯里兰卡），又求得四部佛教经典。

这时，法显离开长安已有十余年，他想起当初一同西行的有十余人，现在只剩自己，难免悲伤感慨。一次，他在佛像前看到了供奉的白团扇，

丹布勒石窟寺内的佛像

丹布勒石窟寺始建于公元前1世纪，是斯里兰卡保存最完好、规模最大的佛教石窟。

库姆塔格沙漠

位于新疆罗布泊以东至甘肃玉门关间，沙丘流动性大，自然条件严酷。古代为西域交通要道之一。

认出那是来自故乡的扇子，不禁潸然泪下。在师子国住了两年后，思乡情切的法显带着搜集到的经律和佛像，搭乘商船回国。

艰难回国，译经著书

船刚开两天就遇到暴风，船体破损进水，面临沉船的危险。为了减轻船体重量，船员们开始抛弃杂物。法显生怕经书和佛像被搜出来，就把随身杂物丢进大海。万幸，商船随风漂流到了附近的岛上，只是略有损坏。

商船被修补好之后继续航行，抵达耶婆提国（今印度尼西亚爪哇岛或苏门答腊岛）。法显在那里住了五个月，换乘了一艘前往广州的商船。不料行程中忽然遇到大风暴雨，船员和商人们都十分惶恐。他们议论纷纷，认为船上搭载沙门不吉利，说着就要把法显推到海里去。这时有个资助法显的商人厉声呵斥道："你们想把这个沙门推下去，就先推我，不然就把我杀了。否则我回到晋国之后必定告发你们，晋国帝王崇信佛教，一定会治你们的罪。"那些商人犹豫了，没有行动，法显这才逃过一劫。

摩诃菩提寺

位于印度比哈尔邦菩提伽耶，2002年被联合国教科文组织列入《世界遗产名录》。

法显横雪山以入天竺，赍（jī）佛典多种以归，著《佛国记》，我国人之至印度者，此为第一。

——梁启超

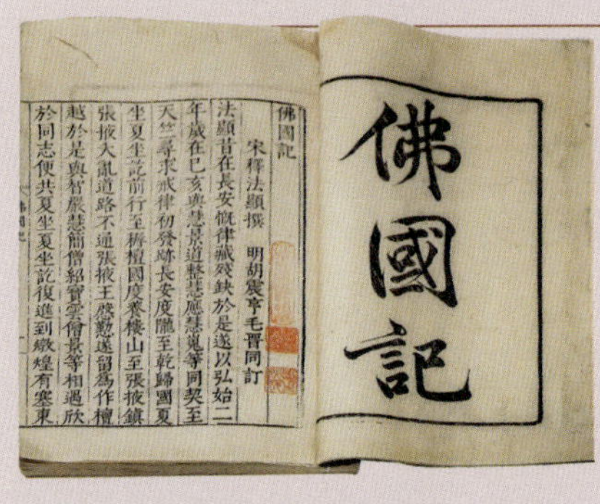

明刻本《佛国记》书影

由于风暴，商船偏离了航向，在海上漂流了两个多月，没能到达广州，而是在青州长广郡牢山（今山东青岛崂山）靠岸。至此，法显在外漂泊十四年，游历三十多个国家之后，终于回到了中国。后来，他南下前往东晋都城建康，不顾年事已高和旅途劳顿，马上开始着手翻译带回的佛经。最终，法显与同伴合译出经律论六部二十四卷，主要有《大般泥洹经》《摩诃僧祇律》《方等般泥洹经》等。

法显带回来并翻译的佛经，弥补了中国当时的经律残缺，僧侣们终于有了权威规范的经律。在译经之余，法显将自己西行游历的见闻写成了《佛国记》，记述了他经过各国的地理、交通、宗教、文化、物产和风俗等。这本书是中国西行求法僧人留下的现存最早的实录，也是中国与印度、巴基斯坦、尼泊尔、斯里兰卡等国的交通史料，受到中外学术界的重视。（章　广）

陶渊明采菊东篱

东晋大诗人陶渊明擅长五言诗，散文和辞赋也很出色。他开创了田园诗派，为两晋时期的文坛注入了一股清流，对后世诸多名家产生了深远影响。陶渊明最为人津津乐道的，可能是他“不为五斗米折腰”的故事。因为与官场格格不入，他辞官回乡，归隐田园，被誉为“古今隐逸诗人之宗”。

少年壮志，踏上仕途

陶渊明，字元亮，号“五柳先生”，晚年改名为陶潜。他是浔阳柴桑（今江西九江附近）人，曾祖父陶侃是战功赫赫的东晋开国元勋，祖父和父亲也都做过官。陶渊明自小聪明伶俐，加上父母的精心教导，所以他很早就会诵读诗文，通晓儒家经典。不幸的是，陶渊明八岁的时候，他的父亲一病不起，撒手人寰，从此家境衰落，大不如前。有时候家里穷得揭不开锅，穿的衣服也都很破旧，但陶渊明并不怨天尤人，而是用乐观的态度面对。他热爱读书，有时候读得入迷，甚至忘记了吃饭，还经常写诗文来表达自己的志趣。

由于深受儒家文化熏陶，陶渊明少年时心怀壮志，渴望建功立业。然而他生活在一个政局动荡、社会失序的时代，实现这个梦想并非易事。成年以后，陶渊明先后担任过一些官职，但官场的繁文缛节、腐败之风，很快磨灭了他的雄心壮志。陶渊明最后一次做官是在彭泽（治今江西湖口小凤山下）担任县令，他也是在这里为自己的官场生活画下了句点。

陶渊明画像

守拙园

位于安徽黄山黟县碧阳镇赤岭村，园名出自陶渊明的诗句“开荒南野际，守拙归园田”。赤岭村是陶渊明次子陶俟的后裔陶庚四迁居地，村中至今仍保留大量历史古迹和文化遗址，如保存完整的《陶氏宗谱》、陶氏祖茔（yíng，墓地）、陶家池塘、陶岭古驿道、陶氏宗祠等。

不为五斗米折腰

经历了前几次出仕，陶渊明已经对官场心灰意冷，但因生活所迫，为了补贴家用，他在义熙元年（405年）出任彭泽县令。上任之后，他生活简朴，廉洁自爱，兢兢业业地工作，从不谄媚长官。没过多久，上级派督邮到彭泽县巡视，下属提醒陶渊明说：“您应该穿上正装去拜见他。”这让

“五斗米”

“五斗米”指什么，学界对此至少有三种观点：其一，“五斗米”指陶渊明的俸禄；其二，“五斗米”指督邮的俸禄，亦代指督邮；其三，“五斗米”指五斗米道，亦指代信奉五斗米道的王凝之（他曾是陶渊明的上司）。目前多采用第一种观点。

原本就厌恶官场规矩的陶渊明忍无可忍，说出一句掷地有声的话：“吾不能为五斗米折腰，拳拳事乡里小人邪！”（我不能因为五斗米的俸禄而弯腰行礼，低三下四地去讨好这样的乡下小人！）他当天就愤然交出官印，回乡下种田去了，此时他任彭泽县令一共才八十多天。后来，“不为五斗米折腰”成为有傲骨的人最常引用的宣言。

辞去彭泽县令后，陶渊明写了一篇《归去来兮辞》，吐露了自己的心声。在文章中，他解释了自己之所以做出这样的决定，是因为生性不愿被拘束，温饱虽然要紧，但违心做事只会让自己身心俱疲。他向往自由，所以选择了隐居，去过平静自在的生活。这篇文章流传千古，在中国文学史上有很高的地位，宋代欧阳修曾这样评价：“晋无文章，惟陶渊明《归去来兮辞》一篇而已。”

从此，陶渊明彻底归隐田园，再也没有涉足官场。即使后来农田不断受灾，房屋又被火烧，生活穷困潦倒，他始终不愿再为官受禄，甚至连官员送来的米和肉也不肯接受。陶渊明创作了许多反映田园生活的诗，《归园田居五首（其三）》比较全面地展现了他的农耕生活：“种豆南山下，草盛豆苗稀。晨兴理荒秽，带月荷锄归。道狭草木长，夕露沾我衣。衣沾不足惜，但使愿无违。”

虽然早出晚归耕作的结果是杂草长得比庄稼还茂盛，走在回家的小路上，衣服还被露水打湿，但陶渊明仍旧觉得心情愉快，因为这没有违背自己归隐的意愿。

陶渊明是第一个将农事题材引入诗歌领域的诗人，也是第一个发现田园风光之美的诗人，被称为田园诗派的鼻祖，在中国文学史、思想史上都具有重要的地位。

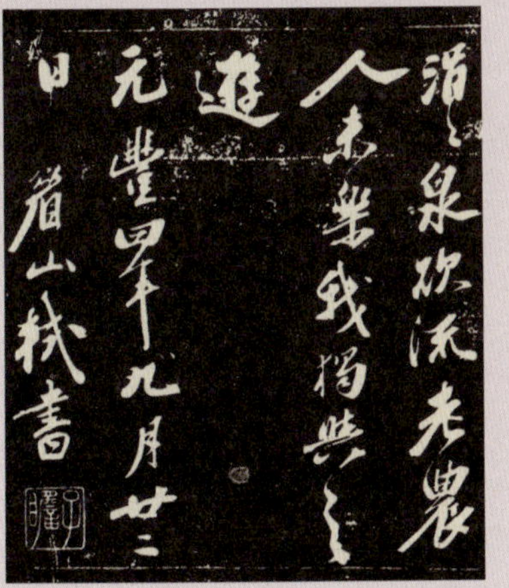

《归去来兮辞》刻石拓片（局部）

此为北宋文学家苏轼所书。苏轼非常推崇陶渊明，曾说："吾于诗人无所甚好，独好渊明之诗。渊明作诗不多，然其诗质而实绮，癯而实腴，自曹、刘、鲍、谢、李、杜诸人，皆莫及也。"

菊酒作伴，世外桃源

中国文化中，梅、兰、竹、菊等植物意象常与某一文化名人绑定在一起，并被赋予特定的文化内涵。陶渊明爱菊，在住宅旁遍种菊花，朝夕观赏，写下了"采菊东篱下，悠然见南山"（《饮酒二十首（其五）》）的名句。于是，菊成了与他密切相关的文化符号，唐人已将菊称为"陶菊"或"陶家菊"。可以说，菊成就了陶渊明，陶渊明也成就了菊，正因为陶渊明，菊有了高雅、坚毅、淡泊等象征意义。

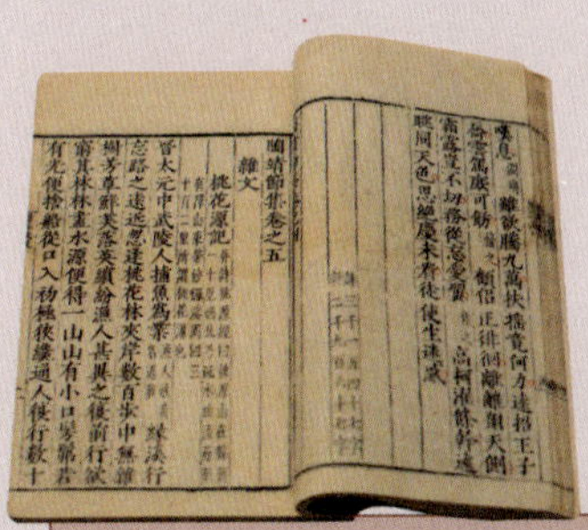

《陶靖节集》书影

陶渊明又名陶潜，私谥靖节。私谥是古代士大夫死后由亲属、朋友或门人给予的谥号。

《五柳先生传》

陶渊明以正史纪传体的形式写了一篇《五柳先生传》，仅仅用了一两百字，就活灵活现地勾勒出一个居陋室、着破衣、爱读书、有志趣的隐者形象。多数学者认为，陶渊明笔下的五柳先生指的就是他自己，《五柳先生传》可以视为他的自传。这篇文章与一般叙述生平事迹的自传不同，主要表现生活情趣，带有自叙情怀的特点，这种写法是陶渊明的首创。

陶渊明采菊，可能是为了酿菊花酒。他爱菊，也爱酒，现存的一百五十多首诗中，《饮酒》组诗就有二十首，关于他爱酒的趣事也流传不少。江州刺史王弘仰慕陶渊明的大名，多次前去拜访，但陶渊明假装生病，不愿见他。后来王弘打听到陶渊明即将前往庐山，就让自己的朋友带了酒，在半路迎接陶渊明。陶渊明见到酒，在野外的亭子中就取杯喝起来，高兴得忘记了赶路。这时，王弘才出来和他相见，陶渊明也不再拒绝，两人举杯畅饮，喝了一整天。王弘以酒交友，打破了陶渊明心中的藩篱，后来二人结下了深厚情谊。

陶渊明生活在一个比较黑暗的时代，他以辞官归隐来抗争自身的命运，同时也思考着整个社会的出路和广大人民的幸福。在名篇《桃花源记》中，陶渊明虚构了一个乌托邦式的社会：一群秦末避难的人与外界隔绝，居住在风景秀美的桃花源，日子过得恬淡安宁。这样的社会与现实中的战乱频繁、动荡不安，形成了鲜明的对比。陶渊明由此表达了对"世外桃源"美好生活的向往，以及对现实社会的不满。（刘明鑫）

[明] 仇英《桃源仙境图》(局部)

陶渊明写出《桃花源记》后，人们便开始在诗文和绘画中反复追慕着“世外桃源”这个乌托邦式的社会。仇英这幅作品是其中比较著名的一幅，生动描绘了文人理想中的隐居之乐，以青绿山水为背景，主要人物身穿白衣，通过色彩对比，将三位高雅文士的形象衬托得格外鲜明。

嘎仙洞与北魏王朝

嘎仙洞是鲜卑族拓跋部的祖先世代居住的地方。大约在东汉前期，拓跋鲜卑的首领带领部落走出嘎仙洞，开始了一路向南的远行。在迁徙过程中，拓跋鲜卑不断发展壮大，最终建立了中国历史上一个重要的朝代——北魏王朝。

拓跋鲜卑始于此

拓跋鲜卑是中国北方少数民族的一支。关于它起源于哪里，长久以来都是一个未解之谜。史籍《魏书·序纪》中只记载了寥寥数语："昔黄帝有子二十五人，或内列诸华，或外分荒服。昌意少子，受封北土，国有大鲜卑山，因以为号。"（从前黄帝有25个儿子，有的居住在中原各地，有的散布于蛮荒之境。小儿子昌意受封于北方，因为领地内有座大鲜卑山，就以"鲜卑"为国号。）大鲜卑山到底在哪儿，历来众说纷纭。有人说它在大兴安岭，有人说在外兴安岭，还有人说是在贝加尔湖附近。直到1980年7月，呼伦贝尔盟（今呼伦贝尔市）的文物工作者经过四次实地考察之后，断定嘎仙洞就是拓跋鲜卑的发祥地。有关拓跋鲜卑起源地的问题，这才尘埃落定。

嘎仙洞位于今内蒙古鄂伦春自治旗阿里河镇西北约10千米处。它是一个天然形成的山洞，洞口朝向西南，南北长92米，东西宽27～28米，洞顶最高处可达20余米。洞内宽阔平整，大约能够容纳2000人。山洞的大厅里有一块形状不规则的大石板，被一块半米多高的石块托起，像是部落用来聚会议事的石桌。嘎仙洞地处大兴安岭山麓的深处，在原始拓跋人生活的年代，那里丛林密

嘎仙洞石室

嘎仙洞内部复原场景

布，溪水淙淙，山林间有野果山珍，有野鹿、山猪、獐子、狍子等，人们通过采集和狩猎来获取食物。

首领率众向南迁

大兴安岭虽然物产丰富，但是地形复杂，丛林密布，不利于部落的发展和壮大。为了获得更好的发展环境，拓跋鲜卑的祖先不断向南迁徙，并在迁徙的过程中逐渐扩大了部落的势力范围。拓跋鲜卑早期的历史中发生了两次大规模的迁徙。

第一次迁徙大约发生在东汉前期，部落首领拓跋推寅带领族人离开嘎仙洞，向西南方向迁移。他们到达了一个叫“大泽”的地方，本来还想继续南行，但因为推寅过世，便只好在这个地方暂时定居下来。大泽在今内蒙古呼伦贝尔大草原的呼伦湖附近。呼伦贝尔大草原地势辽阔，水草丰美，适于放牧。拓跋鲜卑人在那里牧马放羊，发展经济。渐渐地，他们从一个幽居山谷的森林民族演化为一个兵强马壮的草原民族。

狩猎纹骨板

上有十六个长形或圆形小穿孔，光面刻猎人射鹿图像，为早期鲜卑族的遗物。

拓跋鲜卑在大泽生活了一百多年。到了东汉末年，在部落首领拓跋邻的指引下，他们开始了第二次迁徙。当时拓跋邻年事已高，就把首领的位子让给了儿子拓跋诘汾，并命令他率领部落向南迁徙。经过重重磨难，历时数年，拓跋诘汾带领部落迁居到匈奴故地，也就是今河套北部固阳阴山一带。由于拓跋邻与拓跋推寅一样具有远见卓识，所以他被后人尊称为“第二推寅”。自拓跋鲜卑迁居到阴山一带之后，他们与匈奴、乌桓以及中原汉族开始了频繁的交往和贸易，由此开始走上一条民族融合的道路。

呼伦贝尔大草原上放牧的羊群

北魏四兽纹金饰牌

北魏王朝初建立

经过数十代人的艰苦努力，到公元3世纪，拓跋鲜卑已成长为一个势力强劲的民族，但是此时它也面临着内忧外患的局势，内部分裂、争斗，外部不断受到其他政权的攻击。东晋太元元年（376年），前秦国主苻坚率军灭亡了拓跋鲜卑所建立的代国。

拓跋珪是代国的后裔。在他六岁那年，国破家亡，他和母亲贺氏过着颠沛流离的生活。年长之后，拓跋珪不忘亡国之耻，发愤图强。北魏登国元年（386年），趁着前秦动荡，拓跋珪在牛川召开部落大会，恢复代国，即位为代王。当时拓跋珪年仅十五岁，却展现出过人的才华和胆识。不久，他将国号改为“魏”，定都盛乐（今内蒙古和林格尔），史称北魏。经过连年的征讨，拓跋珪招抚了周围各部，北魏由此称霸塞北。同时，他还重用汉族士大夫，由此推动了北魏文化与汉文化的融合。

皇始元年（396年），拓跋珪称帝，后世称他为道武帝。这一年的八月，他率领四十万大军大举进攻后燕，夺得今山西、河北地区，开始问鼎中原。随着疆域的扩大，为了便于统治，拓跋珪将都城迁到了平城（今山西大同）。之后，拓跋珪仿照汉族的制度，进行了大规模的政治建设，为北魏日后的发展奠定了基础。

一统黄河告祖先

拓跋焘是北魏的第三代君王。天赐五年（408年），拓跋焘出生于平城，他的父亲拓跋嗣是当时的太子。拓跋焘出生的时候，体貌奇特，他的祖父拓跋珪感到十分惊奇，高兴地说：“将来能够完成我的大业的，一定是这个孩子啊！”拓跋焘自幼天资聪颖，异于常人。泰常八年（423年）十一月初六，明元帝拓跋嗣去世。三天之后，拓跋焘接替父亲登上皇位，那年他才十五岁。拓跋焘即位之后，周围的柔然、夏国、西凉、刘宋等政权对北魏虎视眈眈。拓跋焘一生南征北战，

“传祚无穷”瓦当

出土于山西大同，可能是北魏都城平城的宫殿或太庙所用，“传祚（zuò）无穷”四个字表达了北魏统治者希望皇位永传的愿望。

建立了赫赫军功。他北伐柔然，西征夏国，攻克燕国，剪灭西凉，最终统一了黄河流域，结束了十六国长期以来的分裂割据局面。拓跋焘在位期间，北魏势力大增，北方小国纷纷来朝。

太平真君四年（443年），乌洛侯国派遣使臣前来北魏朝见拓跋焘。这个使臣带来了一个消息，他对拓跋焘说："我们乌洛侯国的西北有一个大石室，是你们魏国祖先原来居住的地方，这个石室南北长九十步，东西宽四十步，高七十尺，石室内有神灵，很多百姓都到那里祈请神灵保佑。"拓跋焘听了以后，非常高兴，认为自己能够一统黄河流域也是托祖先们的庇护，便派中书侍郎李敞前去告祭祖先。李敞一行人跋山涉水来到大兴安岭深处，在嘎仙洞前举行了祭祖仪式，又在洞内石壁上刊刻祝文后才离去。（王超群）

北魏抵御柔然

柔然又叫"蠕蠕""芮芮""茹茹"，是公元5世纪初到6世纪中叶蒙古高原上的游牧民族。为了防止柔然的滋扰，北魏太武帝拓跋焘在北方修建了长城，环绕于都城平城以南，被称为"畿（jī）上塞围"。

太武帝在位期间，多次率军进攻柔然，扩地千余里，后设六镇抵御柔然入侵。从此柔然一蹶不振，不敢南下，北魏边疆得以安定。

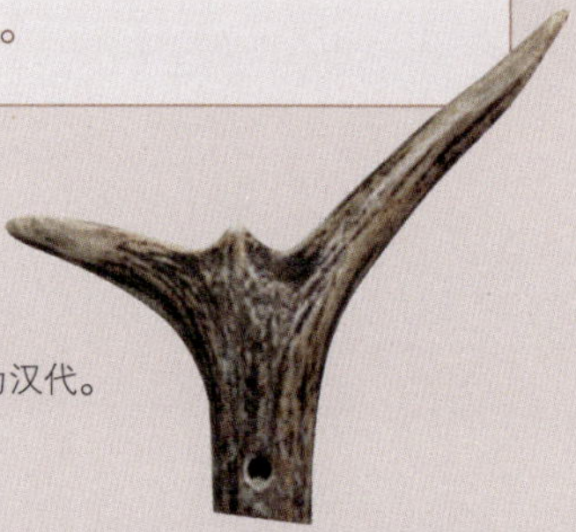

骨角器

出土于嘎仙洞，年代为汉代。

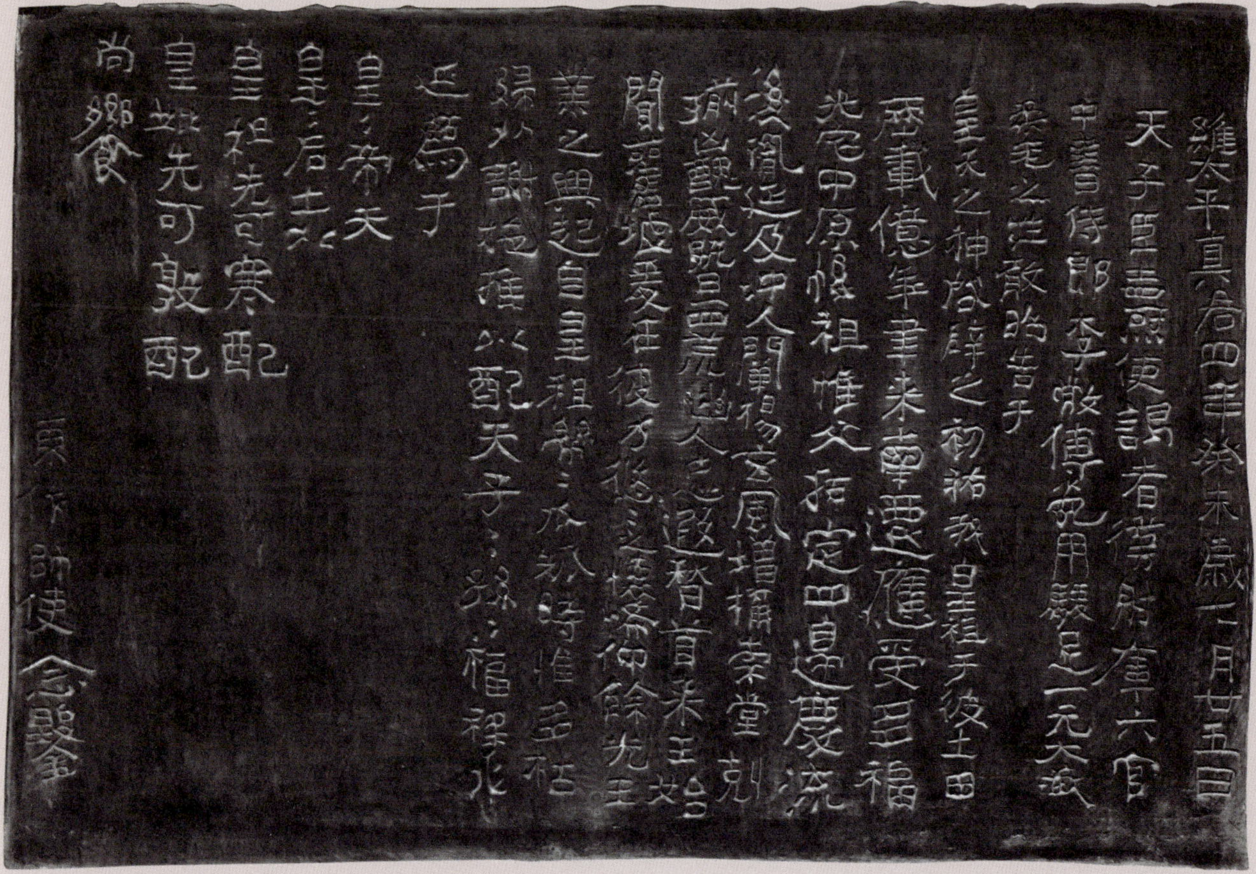

嘎仙洞石刻祝文

共19行，201字，字体古拙，介于隶书与楷书之间。内容与史籍《魏书》中所记载内容基本一致，以北魏皇帝的口吻，表达了对祖先的怀念和敬仰之情。

宋文帝与“元嘉之治”

南北朝是一个动荡的时代，战争不断，局势纷乱，许多人争着当皇帝，可有的人连龙椅都还没捂热，就被赶下台了。但是，也有人能够在乱世中赢得人心，稳住江东，开创“元嘉之治”这样的治世，他就是南朝宋文帝刘义隆。

登基后翦除权臣

元兴二年（403年），东晋权臣桓玄逼迫晋安帝退位，自己做了皇帝，国号“楚”。北府兵将领刘裕击败桓玄，迎回晋安帝，把持了朝政大权。元熙二年（420年），刘裕代晋称帝，国号“宋”，改元永初。后世称刘裕为宋武帝。

永初三年（422年），宋武帝刘裕病逝，十七岁的太子刘义符继位，傅亮、徐羡之与谢晦为顾命大臣。刘裕很有才能和抱负，但是虎父生犬子，刘义符从小娇生惯养，玩惰成性，根本不是当皇帝的料。刘裕病重时，他漠不关心，仿佛无事发生。刘裕病逝后，大家都很伤心，他却嬉皮笑脸。当了皇帝之后，他整日只顾玩乐，胡作非为，生活奢侈，铺张浪费，在宫里养了很多戏子，夜夜笙歌，还拿着鞭子，以殴打无辜的人为乐，完全不把国家大事放在心上。

宋武帝刘裕画像

刘裕（363—422），字德舆，小字寄奴。初为东晋北府兵将领，后来官至相国，封宋王，公元420年代晋称帝，即宋武帝。北魏大臣崔浩曾把刘裕与曹操相提并论：“刘裕之平祸乱，司马德宗（晋安帝）之曹操也。”

傅亮等人见状，想要另立新皇帝。刘义真是宋武帝的二儿子，如果废了刘义符，按次序应当立他为帝。但傅亮等人对刘义真也不满意，于是先借刘义符之手将刘义真贬为庶人，然后召握有兵权的檀道济和江州刺史王弘商量废帝之事。一切准备就绪后，他们以太后名义将刘义符废黜，拥立宋武帝的三儿子刘义隆为帝，改年号为元嘉。而刘义符、刘义真被废后不久都被徐羡之派人暗杀。

宋文帝画像

刘义隆就是后世所称的宋文帝，他即位时方才十八岁，仪表堂堂，英俊高大，博涉经史，还擅长隶书，十分有才华。但他生性多疑，担心自己会落得跟哥哥一样的下场，因此想等待时机除掉傅亮等人。为避免正面冲突，宋文帝假装对他们言听计从，还给他们加官晋爵。后来，宋文帝让自己的心腹掌握了兵权，开始准备反击。元嘉三年（426年），宋文帝拟了诏书准备诛杀三人，又召傅亮、徐羡之觐见。傅亮得到密报，知道宋文帝要杀自己，便以嫂子病重为由请求回家，同时派人告知徐羡之。徐羡之闻风逃跑，但在逃跑途中觉得自己难逃一死，便上吊自杀了。傅亮在

白玉衮带鲜卑头

这是一件用在皇帝礼服上的玉带头，即带扣。根据背面铭文可知，这件精雕细琢的鲜卑头耗费700个工时制成。有学者认为，它是南朝宋文帝的御用之物。

逃跑时被抓，也被诛杀。谢晦起兵反抗，很快兵败被杀。除掉三个顾命大臣之后，宋文帝顺利执掌大权。

打击士族，任用贤臣

魏晋以来，士族势力膨胀，把持朝政，兼并土地，生活奢靡。宋武帝在政治上加以整顿，打击士族势力，重用寒门士人；在经济上实行“土断”，整理户籍，抑制土地兼并，取得了良好成效。宋文帝掌握大权之后，吸取了东晋灭亡以及哥哥被杀的教训，励精图治，积极作为。他延续了父亲的政策，进一步打击士族政治，严厉制裁不法士族官员。著名文学家谢灵运是东晋名将谢玄之孙、权臣谢晦的堂兄，自恃才华，行事放荡不羁，肆意妄为。他任永嘉太守时，整日游山玩水，还大兴土木，侵扰百姓，因此被弹劾。之后转任临川内史，仍然游乐放纵，再次被弹劾。面对来抓自己的人，谢灵运居然起兵叛逃，犯下死罪。宋文帝爱惜他的才华，将他免除死罪，流放到广州。不久，有人告发谢灵运在广州收买兵器，图谋不轨，宋文帝这次没有手下留情，下令将他就地正法。处死谢灵运如同杀鸡儆猴，一时刹住了世家大族的不良风气。

《世说新语》

《世说新语》是一部笔记小说，主要记述从汉末到晋宋间一些名士的言谈轶事，由南朝宋临川王刘义庆组织一批文人编写，分德行、言语、政事、文学等三十六门，文辞精练，意味隽永。

江西抚州谢灵运纪念馆

谢灵运是南朝宋著名诗人，幼时寄养在别家，因此小名客儿，世称谢客。他开创了中国文学史上的山水诗流派，诗风鲜丽清新，如芙蓉出水。“池塘生春草，园柳变鸣禽”是谢诗中最脍炙人口的名句之一。唐代李白、杜甫、王维、孟浩然等名家，都曾从他的诗中汲取过营养。

宋文帝善于选拔任用人才，在翦除徐羡之等人之后，重用王华、刘湛、王昙首、殷景仁等人。王昙首是帮助宋文帝除掉权臣的重要官员，宋文帝准备在宴会时封赏他，连诏书都写好了。但是王昙首说不能因此国难而获得个人利益，推辞不受。宋文帝只好取消封赏，对他更为信任。宋文帝在外祖母去世后，打算按照汉代推恩的做法封赏外戚，殷景仁劝谏说："汉代推恩，是承袭秦代的弊端，这不是盛明时代应该遵循的。您要封赏他们应该根据法律制度，而不是个人感情，这样才能立诚信于天下。"宋文帝从谏如流，打消了这个念头。

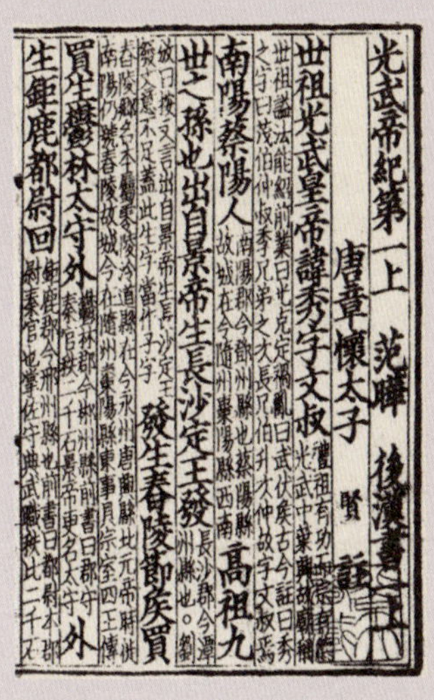

光武帝紀第一上　范曄　後漢書一

唐章懷太子　賢　註

世祖光武皇帝諱秀字文叔

南陽蔡陽人　高祖九

世之孫也出自景帝生長沙定王發

發生舂陵節侯買

買生鬱林太守外

生鉅鹿都尉回

《后汉书》书影

《后汉书》是由南朝宋范晔所著的纪传体史书，记载了东汉历史，在"二十四史"中与《史记》《汉书》《三国志》合称"前四史"。

他在父亲政策的基础上继续实行"土断"，清理户籍，解放士族兼并的土地和人口。元嘉二十年，他下诏说"国以民为本，民以食为天"，再次强调农业的重要性，要求各地致力于农桑生产。但是这年正好遭遇大范围的水旱灾害，饥荒严重，他又亲自遣使前往各地开仓赈济，还赏赐种子用于生产。

重视农业，厉行节俭

农业是立国之本，宋文帝十分重视农业的发展，多次下诏劝课农桑，奖励生产，同时减轻赋役，两次下令免除百姓历年拖欠的租税和债务。

东晋、南朝时，江南经济有了很大的发展，士族生活十分奢侈，花天酒地，歌舞升平。宋文帝却十分节俭，数次下诏禁酒，打压奢侈风气。管车驾的官员说皇帝乘坐的车子破旧，请求换一个新的顶篷，并把坐垫换成紫皮，宋文帝嫌贵不肯换。元嘉二十二年九月的一天，他宴请儿子们吃饭，叮嘱大家不要提前吃东西。人都到了之后，很久也没有上菜，大家饿得肚子咕咕叫。这时宋文帝告诫儿子们："你们从小在富裕安乐中长大，今天就是要让你们尝尝挨饿的滋味，从此以后要知道节俭。"

南北朝花鸟纹刺绣残片

此外，宋文帝还重视文化事业，修复在战乱中被破坏的学校，并且亲临国子学策试学生。他诏令著名史学家裴松之为《三国志》作注，让这一史学名著得到了完善。

乱世中的“小康”

元嘉年间（424—453），在宋文帝的积极作为下，南朝宋的政治、经济、社会空前发展，人民生活安定，家给人足，到处一派歌舞升平的繁华景象，史称“元嘉之治”。这是南朝宋最发达繁荣的一段时期，堪称古代“小康社会”的典型。

宋文帝虽然在国内治理方面卓有成就，但在讨伐北魏的战争中却屡次失败，损失惨重。他生性多疑，以图谋不轨的罪名处死了著名将领檀道济，自毁长城；又担心彭城王刘义康夺取皇位，将其杀死。后来，他打算废掉太子刘劭，结果反被刘劭杀死，刘劭又被武陵王刘骏杀死。刘骏继位为帝，此后南朝宋政治日坏，社会经济衰退，“元嘉之治”终成昙花一现。

南朝宋末年，皇室内部不断上演骨肉相残的惨剧，禁军将领萧道成利用内乱，渐渐掌握了军政大权，还被封为齐王。升明三年（479年），萧道成接受宋顺帝禅让，自立为帝，改元建元，史称南齐，萧道成即为齐高帝。

元嘉北伐

宋文帝为收复黄河以南失地，先后在元嘉七年、元嘉二十七年、元嘉二十九年发动三次进攻北魏的军事行动，史称“元嘉北伐”。这三次北伐全部以失败告终，尤其第二次北伐对黄河以南、长江以北各地造成巨大破坏。南宋词人辛弃疾《永遇乐·京口北固亭怀古》中有“元嘉草草，封狼居胥，赢得仓皇北顾”之句，讲的就是这段故事。

南朝青瓷印花唾壶

齐高帝吸取南朝宋灭亡的教训，教育子孙要加强团结。他死后，太子萧赜（zé）继位，是为齐武帝。齐武帝牢记父亲教诲，使南朝又出现了一段相对稳定发展的时期。然而，齐武帝死后，南齐皇室又陷入自相残杀的旋涡。雍州刺史萧衍趁内乱发兵夺权，于中兴二年（502年）建立南梁政权，改元天监，历史上称他为梁武帝。（章　广）

［清］马骀《檀道济唱筹量沙》

元嘉七年，南朝宋将领檀道济征讨北魏，兵败被困，粮食短缺。为了迷惑敌人，檀道济命士兵们在夜里假装量米，一边大声报数字，一边量沙子，最后把军中仅存的少数米盖在沙子上。天明之后，北魏追兵看到宋军粮食堆得像山一样，引兵而退。宋军得以安全返回。

寇谦之改造道教

道教是中国本土宗教，诞生于东汉时期。早期道教组织常发动下层民众起义造反，严重威胁统治阶级利益，因此受到官方的镇压和限制。南北朝时期，北魏道士寇谦之针对当时的主要问题，大力改造道教，使道教得到北魏统治者认可，迅速在北方传播。

官宦出身，潜心修道

北魏建国之初，对佛教、道教采取兼收并蓄的态度。到了太武帝时，道教兴盛，甚至成为国教，这与一位道教领袖密切相关，他就是寇谦之。寇谦之，字辅真，上谷昌平（今属北京）人，他出身于官宦家庭，但从小喜好仙道，有摒绝世俗之心，对做官没兴趣。他最初学的是五斗米道，每天坚持修炼，几年也没什么成就。

道教之“道”

道教以信奉“道”而得名，“道”原本是先秦道家学派的哲学观念，老子和庄子都以“道”作为宇宙万物的本原。东汉时开始形成的道教继承了道家思想，把“道”神化为具有无限威力的宗教崇拜偶像，认为“大道”不仅化生了天地万物，而且还在后世不断变化身形名号，降临人世，辅佐帝王，救助危难，传经布道，教化民众。太上老君（即老子本人）便是大道降世传教时的化身。早期道教派别五斗米道，便奉大道为最高神，以太上老君为教祖。

有一次，寇谦之去探望姨母，见到一个叫成公兴的佣工干活十分卖力，不知疲倦，就雇他为自己干活。道士要学习天文历法，寇谦之用《周髀算经》演算天体运行规律时，算了好多次都与书上记载不符，十分恼怒。成公兴见状，说了个方法，寇谦之一试，很快得出了正确结果。他为之叹服，请求拜成公兴为师。成公兴不同意，反而要拜寇谦之为师。从此，对于成公兴来说，寇谦之名为师长，实为弟子。后来，寇谦之跟随成公兴去华山、嵩山修道七年，声名渐起。成公兴通过多年观察，认为寇谦之可以做帝王之师。

王阿善造石像

这是中国历史上最早的道教造像之一，年代为北魏时期。造像正面是二位长髯道长和三位头戴道冠的女官，背面是乘车和骑马图，石上刻文表明此像为女信徒王阿善所造。早期道教徒一般不供奉神像，到了魏晋南北朝时期，道教开始仿照佛教制作神像，因此道教造像上还留有佛教造像的影子。

假托神授，改造道教

寇谦之学的五斗米道是最早的道教教

张天师画像

派之一，东汉时由张道陵创立。因为教徒尊称张道陵为“天师”，所以五斗米道又叫“天师道”。后来，天师道在张道陵的儿子张衡、孙子张鲁手中不断发展，到了魏晋南北朝时期，许多世家大族都是天师道的忠实信徒。但是，当时也有许多武装起义打着道教的旗号，尤其是东晋世代信奉天师道的孙恩、卢循发动的起义，影响极大，使统治者对天师道产生极大的反感。张鲁去世之后，天师道失去了统一领导，许多道士不守教规，做出一些有伤风化的事。因此，天师道要继续发展，对其进行改造势在必行。

果然如成公兴所说，寇谦之大约修道三十年之后，开始积极地为做“帝王之师”进行准备。实际上，他是想借此改造道教。为了彰显自己的地位，寇谦之假托神仙下凡授予职位和经书。神瑞二年（415年）十月，他声称太上老君降临嵩山，授予他“天师”称号以及《云中音诵新科之诫》二十卷，要求他按照指示改造道教。泰常八年（423年）十月，他又声称太上老君玄孙李谱文下凡，奉命授予他召唤众神的能力，并传授《图录真经》，让他辅佐北方的“太平真君”，也就是北魏太武帝拓跋焘。

事实上哪儿有什么神仙，所谓神授经书，都是寇谦之自己的著作。但是这些著作早已散失，我们只能从其他史料得知他是如何改造道教的。

当时道教最大的问题是不被统治者承认，因此寇谦之打着太上老君的旗号，“除去三张伪法”，彻底改造道教。“三张”指的是张道陵、张衡、张鲁，他们创立和领导的五斗米道主要在下层传播，张鲁还曾建立割据政权，具有一定的反官府性质。寇谦之称他们传播的道教为“伪法”，必须清理，坚决反对利用道教犯上作乱。他吸收了儒家思想，提倡礼法，从而在思想上杜绝作乱的可能。既然

龙山石窟

位于山西太原西南的龙山山巅，始凿于元代初年，是中国现存规模最大、保存最完整的道教石窟，为全国重点文物保护单位。

三张传播的是“伪法”，由其家族承袭“天师”称号以及私授教职就不合理。寇谦之主张“唯贤是举”，废除道官私授教职的做法，这样自己获得“天师”称号便顺理成章了。

针对道教传播中的乱象，寇谦之在传教授徒时十分注意加强戒律，革除了早期天师道装神弄鬼、画符念咒的巫术迷信成分，效法佛教建立了一套完善的仪式礼节。在修炼方面，他提倡服食仙药与闭关修炼，道徒诵经时用音乐伴奏，这可以说是一个创举。改造之后的新道教被称为“新天师道”或“北天师道”，实际上是儒、释、道三家思想的结合。

太上老君画像

道教成为国教

演出了两场假托神授的荒诞戏剧之后，寇谦之顶着“天师”称号下了嵩山，寻找支持改革道教的人。很快，他找到了合适的人选，那就是北魏重臣崔浩。崔浩出身于天师道世家，笃信道教，主张崇道抑佛，因此，他对寇谦之的新道教理论很感兴趣。有了崔浩的牵线，寇谦之将所谓神仙授予的经书献给朝廷。但结果令他大失所望，太武帝反应冷淡，仅让他住在一个大臣家里。朝野听说他的事迹之后也是半信半疑，不太认可他这个“老神仙”。

这时，崔浩向太武帝上奏章说：“圣王受命，都有上天的感应。像寇谦之这样隐居山林的神仙，没有征召就主动来到您这里，正是上天对您圣德的感应啊！”太武帝十分高兴，马上派人去嵩山祭祀，迎接寇谦之在嵩山的诸位弟子。第二年又在都城平城东南方设立天师道场，召集一百二十名道士，每天祈祷六次。

就这样，寇谦之成了“帝王之师”。他改造的新道教得到了最高统治者的认可，成为国教，在北魏迅速传播。后来，寇谦之越发得到太武帝的信任。太延六年（440年），他又声称太上老君降临，命他授予太武帝“太平真君”称号。于是太武帝改年号为“太平真君”，还亲自登坛接受道教符箓，成为中国历史上第一位道教皇帝。此后，北魏每个皇帝即位时，都要举行登坛受箓的仪式。太武帝接受道教后，开始排斥佛教，还开展了灭佛运动。后来因为政权演变，道教在北魏的势力有所衰退，但它对促进北魏社会文化的发展还是发挥了一定的作用。（章　广）

中岳庙

位于河南登封嵩山太室山东麓，规模宏大，是嵩山道教宫观中最著名者。始建于秦代，原为“太室祠”，北魏时改为今名。后历代均有扩建。明崇祯十七年(1644年)毁于大火，现存庙宇多为清代乾隆以后所建。2001年被列为全国重点文物保护单位，2010年作为“天地之中”组成部分被列入《世界遗产名录》。

太武帝灭佛

佛教在北魏传播广泛，势力膨胀。道教皇帝太武帝担心自己的统治受到佛教势力的威胁，他在崔浩等人的推动下，对佛教大打出手，开展了一场声势浩大的灭佛运动。

道教皇帝

北魏太武帝拓跋焘是道武帝拓跋珪的孙子、明元帝拓跋嗣的长子，他身材魁梧，聪明大度，道武帝很喜欢他，曾经当众说："成吾业者，必此子也。"拓跋焘继位后，解除禁锢，释放囚徒，开仓赈济穷困，河南的流民争相归附。

当时北魏佛教盛行，社会各阶层都信奉佛教。太祖道武帝曾下诏要求官府礼遇僧人，帮助修建寺院，任命佛教领袖管理僧徒，极大地促进了佛教的传播。太武帝继位之初也对佛教比较支持，常与高僧交谈。然而，道士寇谦之在太武帝执政中期改造出新天师道，在崔浩的活动下，道教得到太武帝的支持，被奉为"国教"。随着太武帝把年号改为充满道教色彩的"太平真君"，他已成为一个实实在在的道教皇帝。

太武帝志在统一中国，逐渐对膨胀的佛教势力产生不满，随着国教的改变，以及崔浩等人的推动，一场声势浩大的灭佛运动正在酝酿。

抑制沙门

太武帝军事才能出众，心怀平定四方、统一各民族的大志，他消灭胡夏、北燕、北凉等政权，降伏西域诸国，驱逐柔然，逐渐统一了北方地区。此外，他还不断攻击南朝，一度饮马长江，取得了重大胜利。但是，太武帝也面临着兵力和财力不足的困扰。

当时佛教势力膨胀，全国有大小寺院三万多座，僧尼二百余万人。寺院兼并土地，同时大量劳动人口为逃避赋役或军役而投身寺院，导致国家收入和兵力来源减少。寺院人多，难免鱼目混珠，一些游手好闲、品行不端的人混入僧侣之中，致使佛门风气败坏。这些问题使太武帝对佛教越发不满，他身边的谋臣崔浩是当时出名的反佛斗士，在拜寇谦之为师之后，更加厌恶佛教，经常

彩绘贴金石雕佛菩萨三尊立像

此像主尊为彩绘佛立像，左右分立两位胁侍菩萨，后面有舟形背屏。1994年出土于山东青州酒厂工地，年代为北魏时期。

莫高窟第275窟复制窟（局部）

莫高窟位于甘肃敦煌东南，从十六国时期开凿至元代，延续约1000年。为全国重点文物保护单位，并被列入《世界遗产名录》。其中第275窟建于十六国北凉时期，是莫高窟现存最早的洞窟之一。

劝诫太武帝早日铲除佛教。

在诸多因素影响下，太武帝下定决心向佛教开刀。早在太延四年（438年）三月，太武帝就下令要求五十岁以下的沙门一律回家，服军役，纳赋税。太平真君五年（444年）正月，他下了一道诏书，先将佛教臭骂一顿，说愚昧无知的百姓容易被妖邪蛊惑，私下恩养巫师、沙门等，而沙门假借西戎虚妄荒诞的故事，使佛教广泛传播，像妖孽一样危害社会，不利于政治和教化的统一，然后规定："自王公贵族以至于普通百姓，有私自恩养沙门、巫师等的，全部送到官府，不许藏匿。限令在二月十五日前完成，逾期不送的，巫师、沙门处死，主人全家诛杀。"当时佛教势力强大，这一严厉规定并未产生多大影响。

北魏神兽纹包金铁带饰

剿灭沙门

太平真君六年九月，卢水胡（匈奴的一支）人盖吴发动起义，太武帝御驾亲征。次年二月，大军路过长安。当时长安有寺庙种植麦子，军队的马匹饲养在寺庙中。无巧不成书，太武帝正好带着随从官员前往寺庙查看马匹，而寺庙沙门居然将酿的酒给随从官员喝，与佛教规定大相径庭。随后，官员在寺庙偏房中发现大量弓箭、长矛和盾牌，吓得他们赶紧向太武帝报告。

当时正是用兵的非常时期，太武帝听到报告之后勃然大怒，说："这些都不是沙门用的东西，他们难道是想与盖吴串通谋反不成?"于是立即下令将寺庙里的沙门全部诛杀。查抄寺庙财产时发现了大量的酿酒器具，以及州郡官员和富人寄托藏匿的物品，数以万计。此外，寺庙中还有密室供沙门与贵族妇女私通。太武帝看到这些非法行径，本来就气得半死，当时崔浩又在旁边火上浇油，极力劝他借机铲除佛教。太武帝同意了，下令诛杀长安的沙门，焚毁经书佛像，不久又下诏全国各地坑杀沙门，捣毁佛像，焚毁佛寺，一场声势浩大的灭佛运动由此爆发。

北魏陶俑阵

云冈石窟第9窟二佛并坐像

太武帝在灭佛诏书中说："佛教荒诞不经，毫无人情，由此导致政教不行，礼义败坏。"他号称代表上天将佛教荡除，毁灭踪迹，以后如有信奉佛教、塑造佛像、抄写佛经的人，一经发现立即处死。一时之间，血雨腥风，风声鹤唳，百姓闻"佛"色变，社会上产生了巨大震动。寇谦之虽然是道教天师，但是并不主张灭佛，对国内如此疯狂的杀戮感到十分惶恐，几次与崔浩争执，劝他停止灭佛，但崔浩都不听。太子拓跋晃是虔诚的佛教徒，听说父亲下诏灭佛之后也再三劝谏，但太武帝根本听不进去，他只有设法延缓下达诏书，并将消息暗中四处传播，使一些沙门得以藏匿佛经、佛像并顺利逃脱。

灭佛余声

太武帝灭佛有诸多复杂原因，最直接的原因还是担心沙门叛乱，威胁自己的统治。因此，盖吴起义被镇压之后，太武帝灭佛政策有所缓和，他晚年时甚至对灭佛之举颇为后悔，但是碍于皇帝脸面不好下令停止。

佛教界则极力讨好太武帝，在灭佛运动开始后不久，有人在邺城一座焚毁的五层佛塔中发现两枚玉玺，上面都刻有“受命于天，既寿永昌”的字样，其中一枚还刻着“魏所受汉传国玺”。这两枚玉玺应该是沙门或其他佛教信徒放进去的，明显有讨好太武帝的意图，希望通过此举向太武帝表达忠心，安抚他的怒气。

正平二年（452年），太武帝被太监宗爱杀死，此时灭佛运动已经持续六年，北魏境内的佛教基本被消灭。太子拓跋晃早在太武帝被杀之前已经病死，几个大臣联合起来抓了宗爱，拥立拓跋晃的长子拓跋濬继位，后人称之为文成帝。当时年仅十二岁的文成帝宣布大赦天下，恢复佛教。在灭佛运动中遭到破坏的寺院陆续被修复，那些被藏起来的佛像、经书也重见天日，北魏佛教又迅速发展起来。

佛教在两汉之际传入中国，虽然之前也出现过佛道矛盾，但由最高统治者出面灭佛，太武帝是第一个。后来，北周武帝、唐武宗、后周世宗也都曾发起灭佛运动，他们与北魏太武帝一起，被并称为“三武一宗”。（章　广）

云冈石窟

和平元年（460年），高僧昙曜接受文成帝的命令，负责在平城的武周山上开凿石窟。昙曜精心设计，共开凿了五个石窟，每个窟里都有一尊十几米高的大佛像，恢宏壮观，被称为“昙曜五窟”。

后人在周围继续开凿石窟，因为武周山又名“云冈”，所以这些石窟被称为“云冈石窟”。云冈石窟于1961年被列为全国重点文物保护单位，2001年被列入《世界遗产名录》。

鸭形玻璃注

这是一件罕见的早期玻璃器，出土于辽宁北票的北燕冯素弗墓。其造型生动别致，是研究中国古代草原丝绸之路的重要物证，被列为禁止出境展览文物。

云冈石窟全景

孝文帝改革

北魏孝文帝在位期间，在政治、经济、文化等方面进行大刀阔斧的改革，还把都城迁到洛阳。他推行的一系列汉化措施，促进了各族人民的融合和经济文化的发展，为以后隋朝统一奠定了基础。然而，孝文帝的改革在客观上也加速了北魏的衰亡。

年幼继位，太和改制

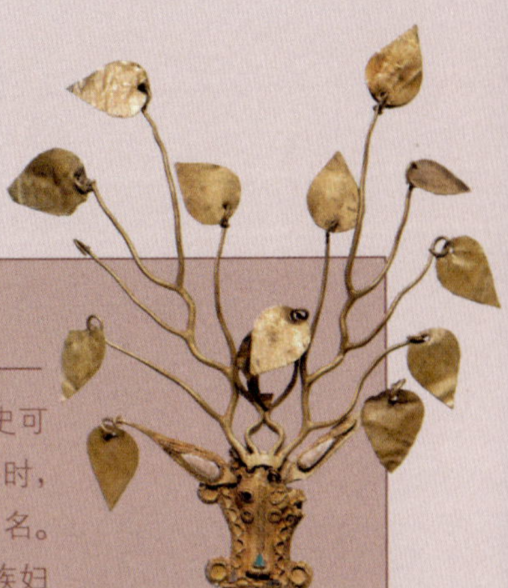

牛头鹿角金步摇

步摇

步摇是一种头饰，历史可追溯到汉代。佩戴者走路时，它会随步态摇动，因此得名。魏晋南北朝时期，鲜卑贵族妇女喜欢戴步摇。这件牛头鹿角金步摇造型独特，每片金叶子都可以摇动。

太武帝拓跋焘死后，北魏政权一度陷入混乱，国内矛盾激化，农民起义爆发，王朝统治陷入危机。天安元年（466年），汉族出身的冯太后设计诛杀了专权的丞相乙浑，开始临朝听政。当时的皇帝是年少的献文帝拓跋弘，他并非冯太后亲生，对冯太后独揽大权心怀不满，因此在皇兴五年（471年）禅位给太子拓跋宏，自己当了“太上皇帝”。

拓跋宏就是孝文帝，当时只有四岁。后来献文帝去世，精明能干的冯太后恩威并施，迅速稳定了局势。她原本想废掉孝文帝另立新主，但受到多位大臣劝阻，而且孝文帝又很孝顺恭敬，所以她逐渐转变态度，十分注意对孝文帝的教育和培养，亲自督促孝文帝学习儒家文化。冯太后前后执政长达二十年，孝文帝的早期改革就是在她主持下进行的，因为时值太和年间（477—499），史称“太和改制”。

最初在北魏当官是没有俸禄的，中央官员由皇帝赏给财物和奴隶，地方官则自筹俸禄，这样就导致官员任意搜刮百姓，贪污成风。太和八年（484年），孝文帝下诏实行俸禄制，规定官员俸禄由国家统一筹集发放，不许自筹；对贪污的官员一律严惩，只要贪污满一匹帛就处死。好几个鲜卑贵族因为贪赃枉法被流放或处死，官场大受震动。经过整治，北魏吏治有了很大改善，政治逐渐清明。

石券门

这件北魏石雕艺术杰作，出土于冯太后的陵墓永固陵。永固陵将墓地和佛寺结合起来，对北魏晚期陵墓的形制产生了影响。

五胡十六国时期，北方连年战乱，人民流离失所，大量土地荒废。鲜卑是游牧民族，不懂耕田种地，因此早期经常掠夺汉人替他们种地。到了孝文帝时期，北魏仍有大量荒田，农业发展空间很大。太和九年，孝文帝下诏实行均田制，规定男女都可以授予田地，一部分在死后要归还，一部分则可以在耕作一定年限后作为世业继承下去。太和十年又实行三长制，由乡里威望高的人担任邻长、里长、党长，作为国家的基层政权组织。同时，孝文帝还实行新的租调制，授田的百姓以户为单位，每年只需缴纳一匹帛和两石粟作为租税，负担大大减轻；对大户大额的赋税办法也进行了改变，规定八名奴隶缴纳一对普通夫妇的租税。这些制度促进了社会生产的发展，限制了土地兼并，减轻了百姓负担，增加了国家财政收入。

元羽墓志

元羽是北魏孝文帝元宏的弟弟，封广陵王，他支持孝文帝改革。迁都洛阳引起许多鲜卑上层人物的不满，孝文帝曾派元羽在平城进行控制、安抚。

迁都洛阳，推进汉化

太和十四年，冯太后病逝，二十三岁的孝文帝开始亲政，继续推进改革。

北魏的首都平城气候寒冷，土地贫瘠，物资匮乏，难以适应发展的需要。而且平城偏处北方，远离中原，经常遭受北方柔然人的威胁。于是，孝文帝决定迁都洛阳。尽管当时北魏已经在政治、社会方面实行了一些改革，但是鲜卑族与汉族的矛盾仍然十分尖锐，反对改革的鲜卑保守势力仍然比较强大。孝文帝担心鲜卑贵族反对迁都，于是就想了个“迂回战术”，先假装要大规模进攻南齐。

《帝后礼佛图》（局部）

巩义石窟位于河南巩义大力山南麓，始建于北魏孝文帝时期。石窟内保存有十几幅《帝后礼佛图》，图为其中一幅。

太和十七年，孝文帝召集群臣讨论南伐事宜，任城王拓跋澄站出来反对，惹得孝文帝大怒，讨论不欢而散。回宫后，孝文帝单独召见拓跋澄，对他说：“刚才我发怒是做做样子，怕大家都出言反对，阻碍我的计划。平城的贵族保守顽固，国家要移风易俗、继续发展已经十分困难。河洛向来是政治中心，因此我想迁都到洛阳去，再统一中原，你看如何？”拓跋澄这才明白孝文帝的良苦用心，表示极力赞成。孝文帝高兴地说：“你就是我的张良啊！”

当年八月，孝文帝率领文武百官和百万大军开始南下。军队到达洛阳时，正值秋雨连绵，到处泥泞不堪，行军十分困难，文武百官都叫苦不

迭。但是孝文帝仍披坚执锐，下令继续进军。大臣们本来就不想伐齐，因此纷纷跪在他的马前阻止前进。孝文帝就说："既然你们不想打仗，但是我们已经到了洛阳，不如把都城定在洛阳如何？"大臣们不想定都洛阳，但更不想打仗，只好同意迁都，就地安家了。

迁都洛阳后，孝文帝采用汉制，移风易俗，对鲜卑族进行了彻底改造。他下令禁止使用鲜卑官名，一律使用魏晋官名。为了改变鲜卑人在中原人眼中的"夷狄"形象，孝文帝下令禁止鲜卑人穿胡服，一律改穿汉人服装；同时禁止说鲜卑语，一律说汉语，不强求三十岁以上的人马上改变，但是三十岁以下的官员必须在半年内学会汉语，否则免官。鲜卑人多用复姓，孝文帝下令改为相应的汉姓，如皇族拓跋氏改为元氏，贵族独孤氏改为刘氏，步六孤氏改为陆氏等，而且还鼓励鲜卑贵族与汉人贵族通婚。最后，孝文帝要求迁入洛阳的人一律改为洛阳籍，死后葬在洛阳，不准葬回平城。

孝文帝改革雷厉风行，对违反规定的人绝不手软。太子元恂带头反对改革，他既不喜欢读书，也不赞成迁都和改姓等措施，仍然经常穿胡服，说鲜卑语。太和二十年，孝文帝南巡，让元恂留守洛阳，结果他杀死规谏自己的属臣，打算逃回平城，因为城门被死守才没能得逞。孝文帝得知后大怒，回到京城悉数元恂的罪行，将他痛打了一顿，贬为庶人，又囚禁起来，并将二儿子元恪立为太子。后来，一些保守的鲜卑贵族在平城发动叛乱，孝文帝亲率大军前往镇压，平定了叛乱。从此，改革得以顺利进行。

云冈石窟第20窟

改革的影响

孝文帝的改革在很多方面是成功的，从长远来看有巨大的积极意义。鲜卑族全面受到汉文化的影响，北魏政治、经济和社会文化快速繁荣发展，实力大大增强。同时，改革促进了北方民族的交流融合，大大缓解了民族矛盾。北方的政治局面趋于稳定，为日后的统一奠定了基础。

但是，孝文帝全盘汉化，在短时期内也产生了明显的副作用。魏晋南朝制度中一些不好的成分加速了北魏的衰落，其中影响最大的就是门阀制度。鲜卑贵族放弃了军事传统，崇尚浮华，过起了纸醉金迷的生活，军事能力迅速下降。随着孝文帝在征伐南齐的途中去世，北魏陷入动乱，最终在动乱中分裂灭亡。（章　广）

北魏网纹玻璃杯

了不起的“祖率”

现在圆周率已经能精确到小数点后万亿位，而在南北朝时期，著名数学家祖冲之最早把圆周率精确到小数点后第7位，领先西方1000多年。他是如何做到的？他那丰富的数学知识从何而来？除了数学方面的成就，他还有哪些重要的创造发明？

家学深厚，博览群书

祖冲之出身于显赫的范阳祖氏家族，当年“闻鸡起舞”“中流击楫”的祖逖正是族中先辈。祖氏家族人才辈出，而且一直传承着坚忍不拔、吃苦耐劳的家族精神。祖冲之从小听着家族名人的故事长大，接受熏陶，立志向先辈们学习，要爱国爱民，而且养成了勤奋好学、坚持不懈的好习惯。

祖冲之的祖父祖昌，担任南朝宋的“大匠卿”一职，掌管宫室、宗庙、陵园等土木工程营建，擅长数学和天文。祖冲之的父亲祖朔之，则是个学识渊博的“奉朝请”（汉晋时期给予退休大臣、列侯、宗室、外戚等的一种政治优待），常被邀请参加皇室的典礼、宴会，也精通历算。从小耳濡目染，祖冲之不仅学到了许多算学、建筑、天文历法知识，也初步培养了对科学的兴趣和勤于思考、善于创新的精神，为他日后的科学研究奠定了坚实基础。

在各种学科中，祖冲之对数学兴趣最浓，他到处搜集古今数学书籍，认真研究其中深邃奥妙的道理，同时具有很强的怀疑探究精神，会在查阅古籍文献的基础上，对其中记载的各种数学原理进行验证。渐渐地，祖冲之聪颖好学、渊博多才的

祖冲之铜像

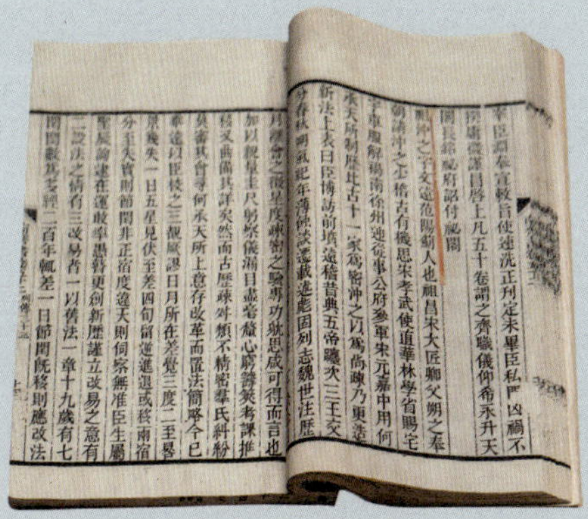
《南齐书》中关于祖冲之的记载

名声传扬开来。宋孝武帝听说有这样一位人才，就派他到当时朝廷的学术机关“华林学省”做研究工作。后来，祖冲之担任南徐州从事史、娄县县令等官职，工作之余继续坚持学术研究，取得了很大成就。他曾为《九章算术》作注，还著有《缀术》一书，可惜都已经失传。《缀术》是著名的《算经十书》之一，被唐代国子监列为算学课本，规定学习四年。

算无穷尽精“祖率”

祖冲之在研究数学理论的时候发现，以前一般采用“周三径一”，也就是把3作为圆周率的数值，即圆周长与直径的比值。但这样计算有很大误差，给人们的生活带来了不少麻烦。祖冲之认真学习研究了刘徽的割圆术，反复演算，最终把圆周率的数值精确到小数点后第7位。

所谓割圆术，是用圆内接正多边形的面积去无限逼近圆面积并以此求取圆周率的方法。祖冲之先设了一个直径为1丈的圆，接着在圆内进行切割计算，当切割到圆的内接正192边形时，得到了“徽率”的数值，也就是当年魏晋时期数学家刘徽计算出的圆周率。祖冲之没有停下，而是继续切割出了正384边形、正768边形……直到正24576边形。在此基础上，他又细致地依次求出每个内接正多边形的边长。最后，祖冲之得到圆周率的数值在3.1415926和3.1415927之间。按照当时计算使用分数的习惯，他还确定了两个分数形式的 π 值，即约率22/7(≈3.14)，密率355/113(≈3.1415929)。

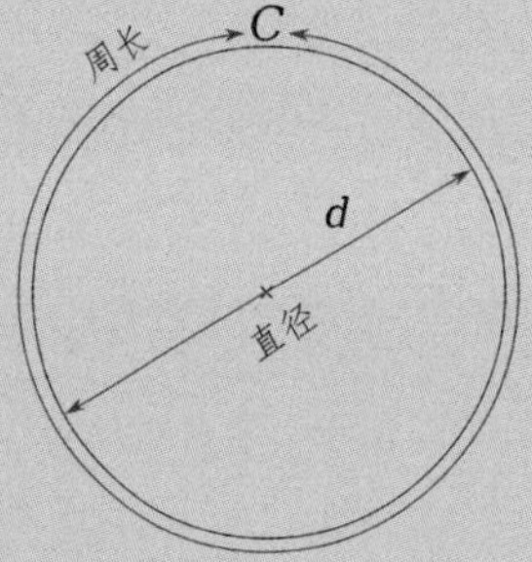

圆周长与直径之比就是圆周率

π 的妙用

电子计算机发明之后，π 的数值长度以惊人的速度扩展。π 是一个无理数，即无限不循环小数，用计算机来运算其位数，可以有效检验计算机的各项性能，特别是运算速度与计算过程的稳定性。美国英特尔公司在推出奔腾芯片时，正是通过对 π 的计算，发现了芯片运算方面存在的问题。

将圆周率数值精确到小数点后第7位，以及密率的提出，在当时都是了不起的数学成就，领先世界上千年。当时，不要说计算器，甚至连阿拉伯数字、拉丁字母、运算符号等都还没有传入中国。如此精确的数值，祖冲之是利用算筹得到的，可想而知他付出了多大的努力：要不断地对圆进行切割计算，稍有大意，可能前功尽弃；一旦算筹被碰偏或者计算中出现错误，只能从头开始。祖冲之可能使用了数以万计的算筹，废寝忘食地进行运算，日复一日地坚持，最终完成了这项浩大的工程。人们为了纪念祖冲之的伟大成就，将他算出的圆周率数值称为“祖率”。

发明创造泽后世

除了数学，祖冲之在天文学方面也成就斐然，编制了更为精准的《大明历》。在这部历法中，祖冲之首次引入了“岁差”的概念，是中国历法史上的重大进步；将一个回归年定为365.2428日，与现代天文学测量的结果只相差大约50秒；把原先的19年7闰，改为391年144闰，更符合天象；还测出了月球绕地球一周的时间，并算出木星的公转周期，都与现代测量结果相差无几。

指南车模型

指南车是中国古代制作的自动指示方向的一种机械装置，利用传统的独辕双轮车，装上齿轮传动系统而制成。据考证，三国时，马钧发明了指南车。南朝时，祖冲之根据古法将指南车进行了改造。英国李约瑟博士称指南车为“所有的控制机器的祖先”。

在机械制造方面，祖冲之更是心灵手巧，创意非凡。他设计制造了用水力舂米、磨面的水碓（duì）磨，大大节省了人力；将指南车改造为铜制机械，随便车子怎样转弯，车上的铜人总是指着南方；制造了“千里船”，一天可以航行100多里；他还制造过计时仪器漏壶和欹（qī）器、运输工具木牛流马等。此外，祖冲之精通音乐、下棋，在当时堪称一绝。他为《周易》《老子》《庄子》《论语》作注，还写了一本小说《述异记》。如此多才多艺，令人惊叹。

《星象图》（局部）

北魏江阳墓室顶部的这幅壁画，绘于孝昌二年（526年）。图中有300多颗星，亮星之间有连线，一条银河纵贯其间。

祖冲之不仅受到中国人民的敬仰，也深受世界各国科学界人士的推崇。月球上的一座环形山，被命名为“祖冲之环形山”；国际永久编号为1888的小行星，被命名为“祖冲之星”。他对中国和世界科学文化做出的伟大贡献，如同璀璨的星辰，永远闪耀在历史的天空中。（庄林丽）

水碓磨（复制品）

岁差

现代天文学将春分点沿黄道向西缓慢运行而使回归年比恒星年短的现象定义为“岁差”。早在东晋时期，天文学家虞喜观察到，太阳从第一年冬至运行到第二年冬至，并没有回到原来的冬至点上，而是每50年向西移动1°，他由此发现了“岁差”现象。

虞喜测定的岁差值，比古希腊天文学家喜帕恰斯算出的每100年1°更为精确。现代所测岁差值为每71.6年1°。

郦道元与《水经注》

《水经》是我国第一部记述河道水系的专著，但是它记载过于简略，还存在不少错误。北魏官员郦道元花费多年时间，跋山涉水，实地调研，写出了一部《水经注》，这部书名义上是为《水经》作注，实际上大大丰富了原书内容，自成巨著。

热爱游历，为官严峻

郦道元，字善长，是范阳涿县（今河北涿州）人，出身北魏官宦世家。他从小就喜好游历，跟着父亲探索了许多水道，观察各地山川风物。同时，他也酷爱读书，尤其喜欢读有关历史、地理方面的书籍，积累了丰富的历史学和地理学知识。长大成人后，郦道元担任过许多官职，工作之余四处游历，他在都城平城任职时，几乎踏遍了城内及周围的所有景点，所到之处的火山、温泉和煤田，甚至壁画信息，他都详细地记录了下来。

孝文帝去北方各地考察时，郦道元常陪同在侧。孝文帝年轻有为，极力推行汉化改革，促进民族融合，希望结束生灵涂炭的混乱局面，实现南北统一。郦道元在长期的实地考察中，也萌生了国家统一的强烈愿望。然而，随着孝文帝英年早逝，北魏政权也从鼎盛走向衰落。在南北分裂的背景下，郦道元的游历遇到一些困难，有些地方没法亲自前去，因此后来他在撰写《水经注》时，也引用了一些其他人的著作。

郦道元做官时执法严峻，甚至被称为“酷吏”。他的眼里容不得沙子，凡是为

郦道元故居

位于河北涿州清凉寺街道西道园村。

非作歹、触犯法令的人，无论是普通百姓还是豪强权贵，一律重罚。郦道元担任御史中尉（负责纠察、弹劾的官员）时，一个名叫丘念的人仗着有汝南王撑腰，经常搜刮民脂民膏，胡作非为。郦道元听说丘念的恶行，将他抓进了大牢。汝南王去求胡太后下旨特赦，郦道元就抢在圣旨下达之前处死了丘念。因为这件事，汝南王对郦道元怀恨在心，后来故意向孝明帝建议让郦道元去平叛，借刀杀人，结果郦道元死于叛军之手。

为《水经》作注

郦道元能够青史留名，和他做官并没有太大关系，主要靠的是《水经注》这部书。郦道元先后在许多地方做官，曾因执法严苛而被免官。官场的失意并未击垮他，反而让他有更多时间从事学术研究。在读到《水经》之后，郦道元很感兴趣，这部书系统地以水道为纲，记述其源流和流经地方，内容简略，虽然西晋郭璞曾为之作注，但仍然不够详尽。郦道元在阅读时，还发现其中有一些错误，于是他决定重新为这部书作注。

为了弄清楚《水经》中每条河流的具体情况，郦道元非常重视实地调研。他

郦道元雕像

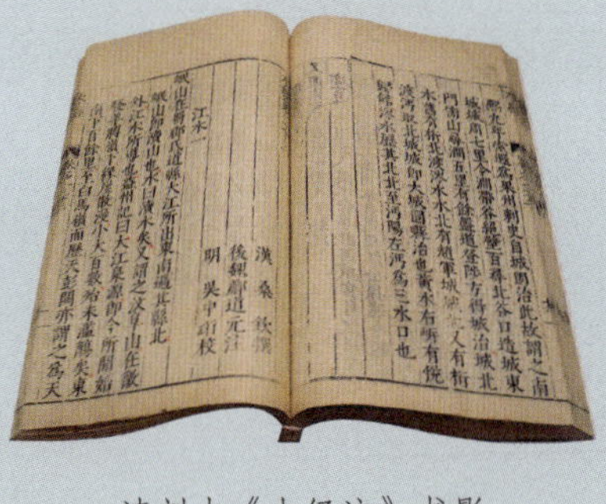

清刻本《水经注》书影

长途跋涉，到野外追寻河流的源头，走访当地的父老乡亲，了解古今水道的变迁情况，掌握了大量原始资料。同时，他还十分重视古籍资料，查阅了《山海经》《禹贡》《周礼》《汉书》等各种著作。据统计，《水经注》中引用古籍达400多种，北魏以前的地志几乎全都包含在内，还摘录了不少汉、魏时期的碑刻史料。

《水经》记述了137条水道，郦道元在《水经注》中进行了极大的丰富与补充，记述水道达1252条，近10倍于原书。《水经注》共40卷，30多万字，字数超过原书20倍。可以说，郦道元名义上是给《水经》作注，实际上是在《水经》基础上进行再创作。

郦道元在记述水道时，不仅记述它们的发源和流向，而且详细叙述流经地区的山岭、沼泽、郡县、城邑、关口、渡口、要塞、名胜、物产、农田、水利以及历史文化、人文风俗等内容。他发现了《水经》中的遗漏和错误，就根据实际情况进行补充和修正。对于未能弄清楚的问题，也如实记录。虽然《水经注》中难免有些差错，但在有限的条件下，郦道元已经做到了力所能及的严谨。

《水经注》是当时中国最全面而系统的综合性地理著作，也是当时处于世界前列水平的地理著作。另外，它还是一部文学色彩很浓的作品，语言简洁，文笔绚烂，对后世游记散文产生了一定影响。清初学者刘献廷称《水经注》为“宇宙未有之奇书”。写出这部奇书的郦道元，被誉为“中世纪世界上最伟大的地理学家”。（刘明鑫）

郦学三大流派

明清时期，对《水经注》的研究形成了一门学问——郦学，主要分为考据学派、词章学派和地理学派。

考据学派被称为“郦学研究的基础学派”，代表人物有明代朱谋玮，清代孙潜、刘献远、全祖望、赵一清、戴震等。

词章学派从文学角度进行研究，被称为“郦学研究的欣赏学派”。晚明时期钟惺、谭元春评点《水经注》的刊行，标志着这个学派的成熟。

地理学派真正发现了郦道元撰写此书的本旨，被称为“郦学研究的实用学派”。晚清学者杨守敬和他的弟子熊会贞撰成《水经注疏》，并绘制了古今对照、朱墨套印的《水经注图》。

《水经注图》书影

木板漆画

这是一件北魏时期的文物，出土于山西大同石家寨司马金龙墓。画面分四层彩绘《列女传》故事，画风近似于顾恺之。画上文字介于隶书和楷书之间，气势疏朗，是少见的北魏墨迹。2002年被列入禁止出国（境）展览文物名单。

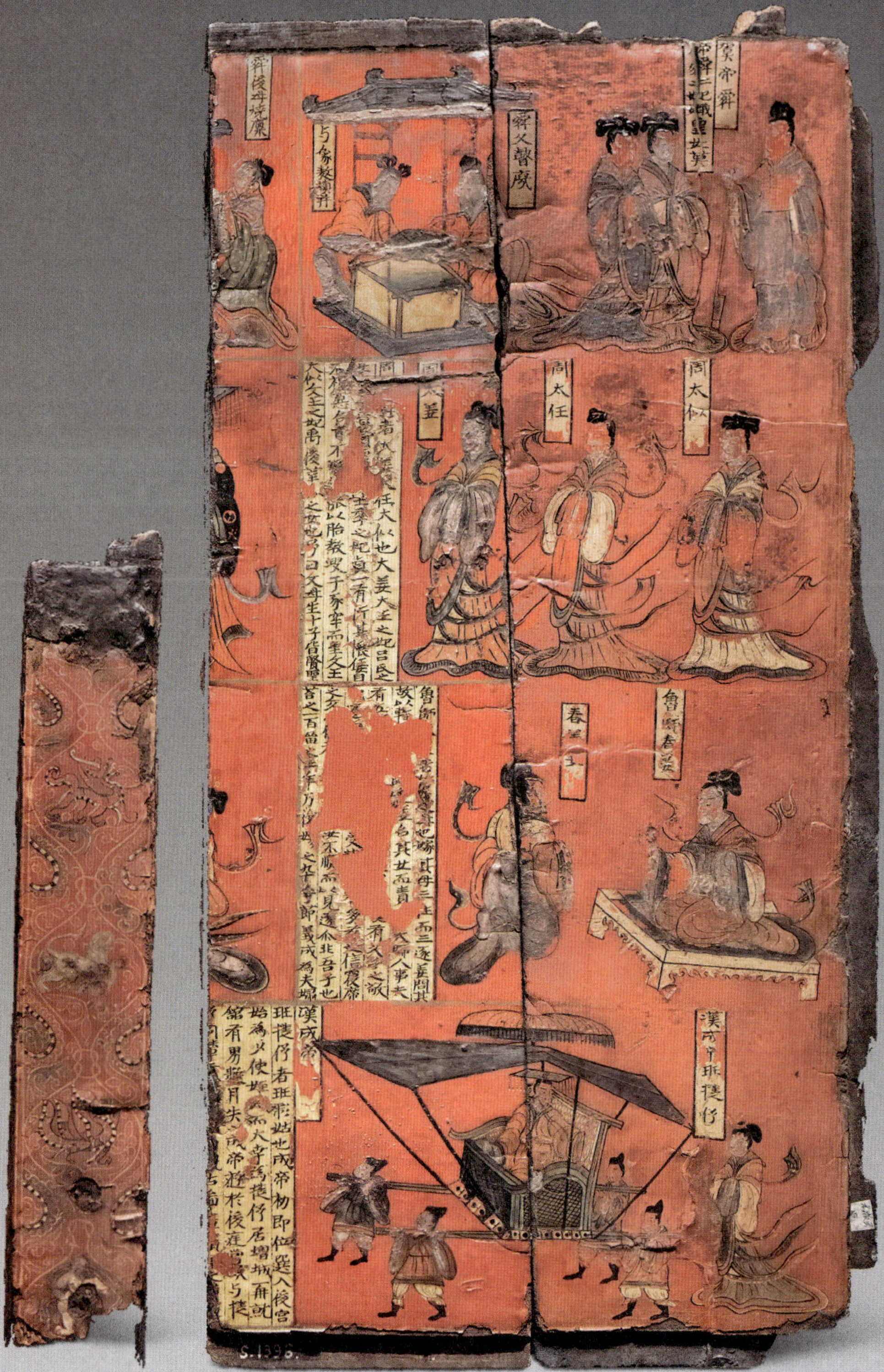

河阴之变与北魏分裂

北魏宣武帝死后，胡太后专权。尔朱荣发动河阴之变，拥立元子攸（yōu）为帝，是为孝庄帝，又杀死了胡太后和大批朝廷官员。孝庄帝不甘做傀儡，设计杀死尔朱荣，又被尔朱氏余党所杀。动乱不断的北魏，最终分裂成了东魏、西魏。

胡太后胡作非为

得益于孝文帝改革，北魏实力大增，开始连年征战，想要统一南北。太和二十三年（499年），孝文帝在南征南齐的途中病逝，太子元恪继位，就是宣武帝。此时北魏的贪腐之风愈演愈烈，社会矛盾重重，国势日渐衰弱。

为了防止外戚专权，北魏一直有“子贵母死”的传统——皇帝立太子后，太子的生母就要被处死。宣武帝笃信佛教，废除了这一制度，因此太子元诩（xǔ）的生母胡充华得以幸存。延昌四年（515年）正月，宣武帝去世，年仅五岁的太子元诩继位，是为孝明帝。胡充华母凭子贵，被尊为皇太妃，她是个非常厉害的女人，天资聪颖，多才多艺，权力欲望极强。孝明帝年幼，胡充华想独掌朝政，她除掉了当时掌权的大将军高肇（zhào）及其侄女高太后，成为太后，代理皇帝执掌国政。

马头鹿角金步摇

胡太后要求大臣们称她为陛下，她的命令称为诏，她也自称朕，并代替孝明帝祭祀，俨然如皇帝一般。一开始，胡太后亲自处理政务，有一定的政绩，但是不久就显露出腐朽的本质。因为信奉佛教，她掌权之后大肆兴建佛寺，全国共有佛寺三万余所，耗费大量钱财，几乎把北魏的家底败光了。为了敛财，她开始胡作非为，任用奸邪小人，卖官鬻爵。上行下效，官场吏治败坏，贿赂成风。

胡太后能够夺权成功，离不开妹夫元叉、宦官刘腾的保护与支持。因此，她掌权时，这两人的势力越来越大，经常做一些违法的事。当时朝中大臣纷纷攀附他们，只有清河王元怿（yì）例外。元怿是孝明帝的叔叔，长得容貌秀美，处理

六镇起义

为了抵御柔然，北魏初年在北方设置六个军镇，后来军镇数目有所增加，习惯上称之为六镇或北镇。孝文帝迁都洛阳后，政治、经济中心南移，六镇失去了军事上的重要地位。六镇统治者对北魏政府不满，广大镇民备受奴役剥削，矛盾日益激化。正光四年，六镇起义爆发，诸镇士兵及各族人民纷纷响应，在北方呈现出一派燎原之势。虽然这场起义最终被镇压，但北魏朝廷也消耗了大量人力、物力和财力。

北魏武官俑

河阴之下，衣冠涂地。

——《魏书·尔朱荣传》

政务英明决断，声望颇高。胡太后对他委以重任，宠信有加。元怿竭力辅政，依法惩处元叉、刘腾的不法行为，令他们怀恨在心。正光元年（520年），元叉、刘腾发动政变，将元怿处死，软禁了胡太后。这两人把持朝政，狼狈为奸，无恶不作，百姓怨声载道。

后来刘腾去世，元叉对胡太后的看管逐渐放松。孝昌元年（525年），胡太后和孝明帝联合高阳王元雍发动政变，赐死元叉。被软禁五年的胡太后再次掌握大权，然而她丝毫没有吸取教训，反而变本加厉地培植党羽，任用男宠担当要职，把朝廷搞得乌烟瘴气。

母子异心，河阴变起

此时孝明帝已经十六岁，按规定可以亲政了。他对母亲的胡作非为十分反感，想要夺回大权，整顿国家。胡太后也知道他的心思，因此严加防范，凡是跟他接触较多的官员都被处死或者流放，母子势同水火。为了长期控制朝政，胡太后在武泰元年（528年）二月毒死孝明帝，将他刚出生的皇女冒充皇子，立为皇帝，几天后又改立三岁的元钊（孝文帝的曾孙）为帝，这些举动让天下哗然。

镇守晋阳的军阀尔朱荣是孝明帝的岳父，他听说女婿死得不明不白，勃然大怒，打着报仇的旗号发兵讨伐胡太后。同时，他与长乐王元子攸

万固寺

位于山西永济西南的中条山麓，始建于北魏正光三年，原名“蕯哉寺”，曾遭兵火焚毁，隋代复修，更名为万固寺，取“万年永固”之意，为全国重点文物保护单位。

北魏彩绘陶女乐俑

永安五铢

这是一种圆形方孔年号钱，始铸于北魏孝庄帝永安二年。“永安”寄托着统治者追求长治久安的美好愿望，然而永安年间却并不太平，孝庄帝在位没多久就死于非命。

三枚永安五铢钱

商议，以许诺让元子攸当皇帝为条件，里应外合攻打洛阳。胡太后见尔朱荣兴师问罪，非常害怕，调兵抵抗。四月十一日，尔朱荣在河阴（今河南孟津东北）拥立元子攸为帝，是为孝庄帝。洛阳守军闻讯，纷纷倒戈，投降尔朱荣。胡太后见大势已去，命令后宫嫔妃和自己一起出家为尼，以求佛祖保佑。尔朱荣派骑兵入洛阳，将胡太后和幼帝元钊拘押到河阴。胡太后为自己辩解，说了很多好话，但尔朱荣根本不听，拂袖而去，下令将胡太后和元钊投入黄河淹死。

之后，尔朱荣担心自己在洛阳根基太浅，不好控制局面，决定以杀立威。他借口说要祭天，将前来迎驾的百官引至行宫西北，暗中命骑兵包围。百官聚集之后，他斥责说：“现在天下大乱，先帝突然去世，都是因为你们这些官员贪污腐败，不悉心辅佐！”说完就下令骑兵挥刀砍杀。顿时刀光剑影，哭喊震天，包括丞相高阳王元雍在内的众多北魏贵族被杀，其他官员不分忠奸，无一幸免，死于这场屠杀的共有两千多人。

这就是历史上著名的“河阴之变”。至此，北魏政权实际上已经灭亡。尔朱荣的残暴屠杀，让所有听闻此事的人胆战心惊。

天下大乱，北魏分裂

河阴之变后，尔朱荣护送孝庄帝回到洛阳，自己率军返回晋阳，留了几个亲信在洛阳遥控指挥。后来他荡平群雄，基本平定了北方，晋封天柱大将军、大丞相，把持朝政，气焰熏天。一次，孝庄帝没有采纳他的建议，他愤恨地说：“皇帝是谁立的？现在居然敢不听我的建议！”渐渐地，孝庄帝成了傀儡，身边的大臣、宦官都是尔朱荣安排的眼线。尔朱荣的女儿被立为皇后，有父亲做靠山的她十分蛮横，对孝庄帝毫不客气，甚至说：“皇帝是我家立的，我父亲随时可以自己当皇帝。”孝庄帝十分气愤，却又无可奈何。

永安三年（530年）九月，尔朱荣奏请入朝，想要进一步控制朝廷。孝庄帝对他恨之入

黄釉乐舞图瓷扁壶

这件北齐瓷扁壶，壶身画面表现的是后来盛行于唐代的胡腾舞（原为中亚塔什干地区的民间舞蹈）。

北周武帝宇文邕画像

宇文邕（543—578），宇文泰之子，宇文觉之弟，北周皇帝，公元560—578年在位。攻灭北齐，统一了北方。曾发起灭佛运动。此图出自唐代画家阎立本《古帝王图》。

骨，担心自身难保，决定先下手为强，与宗室元徽等密谋除掉尔朱荣。但消息走漏，有人告诉尔朱荣，孝庄帝要除掉他，兄弟和妻子都劝他不要入朝，然而尔朱荣不以为意，认为孝庄帝根本没那个胆子。几天后，元徽骗尔朱荣说皇后生下皇子，请他入宫探望。尔朱荣兴冲冲地入了宫，刚一坐下，旁边埋伏的官员就抽刀杀了过来。尔朱荣大惊失色，立即起身扑向孝庄帝，想挟持他为人质。孝庄帝早有准备，从膝下抽出刀来，亲手杀了尔朱荣。

尔朱荣的侄子尔朱兆听闻此事，立刻带兵杀向洛阳。洛阳防守薄弱，不堪一击，孝庄帝很快被活捉。尔朱兆将他押回晋阳，没过多久就把他勒死在佛寺里。虽然此时尔朱兆得势，但尔朱家族的势力因为内讧正在逐渐削弱，各地纷纷趁势割据自守，以晋州刺史高欢和夏州刺史宇文泰为主的新势力兴起。

中兴二年（532年），高欢打败尔朱氏军队，立平阳王元脩为帝，即孝武帝。高欢任大丞相，掌控朝政。孝武帝不满高欢擅权，在永熙三年（534年）七月逃往长安，投奔宇文泰。十月，高欢改立元善见为帝，即孝静帝，迁都邺城。孝武帝一开始得到宇文泰的支持，但后来二人关系变得紧张，宇文泰借故将他杀死，改立元宝炬为帝，即文帝。北魏至此一分为二，史称东魏、西魏。

孝静帝和文帝，其实是两个傀儡，分别被高欢和宇文泰控制。后来，高欢的儿子高洋称帝，建立北齐，取代了东魏；宇文泰的儿子宇文觉称帝，建立北周，取代了西魏。至此，雄踞中国北方长达一个半世纪的北魏政权，彻底退出了历史舞台。（章　广）

独孤信多面体煤精组印

独孤信和他的印章

独孤信是北朝著名将领，追随宇文泰建立了西魏王朝，为西魏八柱国之一，后来在北周为臣。独孤信有一枚独特的印章，是他在西魏做官时所用。这枚印章由煤精制成，有正方形印面18个，三角形印面8个。其中14个正方形印面有印文，包括公文用印6面、上书用印4面、书简用印4面。中国古代印章多为方形、圆形，独孤信多面体煤精组印突破传统，将三角形、正方形进行巧妙组合，让身兼数职的主人使用起来非常方便，是现存唯一的八棱二十六面体古代印章。

山西九原岗北朝墓葬壁画（局部）

发掘于2013—2014年的九原岗北朝壁画墓，位于山西忻州忻府区兰村乡，墓主人应该是东魏至北齐早期统治集团的重要人物。墓内发现了面积约240平方米的大面积壁画，线条流畅，画面生动，反映了北朝时期人们的生死观念和精神世界，对研究北朝墓葬、社会生活、历史文化、军事制度以及建筑形式具有重要意义。

贾思勰与《齐民要术》

国以农为本，中国自古以来就是农业大国。在长期的农业生产中，中国农民积累了极其丰富的农业生产经验，农学家更是留下了种类繁多的农业专著。这些农学遗产流传至今，影响深远。古有五大农书，今有杂交水稻，中国在农业方面的成就惠及世界各国。贾思勰就是一位对中国及世界、对古代和现代都有重要影响的杰出农学家。

由学入官，心系农务

贾思勰是北魏时期出生于齐郡益都（治今山东寿光南）的世家子弟。他出生时，贾家虽然已经开始没落，但拥有大量藏书，这使他从小就能博览群书。从读书人必学的四书五经，到《氾胜之书》这样的农学专著，他都认真研学，积累了丰富的知识。而且，他从小就对农业生产十分感兴趣，除了时刻关注家里的农业生产情况之外，还阅读了《四民月令》《陶朱公养鱼经》等各种农学文献。这为他后来撰写《齐民要术》打下了坚实的基础。

《齐民要术》是一部农学专著，据统计，这部书引用的古籍文献总数在150种以上。“读书破万卷，下笔如有神。”如果贾思勰没有进行广泛的阅读、长期的积累，这部价值非凡的农学专著就不可能问世。

成年后，贾思勰做了地方官，曾任高阳郡太守。任职期间，贾思勰勤政廉洁，关心民生，而且特别重视农耕。他怜悯百姓，痛恨王公贵族们享受了农业生产成果却又看不起农业、农民的行为和思想。他大力推崇“富国以农”，强调只有发展农业生产，才能富国强国。

贾思勰时刻以皇甫隆、茨充、召信臣等地方太守为榜样，认为他们立足于当地农业，既能采取行政措施组织百姓进行农业生产，引导农业发展方向，又懂得农业科技知识，教百姓使用工具，提高劳动效率，是非常了不起的。因此，他每到一地，都认真考察研究当地的农业生产技术，并向经验丰富的老农请教，再加以总结，最后推广运用。这也为贾思勰后来在《齐民要术》中对农业科技知识进行总结论述提供了大量案例，使他能够信手拈来，以自己的亲耳所闻、亲眼所见进行比较、考察和研究，得出令人信服的结论。

由官而农，亲身实践

中年后，贾思勰辞官回乡，进行农业经营。他亲自参加农业生产劳动和放牧活动，掌握了多种农业生产技术，进一步积累了实践经验。在经营过程中，他又认识到农业生产成本核算和利润计算的重要性，在计算生产成本时，他甚至把运输、销售的费用都考虑了进去。

正是这样的亲身实践，使贾思勰对农业生产经营有了更深入的认识。所以，他在《齐民要术》中专列了“货殖篇”，总结了前人和自己的经验教训，提出要根据市场需求来安排生产，要安排好生产的规模和布局，还要有降低成本的方法等。这些对今天的农业产业化生产经营仍然具有十分重要的借鉴意义。

贾思勰经历了由学入官、由官而农的过程后，积累了丰富的农学理论知识和农业生产实践经验。同时，他也亲身经历了北魏的衰落，看到农民的生活日益贫困，因此深感忧虑。于是，他希望能为百姓的农业生产总结经验教训，找到更好的谋生之法。最终，他编写出了《齐民要术》这部“农学百科全书”。

农学百科，造福农家

《齐民要术》共92篇，分成10卷，正文大约7万字，注释4万多字，共11万多字，书前有《自序》和《杂说》各1篇。为什么说这是一部“百科全书”呢？

用贾思勰自己的话说，该书“起自耕农，终于醯醢（xī hǎi，用鱼肉等制成的酱），资生之业，

顺天时，量地利，则用力少而成功多。
——《齐民要术》

靡不毕书”。也就是说，全书介绍了农作物、蔬菜和果树的栽培方法，各种经济林木的生产，野生植物的利用，家畜、家禽、鱼、蚕的饲养和疾病的防治，农、副、畜产品的加工，酿造和食品加工，以及文具、日用品的生产等，对几乎所有农业生产活动都做了比较详细的论述。比如，贾思勰在书中详细介绍了各种酱的制作方法，甚至还介绍了煮鸡蛋、炒鸡蛋的方法。所以，《齐民要术》不仅是一部总结公元6世纪以前中国北方黄河下游地区农业生产经验的著作，还记载论述了与百姓生计息息相关的农业家庭生产与生活。今天读这部书，我们不

仅可以了解古代农业生产技术和理论，还可以看到古人的日常生活，特别有趣。

魏晋牧羊画像砖

当然，《齐民要术》更重要的意义是，它对当时百姓的农业生产有实际的指导作用，也在理论上进一步推动了中国古代的农学研究。同时，它建立了一个比较完整的农学体系，为后世的农学著作提供了范本。

举例来说，我们都知道人类的繁衍必须达成一定的男女比例，饲养禽畜的时候也要保持合理的雌雄比例才行，这个比例是多少呢？贾思勰在《齐民要术》里进行了归纳总结。他在“养羊篇”里说：“大率十口二羝（dī，公羊）。”十只羊的羊群里大概要有两只公羊，公羊太少的话，母羊不容易受孕；太多的话，又容易造成羊群的混乱。在“养鸡篇”里指出，要“买黄雌鸡十只，雄一只”，也就是达到雌雄10∶1的比例。在“养鹅、鸭篇”里强调，“大率鹅三雌一雄，鸭五雌一雄”，即三只母鹅配一只公鹅，五只母鸭配一只公鸭。在“养鱼篇”中，他说：“求怀子鲤鱼长三尺者二十头，牡鲤鱼长三尺者四头。”也就是说，三尺长的鲤鱼雌雄比例达到20∶4的时候，能达到最佳繁殖效果。

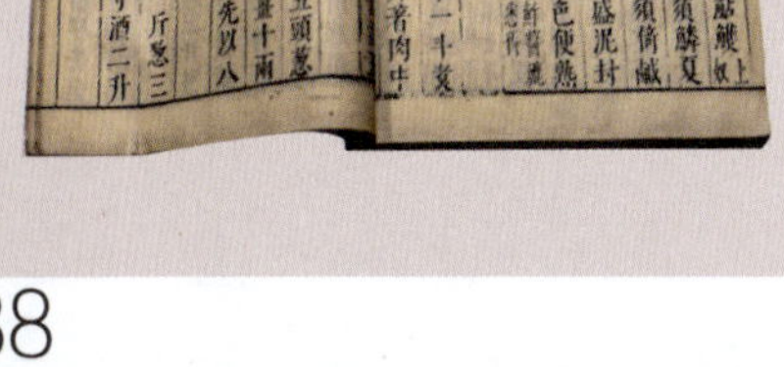

《齐民要术》书影

惠及世界，影响深远

《齐民要术》还对近现代世界农学的发展产生了极其深远的影响。英国科技史专家李约瑟在编著《中国科学技术史（第六卷·生物学及相关技术）》时，以《齐民要术》为重要材料，详细考察了中国古代农业科学史的发展。他的朋友石声汉把《齐民要术》翻译成英文，得到了李约瑟的肯定，也使这部著作在世界上进一步传播。日本学界还形成了专门的“贾学”，来研究贾思勰和《齐民要术》。

“杂交水稻之父”袁隆平最初举证“杂交”之法的时候，一再引用了《齐民要术》中的这段论述：“以马覆驴，所生骡者，形容壮大，弥复胜马。”也就是说，用公马和母驴交配所生的骡子，体格和负重能力甚至超过马。袁隆平认为，既然古代的贾思勰都已经认识到动物杂交的优势，那么我们也可以大胆尝试农作物的杂交，充分发挥各品种的优势。

《齐民要术》不仅对当时的农业生产具有重要的指导意义，甚至对千年之后的生物进化论、杂交水稻培育都产生了重要影响，难怪贾思勰被誉为“农圣”。（庄林丽）

麦积山石窟

位于甘肃天水麦积区，秦岭山脉西段北麓。始建于后秦，大兴于北魏明元帝、太武帝时期，被誉为“东方雕塑馆”，与甘肃敦煌莫高窟、山西大同云冈石窟、河南洛阳龙门石窟被誉为中国四大石窟。

龙门石窟

龙门石窟的开凿始于北魏孝文帝年间，延续至唐代，历时400余年。存留至今的有窟龛（kān）2345个，造像10万余尊，展现了我国古代高超的石刻艺术。龙门石窟被列入《世界遗产名录》，与莫高窟、云冈石窟和麦积山石窟并称为中国四大石窟，也是世界上造像最多、规模最大的石刻艺术宝库。

孝文帝首开石窟

传说龙门本是河南洛阳的一座山，旁边有一条伊河。由于山的阻挡，水流不畅，经常引发洪水，人们深受其害。大禹治水时，在山中间开凿了一条水道，解决了水患。从此，东西两山相对，伊河水从中流过，远望犹如一座天然的门阙（què，古代宫殿门前两边的楼），所以人们称之为“伊阙”。到了隋朝，隋炀帝杨广迁都洛阳，皇宫大门正对着伊阙，皇帝自认为是真龙天子，所以伊阙又被称为“龙门”。举世闻名的龙门石窟就修建在这里。

早在北魏时期，龙门石窟已经开始营造。太和十七年（493年），孝文帝不顾鲜卑守旧贵族的反对，将国都从稍偏远的平城迁至中原地区的洛阳。据说，孝文帝的祖母冯太后去世后，孝文帝非常悲伤和思念，于是大臣向他提议修建石窟佛寺来为冯太后祈福。因为冯太后生前笃信佛教，大臣的提议也符合孝文帝崇奉佛教的政策，所以孝文帝便下令在龙门修建石窟。

孝文帝时期开凿的石窟主要是古阳洞，它也是北魏龙门石窟的代表性建筑。

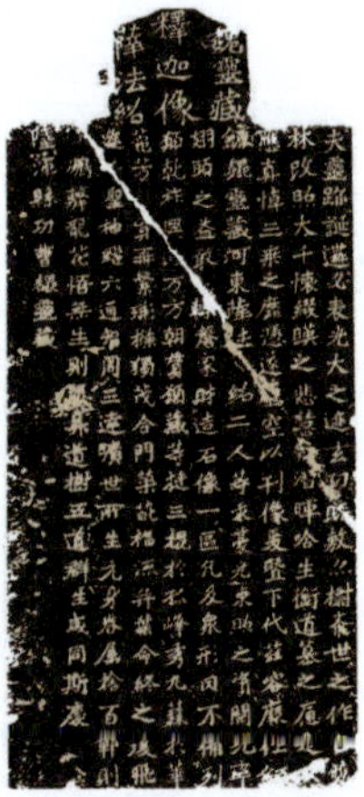

《魏灵藏造像记》拓片

《魏灵藏造像记》位于龙门石窟古阳洞北壁，为《龙门二十品》之一，北魏刻石，无年月。高89厘米，宽40厘米，书法纵肆，方重峻拔。

古阳洞

《龙门二十品》

龙门石窟共有碑刻题记2800多块，人们从北魏时期的造像题记中精选出20种作为学习书法的范本，称为《龙门二十品》，其中十九品集中在古阳洞。《龙门二十品》的字体端庄大方、刚健质朴，上承汉隶，下开唐楷，兼有隶、楷两种字体之神韵，没有刻意雕琢的痕迹，更像是雕刻师傅在闲暇时随手刻上去的。《龙门二十品》是北魏书法艺术的精华，受到历代学者和书法家的推崇。

古阳洞利用天然洞窟扩展而成，四壁及顶部雕凿各式佛龛，大小佛像有1000余尊，相应碑刻题记有800多品，是中国古代题记最多的石窟。正壁雕造的是一佛二胁侍菩萨像，主尊为佛祖释迦牟尼，头上有高肉髻，面相长圆，身躯较为瘦削，穿着领子低垂的衣服，两脚交叠盘坐在方座上；左右胁侍菩萨头戴宝冠，面容清秀，表情文静端庄，姿态优美。古阳洞中龛楣、背光等处的雕刻非常精细，千姿百态，具有极高的艺术价值。

呈现汉化特色

孝文帝没等古阳洞完工就病逝了，他的儿子宣武帝为了给父亲做功德，也在龙门开凿石窟。宣武帝原本计划开凿3个石窟，但是修到一半也病逝了。后来北魏发生政变，国力转衰，石窟建设渐渐停止。

宣武帝计划开凿的3个石窟，北魏时期只完成了1个，即著名的宾阳中洞，其他两个到初唐时期才完成主要造像。宾阳中洞从景明元年（500年）开始修建，历时24年才完成，里面的雕像有佛、菩萨、飞天和供养人，构图精美，纹饰多变。

古阳洞高树龛佛头像

宾阳中洞

佛和菩萨基本都是面带微笑，给人一种圣洁、慈悲的感觉。

和北魏迁都前建造的云冈石窟相比，宾阳中洞里的造像不再那么粗犷、雄健，而是变得温和、清瘦，古阳洞的后期造像也呈现出这种变化。为什么北魏龙门石窟会改变风格？有历史学家指出，这是因为魏晋南朝的汉族士大夫以瘦为美，追求仙风道骨的感觉，而孝文帝推崇汉文化，迁都洛阳之后大力进行汉化改革，审美也由胡风转变为汉风，所以龙门石窟的造像是一派“秀骨清相”。

汉化还体现在龙门石窟造像的服饰方面，不再像云冈石窟的造像那样偏袒右肩，而是换上了飘逸宽大的服装，这叫“褒衣博带”，是南朝汉族士大夫的常服。

续建、破坏与保护

北魏之后，东魏、西魏、北齐、隋、唐、五代、宋，乃至明、清，都陆续在龙门地区开凿或整治石窟，其中最著名的是唐代武则天时期开凿的大卢舍那像龛。武则天在唐太宗死后出家为尼，因此十分信奉佛教。她当皇后听政之后，为了宣扬

龙门石窟全景

卢舍那大佛

自己的权力以及对佛教的推崇，捐资在龙门开凿大卢舍那像龛。相传，卢舍那大佛是根据武则天的容貌雕刻的，面部丰满圆润，广额方颐，面带微笑，神态祥和恬静，慈祥中透露出威严。它不仅是一件精美绝伦的艺术杰作，也是龙门石窟的标志性符号。

自北魏孝文帝首开以来，龙门石窟经历了1500多年的风风雨雨。自然风化、灭佛运动、文物盗窃、战火损毁，都给这座古代艺术宝库造成了不同程度的伤害。龙门石窟在近代遭受了严重破坏，许多精美的头像、碑刻、浮雕被日本、美国等地的文物贩子盗掘收购，流失海外。

中华人民共和国成立后，开始加强对龙门石窟的管理和保护，并采取许多措施进行修复。龙门石窟在1961年被列入全国第一批重点文物保护单位，2000年被列入《世界遗产名录》，成为举世闻名的旅游胜地。（章　广）

梁武帝舍身同泰寺

唐代诗人杜牧有诗云：“千里莺啼绿映红，水村山郭酒旗风。南朝四百八十寺，多少楼台烟雨中。”在感叹朝代更迭之余，我们不禁又把目光投向了那个佛教异常兴盛的朝代——南梁，而人们津津乐道的梁武帝与佛教之间的故事就发生在那里。

“皇帝菩萨”

魏晋南北朝是中国佛教的“黄金时代”，而将这一时代推向鼎盛的就是梁武帝萧衍。萧衍，字叔达，出身南齐名门，是汉代丞相萧何的后裔。他非常博学，天文地理无所不晓，琴棋书画样样精通，又懂兵法，是一个文武全才，受到社会名流的推崇。镇军将军王俭见到二十岁出头的萧衍，感慨地说：“这小子三十年内能当上侍中，贵不可言啊！”当时的侍中是堪比宰相的官职，位高权重。但王俭没想到的是，萧衍后来趁南齐末年的混乱之机，直接夺权，当了皇帝，建立了梁朝，史称南梁。

梁武帝最初是不信佛教的，他信奉道教，祈求长生不老。著名道士陶弘景得到他的尊崇，被称为“山中宰相”，还奉命为他炼丹。但是后来梁武帝开始信佛，并将佛教定为国教。他对佛教有深入的研究，不仅钻研佛教义理，撰写佛学著作，还亲自为臣民讲说佛经。天监十八年（519年），梁武帝接受菩萨戒，法号冠达，于是获得了“皇帝菩萨”的称号。

为了奉佛，梁武帝大肆兴建佛寺，剃度僧尼，当时光是国都建康就有寺院五百多所，僧尼十余万人。寺院装饰得非常豪华，佛像高大，富丽堂皇。他对中国佛教还有一大贡献，就是下令僧侣禁断酒肉，只许吃素。本来佛教有“三净肉”的说法，如果某种动物不是专门为自己所杀，或者自己没有见到它被杀、没有听说它被杀，那么这种动物的肉，僧侣是可以吃的。但是梁武帝认为佛教徒不许杀生，吃肉无论如何都与杀生有关系，因此下令禁止僧侣喝酒吃肉，只许吃素食。这一命令后来经过宣传，成为中国汉传佛教的基本戒律。

> **竟陵八友**
>
> 南齐武帝永明年间，竟陵王萧子良喜爱文学，召集萧衍、沈约、谢朓、王融、萧琛、范云、任昉、陆倕等文士，号称“八友”，文学史上称“竟陵八友”。他们的文学活动主要表现在同题共作、研究声律并用于诗歌创作中、奖掖文学后进、组织文学集会等方面，最大的贡献是创立了永明体，促进了齐、梁文学的“新变”。

梁武帝萧衍画像

萧衍（464—549），字叔达，小字练儿，南兰陵（今江苏常州西北）人。原为南齐权臣，后自立为帝，建立南梁政权。称帝后改革许多前朝留下的弊政，但晚年多次出家，使得大量财富、户口流入佛寺，最终国灭身亡。

四次舍身同泰寺

南朝凤凰画像砖

都城建康的五百多所寺院中，规模最大的是同泰寺，这是梁武帝在大通元年（527年）下令在皇宫后面为自己修建的。寺里有一座九层宝塔，大殿小殿共一二十座，还安置了金、银佛像各十尊。为了方便往返于同泰寺与皇宫之间，梁武帝在同泰寺对面的宫墙上开了个门，取名大通门。这年三月，梁武帝兴致勃勃地乘坐车驾前往同泰寺，要在里面“舍身”出家。不过，梁武帝这次并没有在同泰寺待太久，几天后就回宫了。

两年后，梁武帝再次来到同泰寺，他要在寺里举办一场盛大的法会，规定不论男女老少、贫富贵贱、僧尼俗人都可以参加，并且想趁机再次出家。梁武帝脱去皇袍，换上僧衣，住进了普通的僧房，睡的是未经雕刻上漆的木床，用的是一般的瓦器。法会开始后，梁武帝登上法座，有条不紊地给大众讲解《涅槃经》，俨然是打算长期出家为僧了。

这下可把大臣们急坏了，因为众多国事都需要皇帝处理，而佛寺是僧人的清修之地，大臣们不能天天过来叨扰，所以他们多次恳请梁武帝回朝，可梁武帝就是不答应。情急之下，大臣们决定筹一笔巨款把梁武帝奉赎回来。把钱交给寺院并获得默许后，大臣们纷纷跑到寺门外，再三请求梁武帝，他终于答应回去，但还是对同泰寺恋恋不舍，于是又在寺里举行了一场盛大的法会，听众多达五万余人。之后，梁武帝才登上了回宫的车驾。

虽然梁武帝回到了朝堂，但他在处理政务之余也会找时间前往同泰寺主持法会，讲授佛经。大同十二年（546年），梁武帝巡幸同泰寺，再次趁机滞留于此，第三次出家。消息传出后，大臣们又急坏了，去找太子商量办法。鉴于之前的奉赎之举，太子以下的公卿文武大臣再次筹了一笔巨款交到同泰寺去，这个方法果然管用，梁武帝马上同意回宫，不过，他也要像之前一样，再讲一次佛经才离开。就在梁武帝讲完佛经的当晚，同泰寺的一座佛塔发生火灾。梁武帝说：“这火灾

陶弘景雕像

陶弘景是南朝齐梁时著名的道教思想家、医学家，曾系统整理《神农本草经》，编写出《本草经集注》，首创按照药物性质分类的方法，为以后的本草类书籍所继承。

鸡鸣寺

位于江苏南京鸡笼山，始建于梁武帝时期，当时叫同泰寺。后来梁武帝身死国灭，同泰寺也被毁掉，后世在原址上几经重建、改名，规模小了许多。直到明洪武二十年(1387年)重建，改名为鸡鸣寺。

自我得之，自我失之，亦复何恨！
——梁武帝

《舍身佛寺》
此图出自清代彩绘本《帝鉴图说》，描绘了梁武帝萧衍为表忠心事佛，舍身入同泰寺，大臣耗费巨款将其赎出。

肯定是魔鬼搞的，应该大规模地举行驱魔法事。”大臣们表示赞成。接着，梁武帝下诏扩建佛塔，要修十二层。

太清元年（547年）的一天，梁武帝又来到同泰寺，又是在讲完一场佛经后出家了，这已经是他第四次也是最后一次出家了。百官有了上两回的经历，也明白了其中的套路，于是，他们又熟练地筹集了一笔巨款交到同泰寺，而梁武帝也很配合地被迎回了皇宫。

多少楼台烟雨中

梁武帝最后一次出家的第二年，南梁发生了“侯景之乱”，叛将侯景率军包围了建康。在这紧急关头，梁武帝笃信半生的佛也救不了他，同泰寺扩建的那座十二层佛塔被迫停工。第二年，国都建康被叛军攻陷。

梁武帝在太极殿召见侯景，侯景遵守礼节，在大殿下郑重地向梁武帝跪拜，以头触地，然后才上殿去见这位威严犹存的皇帝。梁武帝得知大势已去，也没有再多说什么，这位耄耋（mào dié）之年的老人随即被侯景幽禁在金碧辉煌的皇宫之中。这年五月，苍颜雪髯的梁武帝被饿死在皇宫中，享年八十六岁。

梁武帝作为南梁的开国之君，在执政前期采取了一些有利于社会发展的措施，任用贤臣名将，开创了相对稳定的局面。但他晚年迷信佛教，置国家大事于不顾，甚至做出四次舍身同泰寺的荒唐之举，大臣们为了给他“赎身”，前前后后花了大约四亿钱。同泰寺自然是富得流油，但国库里的钱却所剩无几，朝廷只能再去压榨老百姓，导致社会动荡不安，引发动乱。在战乱中，大量佛寺被毁，南梁也在风雨飘摇之中，失去了往日的富丽繁华，变得满目疮痍。几年后，南梁被大臣陈霸先灭掉，消失在江南的烟雨之中。（章　广）

江苏丹阳梁武帝修陵石刻

侯景之乱

魏晋南北朝是我国历史上社会最动荡、政权更迭最频繁的时期之一。在这样的乱世中，君臣之间鲜有忠义可言，武将叛乱、篡位的事件时有发生。“侯景之乱”是南梁武将侯景发动的武装叛乱事件，对江南社会造成了极大破坏，给江南人民带来了无尽苦难。

频频“跳槽”

侯景本姓侯骨，字万景，怀朔镇（今内蒙古固阳西南）人，羯族。他骁勇好斗，善于骑射，当过怀朔镇的镇兵，和同在怀朔镇的高欢是好朋友。北魏末年，包括怀朔镇在内的北方六镇爆发了反对贵族腐朽统治的起义。侯景一开始追随葛荣参与了六镇起义，但当他看到尔朱荣势力逐渐强大的时候，就背叛了葛荣，转而投奔尔朱荣。尔朱荣任命侯景为先锋，负责镇压起义。侯景大破起义军，活捉了葛荣，被封为定州刺史。

后来，尔朱荣集团被高欢推翻，侯景又投靠了高欢。高欢知道侯景为人狡诈多变，但因为侯景拥有十万兵士，还是封他为司徒，兼定州刺史。高欢去世后，他的儿子高澄接掌东魏政权。侯景一直看不起高澄，而高澄对侯景又十分忌惮，两人逐渐产生矛盾。高澄想假造书信把侯景调回都城，剥夺他的兵权。侯景唯恐被杀，就以河南七镇十三州为见面礼，向西魏投降。

西魏的实际掌权者是宇文泰，他知道侯景这个人反复无常，因此尽管接受了侯景的投降，但是采取陆续接收的办法，逐渐接管七镇十三州。同时，宇文泰还示意侯景交出军队的指挥权，到长安任职。对于宇文泰的筹谋，侯景心知肚明，他采取了阳奉阴违、故意拖延的策略。这时，东魏派大将慕容绍宗率军讨伐侯景，侯景面临东魏、西魏夹击的危局。为了摆脱危局，侯景又转而投靠南梁。

归附萧梁又谋反

太清元年（547年）三月，侯景派人到南梁，上表说自己和高澄不和，愿意带着十三州的土地归附。梁武帝召集群臣廷议，征求大家的意见。尚书仆射谢举等人反对这件事，说：“近来我朝和东魏相处友好，边境无事，如今接收东魏的叛臣，似乎不妥当。”梁武帝说：“话虽如此，但是得到侯景就有机会平定北方，机会难得，不能错过。”于是，梁武帝接纳了侯景，任命他为大将

张道明夫妻造白石阿弥陀佛立像
出土于河北景县张村，制于东魏武定八年（550年）。

军，封河南王，管理河南河北的军政事务；另一方面派自己的侄子贞阳侯萧渊明率兵攻打彭城，以牵制东魏，支援侯景。

可是，萧渊明是个没有军事指挥能力的无能之辈，大败被俘。接着，慕容绍宗又打败了侯景，逼得侯景逃到南梁境内的寿阳。这时，东魏主动向南梁提出和好。侯景得知后，担心梁武帝出卖自己，便假造了一封东魏的信件送给梁武帝，要求用萧渊明来换侯景。梁武帝答应了，回信说："早上萧渊明回来，晚上我就把侯景给送回去。"侯景看到回信后非常气愤，怒道："我就知道这个老家伙是薄情寡义之人！"于是开始筹划谋反。

莫高窟第285窟复制窟（局部）

莫高窟第285窟建于西魏时期，是莫高窟最早有纪年的洞窟，也是早期内容最丰富的洞窟。此复制窟为整窟原大临摹。

侯景在发动叛乱之前做了许多准备。首先，他将寿阳城中的居民都招募为军士，废除百姓的商业税和田租，并将百姓子女分配给将士，这样寿阳就成了叛军的大本营。接着，他联系早有异心的临贺王萧正德作为内应，表示愿意尊萧正德为皇帝，共同推翻梁武帝的统治。同时，他还屡屡向朝廷索求各种钱财、武器，梁武帝从未拒绝，全部满足。

南梁许多大臣相继向朝廷报告侯景意欲谋反的消息，但梁武帝却不以为意，反而赏赐给侯景更多的钱帛，以示安慰。在梁武帝昏庸的绥靖政策下，侯景的势力迅速壮大起来。

漫长的叛乱

经过数月准备，太清二年八月，侯景在寿阳起兵叛乱。这个消息传到建康之后，梁武帝不以为意，笑着说："我只要用鞭子责打几下，就可以挫其锐气！"在大臣们的请求

侯景画像

侯景未擒

高澄派慕容绍宗追剿侯景时，侯景派人对慕容绍宗说："我如果被擒，你还有什么用？"慕容绍宗便故意放他逃走。慕容绍宗之所以这么做，是因为害怕高澄会鸟尽弓藏。后世用这个典故来形容某人讨伐叛逆不力，如唐代诗人杜甫《风疾舟中伏枕书怀三十六韵奉呈湖南亲友》云："公孙仍恃险，侯景未生擒。"

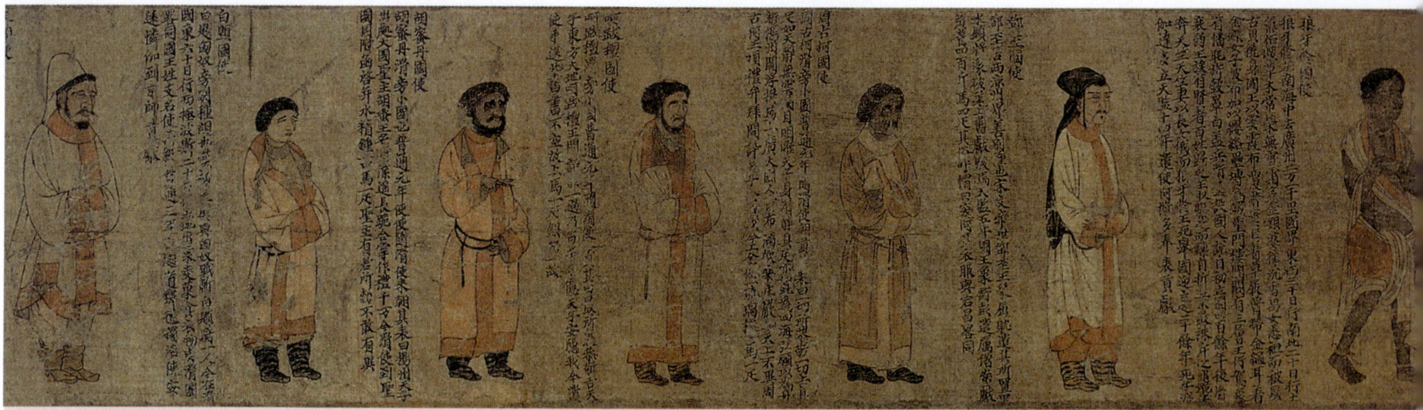

《职贡图》

这幅画原为南朝梁元帝萧绎所绘，此为宋摹本。原图有25国使臣像，现残存画面中可以看出12国使臣，外貌、风度皆不相同，对研究中国古代民族关系和中外关系史极具价值。

下，梁武帝才任命邵陵王萧纶率军讨伐侯景。后来，当侯景到达长江北岸时，梁武帝还怀有侥幸心理，认为侯景无法渡过长江天险。他任命萧正德为平北将军，负责建康城的防务。而萧正德和侯景早已达成了秘密协议，十月二十二日，侯景叛军由萧正德准备的几十艘大船接应过江。

侯景叛军过江之后，进军迅速，震惊朝野上下。十月二十四日，叛军到达秦淮河南岸，与梁军隔着朱雀桁（héng，朱雀门外横跨秦淮河的浮桥）对峙。这时，萧正德的党羽沈子睦放侯景渡河。之后，萧正德率军与侯景会合，直抵台城。台城是梁武帝居住的内城，如果被攻破，梁武帝难逃被俘虏的命运。台城军民在都官尚书羊侃的指挥下，进行了坚决的抵抗。侯景攻打了很久，一直无法攻克台城，于是他筑造了长围（环绕一城的工事），将台城与外面隔绝开来。太清三年三月十二日，台城在坚守

> 朱雀桥边野草花，乌衣巷口夕阳斜。
> 旧时王谢堂前燕，飞入寻常百姓家。
> ——［唐］刘禹锡

南京乌衣巷

东晋时，乌衣巷是高门士族的聚居区，王导和谢安都住在这里。南梁时，侯景曾向梁武帝求娶王谢两家的女子，梁武帝觉得门第不够般配，没有答应。侯景因此怀恨在心，造反后屠杀王谢两家，导致两家几乎亡族。

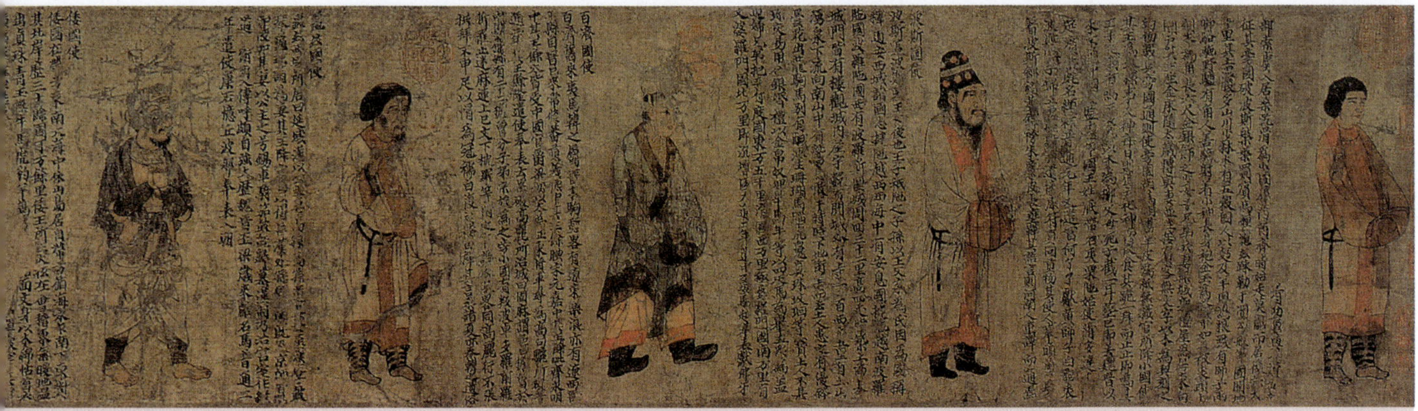

侯景九锡

大宝二年十一月，侯景借萧栋之命，给自己加九锡。历史上“加九锡”是对一个大臣的最高赏赐，是一种至高无上的政治礼制待遇。但历史上“加九锡”的人，要么自己篡位，要么儿子篡位，少有例外。如王莽、曹操、司马昭、刘裕、萧道成、萧衍、陈霸先、高洋、杨坚等，都曾接受前朝的九锡加封。因此，后世常用侯景九锡的典故来喻指篡权谋反的奸臣，如唐代文学家韩愈《永贞行》云：“董贤三公谁复惜，侯景九锡行可叹。”

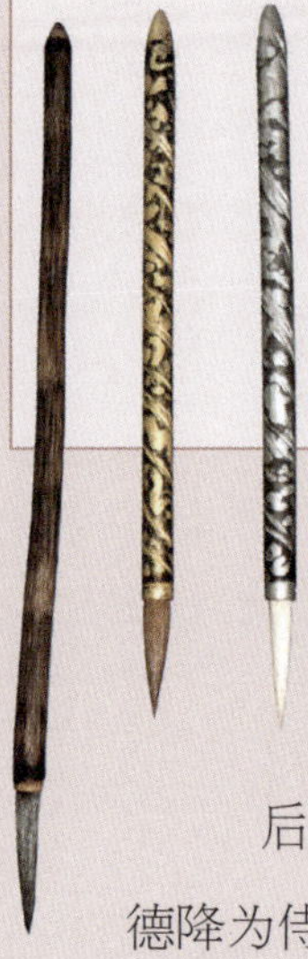

南梁金银竹笔

四个多月后被攻破。侯景进入台城后，翻脸不认人，把已经称帝的萧正德降为侍中、大司马。萧正德不服气，写密信请人攻击侯景，侯景缴获密信，缢死了萧正德。而梁武帝则被侯景软禁，活活饿死。

这时的侯景实际掌控了南梁的军政大权，他先后扶持萧纲、萧栋为南梁皇帝，做自己手中的傀儡。大宝二年（551年）十一月，侯景自立为帝，国号“汉”。梁武帝的七儿子萧绎联合大将陈霸先、王僧辩在江陵起兵，打败了侯景。承圣元年（552年），陈霸先、王僧辩率兵收复了建康。侯景乘船逃跑，被部下杀死。至此，“侯景之乱”终于结束。

侯景发起的这场叛乱，给江南地区人民造成了极大的物质破坏和心灵伤害，曾经最富庶的地区成为一片废墟，放眼千里，人迹罕见，白骨堆积得像小山丘一样。南梁自此国势大衰。

太平二年（557年），陈王陈霸先代梁自立，国号“陈”，改元永定，史称南陈。南陈政权延续了三十三年，最后被隋所灭。至此，南北朝的分裂局面终于结束，中华大地重归一统。（祁开龙）

陈武帝陈霸先画像

陈霸先（503—559），字兴国，吴兴长城（今浙江长兴）人。初为南梁官员，后代梁自立，国号“陈”，成为南陈政权的建立者。在位时间不长，统治比较英明。

刘勰著《文心雕龙》

生活在南朝齐、梁时期的文学理论批评家刘勰，早年家贫，笃志好学，饱览经籍，于南齐末年写成文学理论名著《文心雕龙》。这是中国文学理论批评史上第一部有严密体系的文学理论专著，受到海内外学者的尊崇。

定林寺中，奋笔著书

刘勰虽然出身士族家庭，但早年丧父，家境贫穷。他没有钱娶妻成家，于是投靠了钟山（在今江苏南京城区东部）定林寺里的著名佛学大师僧祐。年轻的刘勰十分好学，他尽可能地读书学习，刻苦钻研，决心要立志扬名。在寺里，刘勰帮忙整理佛教经典，造立经藏，编纂经录。定林寺是南朝有名的佛教中心，高僧云集，藏书丰富。刘勰在寺里一住就是十几年，长时间的耳濡目染，使他对佛学有了一些研究。他利用寺庙里的有利条件，抓紧一切时机学习，广泛阅读大量佛家典籍及儒家名著，文学功底也日渐深厚，为后来的创作积累了丰富的素材。

操千曲而后晓声，观千剑而后识器。
——《文心雕龙·知音》

刘勰尊崇儒家思想，想用著书立说的方式宣传儒家经典。他认为："文章是经典的枝条。有了它们，礼教和典章制度才得以实施致用，君臣军国大事才能够得以实施和发扬。"于是，他开始评论古今文体，准备对古代文学进行一次总结和论述，纠正当时文坛上的形式主义文风。寒来暑往，刘勰在青灯黄卷前上下求索，在晨钟暮鼓中奋笔疾书，经过多年的辛勤耕耘，他终于在三十多岁时写成了一部文学批评理论专著——《文心雕龙》。

刘勰雕像

《文心雕龙》内容充实，条理缜密，以儒家思想为纲领及核心，结合社会、政治因素，对语言文学的本质及规律进行细致的探索和论述，全面总结了以前的美学成果，是一部不可多得的文学巨著。但当时的刘勰籍籍无名，在重视门第的南朝，他纵有旷世惊人之作，也难以得到时人的认可和举荐。《文心雕龙》刚完成时，就遇到了无人问津的尴尬局面。

寻觅伯乐，踏上仕途

怎么才能把《文心雕龙》宣传出去呢？刘勰想到了一个名人，那就是文坛上久负盛名的学术权威沈约。如果能得到沈约的认可，《文心雕龙》便不会明珠蒙尘。但是刘勰也知道，当时沈约地位显贵，如果无人引荐，想见他一面并不容易。

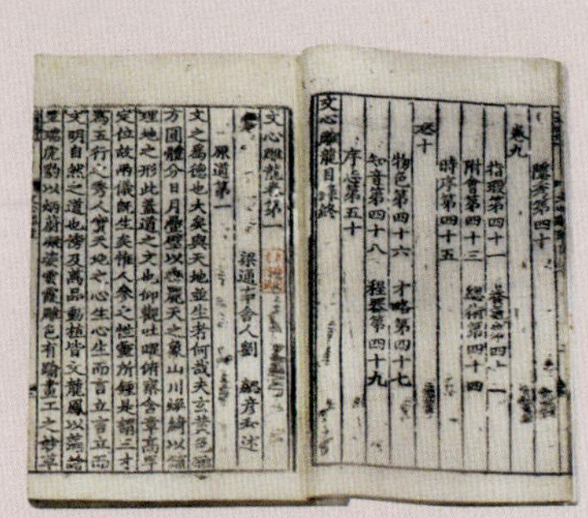

《文心雕龙》书影

怎么办呢？刘勰想了个笨办法，他背着《文心雕龙》的书稿，蹲守在沈府门口，等到沈约出门时就拦在车前，像是要卖东西的样子。沈约没有怪罪刘勰冲撞，而是叫人把书稿拿过来阅读，越读越觉得这部书了不起。沈约认为《文心雕龙》提出了许多精辟的修辞理论，既有理性的阐释，又有大量论证，堪称“体大思精，深得文理”。后来，沈约还把这部书放在桌上，随时翻阅。由于得到沈约的赏识，《文心雕龙》的名声传扬开去，开始大放光彩。

刘勰也曾进入仕途，先后担任一些官职，其中大多与文字工作密切相关。虽然职位不高，但他还是做出了一定的成绩，并且得到昭明太子萧统的重视。后来萧统去世，刘勰出家为僧，没过多久也去世了。

千古文心，百世流芳

《文心雕龙》全书共分50篇，近4万字，结构经过精心安排，部伍严整，逻辑严密；理论观点之间讲究层次，前后照应，互为补充，形成一个完整、缜密的系统。那么，书名“文心雕龙”究竟是什么意思呢？刘勰说：“夫‘文心’者，言为文之用心也。”（所谓“文心”，指的是写文章所用的心思。）要想写好文章，把文章写得美，关键在于“用心”，也就是花费心思。因此，“文心”后面紧跟“雕龙”二字，意思是要写出美的文章必须经过精心雕琢，就好像雕刻龙纹那样。

《文心雕龙》分为上、下编，各包含25篇。上编分为两部分：第一部分为《原道》《征圣》等5篇，对文章本身以及写作中的一些根本性问题进行探讨，从而形成全书的指导思想及其理论体系的总纲，研究者通常将这部分称为《文心雕龙》的总论；第二部分包括从《明诗》到《书记》的20篇，考察各类文体的源流演变及特点，选择代表作品予以评定，研究者通常将这部分称为《文心雕龙》的文体论。下编的第一部分包括从《神思》到《总术》的19篇，为《文心雕龙》的主体，即创作论；第二部分包括《时序》《物色》《才略》《知音》《程器》5篇，即批评论；还有1篇叙述写作动机、态度、原则的《序志》。

《文心雕龙》提倡儒家思想，以期矫正当时的形式主义文风；主张“文质并重”，要求内容对形式起主导作用；认为文学的发展演变，都与时代政治相关。全书构建了一个完整的体系，把中国的文学理论批评推上了新的高度。（刘明鑫）

昭明太子萧统画像

昭明太子编《文选》

萧统是梁武帝萧衍的长子，还没即位就去世了，谥号昭明，世称昭明太子。他爱好文学，曾召集文士编写《文选》三十卷，刘勰应该也有参与。《文选》选录了自先秦至南梁的诗文辞赋，分为38类，共700多篇作品，为现存最早的诗文选集。